U0572594

本书受到下列项目资助：
国家自然科学基金青年项目"新创企业社会资本跨层次转化
及其双向作用机制的追踪研究"（批准号：71702124）

跨层次社会资本、董事网络治理与企业创新

郑　方◎著

中国财经出版传媒集团

经济科学出版社
Economic Science Press

图书在版编目（CIP）数据

跨层次社会资本、董事网络治理与企业创新/郑方
著 . -- 北京：经济科学出版社，2022.8
ISBN 978 - 7 - 5218 - 3909 - 8

Ⅰ . ①跨… Ⅱ . ①郑… Ⅲ . ①社会资本 - 研究②企业
管理 - 网络管理 - 研究③企业创新 - 研究 Ⅳ .
①F014. 391②F207. 7③F273. 1

中国版本图书馆 CIP 数据核字（2022）第 138695 号

责任编辑：程辛宁
责任校对：郑淑艳
责任印制：张佳裕

跨层次社会资本、董事网络治理与企业创新
郑 方 著
经济科学出版社出版、发行 新华书店经销
社址：北京市海淀区阜成路甲 28 号 邮编：100142
总编部电话：010 - 88191217 发行部电话：010 - 88191522
网址：www. esp. com. cn
电子邮箱：esp@ esp. com. cn
天猫网店：经济科学出版社旗舰店
网址：http：//jjkxcbs. tmall. com
固安华明印业有限公司印装
710 × 1000 16 开 16. 75 印张 260000 字
2022 年 8 月第 1 版 2022 年 8 月第 1 次印刷
ISBN 978 - 7 - 5218 - 3909 - 8 定价：98. 00 元
（图书出现印装问题，本社负责调换。电话：010 - 88191510）
（版权所有 侵权必究 打击盗版 举报热线：010 - 88191661
QQ：2242791300 营销中心电话：010 - 88191537
电子邮箱：dbts@ esp. com. cn）

前　言

　　社会网络及其中蕴藏的社会资本，对企业尤其是新创企业而言是解决资源约束困境的重要途径。而社会关系网络节点既有个体也有企业，相应的社会资本具有多层次性。已有文献对于社会资本不同层次、维度之间的关系与相互作用尚未厘清，对于社会网络和社会资本创新效应的内在机理以及产生作用的治理情境研究有限。鉴于此，本研究在社会资本理论、跨层次理论、社会网络理论、创新理论、连锁董事网络理论的基础上，对社会资本跨层次契合的过程与作用机制进行深入剖析，探讨社会资本与董事网络这一重要的社会网络对企业创新行为和能力的影响，董事网络对双重代理成本的影响以及创新的跨层次涌现，并基于企业动态创新能力的解构，分析多重治理情境因素在董事网络发挥创新效应中的调节效应。以期丰富社会资本、董事网络、创新管理等相关领域的理论研究，并为中国企业有效获取社会网络资源，充分发挥社会资本各维度的整合效应，提升动态创新能力与绩效提供有益参考。

　　本书的主要研究结论和管理启示如下：第一，从个体和企业两个层次营造有利于社会资本跨层次转化的情境，包括发挥内在激励模式作用，提升企业的网络能力和学习能力，关注员工主动性并强化员工与企业之间的信任。通过社会资本的跨层次转化，促进企业社会资本的形成与累积。第二，通过外部社会资本的传递效应，企业获取边界外收益；通过内部社会资本的聚合效应，企业获取边界内收益；在外部社会资本跨层次转化过程中，内部社会资本发挥着重要的情境作用，从而使企业在内外部社会资本的整合作用下从人际互动中获取跨边界收益。在此基础上厘清社会资本不同维度之间的互动作用，发挥社会资本不同维度的整合优势。第三，通过有效运用董事网络资

i

源，提升企业动态创新能力。依据不同网络位置创新效应的差异采取相应策略，处于中心位置的企业应积极发挥董事网络在动态创新各个阶段能力的作用；处于结构洞位置的企业应着重关注董事网络在创新投入能力方面的作用，并通过对隐性关系的位置识别进一步拓展董事网络的潜在创新效应。第四，多重治理情境对董事网络与动态创新能力之间关系的调节效应存在差异，应据此有针对性地进行治理情境的构建，为企业动态创新能力的提升提供有效的治理情境与制度保障，同时尽量弱化董事网络对双重代理成本等带来的负面效应。第五，在运用社会资本促进企业创新的过程中，除了企业层次的因素，还要关注个体层次的主动性人格、组织信任及异质性知识资源获取起到的中介与调节作用，企业还应充分考虑跨层次涌现的影响因素，从营造企业创新氛围、构建有效激励模式、提升员工—组织契合度、提高组织支持感等方面促进创新的跨层次涌现。

本书的主要创新点在于：第一，突破社会资本跨层次研究的瓶颈，将新创企业社会资本跨层次转化深化为具有理论架构、构成维度和测度体系的构念。第二，立足嵌入性悖论，对董事网络产生的负面效应进行深入解析。第三，揭示网络组织、社会资本影响创新行为的一般规律，厘清作用路径与边界。

本书是国家自然科学基金青年项目（批准号：71702124）研究的总结性成果，受到国家自然科学基金的资助。研究过程中，得到了单文涛等老师，宋哲、王雅婷等同学的支持。本书参阅了相关研究领域很多学者的研究成果，文后列出了主要参考文献，在此一并表示感谢！

对于跨层次社会资本、董事网络治理与企业创新的研究还存在很多值得更深入探讨的问题，尤其在数字经济、平台经济情境下，衍生的相关新问题有待进一步探索。本书受作者能力和时间所限，存在一些疏漏和不足之处，恳请各位专家、读者予以批评指正。

郑　方

2022 年 3 月

目　录

第1篇　多层次社会资本理论

第 2 篇　董事网络治理及其效应

第3篇　企业创新的跨层次涌现

第 1 篇

多层次社会资本理论

通过对社会资本在不同层次的定义和维度进行回顾与梳理，探讨社会资本的多层次性，提出社会资本跨层次契合的构念，并对社会资本跨层次契合的过程、双向作用机制等进行分析，探索人际互动转化为企业层次资源的内在机理，为后续研究奠定多层次社会资本的理论基础。

社会资本与社会网络对企业而言的重要性已经有很多文献进行了分析，但仍存在一些现有研究无法充分阐释的问题，例如，社会资本跨层次之间的关系，不同维度之间的相互作用，董事网络创新效应的多重治理情境，社会资本和网络视角下企业创新的跨层次涌现，这些也正是本书关注的科学问题。本章对选题背景与研究意义、研究问题与内容、研究思路与方法、研究的特色与创新之处进行整体性介绍。

1.1　研究背景与研究意义

1.1.1　研究背景

蕴藏在社会关系网络中的社会资本作为企业获取外部资源的重要体现，对企业尤其是处于创业阶段的企业而言，是弥补新进入缺陷、解决资源匮乏难题的重要因素。企业发展的过程实质上也是逐步构建社会关系网络，形成和累积社会资本的动态过程。然而，社会资本是一个具有多层次性的概念（Brown，1997；赵延东和罗家德，2005；Hollenbeck and Jamieson，2015），有以个人为联结主体的社会资本，也有以整个企业为联结主体的社会资本。已有研究对社会资本的多层次性已形成了普遍认同，但不同层次社会资本之间的相互关系与内在作用机制尚未厘清。如何将个人层次的员工社会资本转化为企业层次的资源，实现社会资本的跨层次契合，成为企业有效利用企业外部资源、突破成长瓶颈需要解决的重要问题。

在企业的多元化社会网络中，董事网络是普遍存在并存在特殊性的网络之一。作为由在多家企业任职的董事联结而成的企业间网络（Kilduff and Tsai，2003），连锁董事网络已成为中国普遍存在的经济社会现象。与其他社会网络比较而言，董事网络的突出特点是节点的二元性，既有连锁董事节点又有企业节点（郑方，2016），是社会资本多层次性的重要体现。已有文献对董事网络的积极和消极效应存在较大分歧，而治理情境的不同是产生实证检验结果差异的重要原因。在中国经济转型背景下，董事网络作为非正式制度的体现和社会资本的载体，会对治理产生怎样的效应？又会对企业创新有怎样的作用，受到哪些治理情境因素的影响？社会资本和社会网络视角下不同主体之间复杂互动，如何作用于企业的跨层次创新？是值得探讨的问题。

基于以上考虑，本书以跨层次视角分析社会资本，对个体间社会关系如何转化为组织关系这一重要但又被忽视的研究领域（Shipilov et al.，2015）进行探索；整合运用社会资本理论、跨层次理论、社会网络理论、创新理论、连锁董事网络理论等相关理论，分析社会资本跨层次契合的过程与作用机制；探讨社会资本、董事网络对企业创新行为及能力的影响，在对企业创新能力进行动态解析的基础上，厘清治理情境因素在董事网络发挥创新效应时的调节作用；对董事网络带来的治理问题进行分析，并探讨企业创新的跨层次涌现机制。以期丰富社会资本、网络治理、创业管理、创新管理等相关领域的理论研究，为中国企业有效获取社会网络资源，充分发挥社会资本各维度的整合效应，进行有效的创新战略选择与治理机制设计，提升跨层次创新能力与绩效等相关管理实践提供理论依据和有益参考。

1.1.2 研究意义

1.1.2.1 理论意义

（1）从多主体互动的角度，探索企业社会资本的个体生成，补充企业社会资本的前因研究，丰富社会资本的跨层次研究。创业者、管理者和员工的个体社会资本是新创企业社会资本的重要来源，而社会资本的跨层次衍生还是一个较新的课题，相关研究有限。本研究从外部社会资本的视角，深入探讨新创企业中员工社会资本如何转化为企业层次上的资源，以及跨层次契合的过程与双向作用机制，将社会资本研究的关注点从结果维度转向前因维度。

（2）在董事网络结构分析的基础上，深入剖析董事网络影响代理成本与企业创新的作用机理，阐释董事网络的正面与负面效应，从动态视角解构创新能力，探讨治理情境多重因素的调节作用，丰富和拓展了连锁董事理论、网络治理、创新理论、社会网络理论的相关研究。

（3）在创业情境中创新行为特征和多层次性分析的基础上，探索社会资本对个体创新行为的差异化作用机制，厘清作用路径和作用边界，揭示了新创企业社会资本影响跨层次创新行为，以及个体－企业创新跨层次涌现的一般规律，是对创业理论、社会资本理论、创新理论和跨层次理论的深化。

1.1.2.2　实践意义

（1）本书构建的理论模型可以用于创业实践，为挖掘和利用潜在有益的社会联结提供借鉴。通过社会资本跨层次转化理论模型的构建，可以帮助新创企业分析什么样的员工更有可能分享个人社会关系？企业哪些方面的能力能起到促进作用？如何对员工进行有效激励以获取更多的社会资本？社会资本影响创新行为和个体－企业创新跨层次涌现等理论模型的构建，可以为企业激发员工创新行为，促进企业创新跨层次涌现等管理实践带来启示与建议。

（2）本书实证研究的结果可以为企业进行董事制度、连锁董事制度及其他相关治理机制等制度设计方面提供依据，为中国企业从社会网络中合理获取资源，降低代理成本，提升创新能力和绩效提供有益参考。

（3）本书开发的实践案例可以作为新创企业进行社会资本和创业网络战略选择的理论依据。通过人际互动转化为企业层次资源的案例分析与结论，可以使企业更好地发挥社会资本不同维度间的整合效应，更有效地获取社会网络中的资源以及企业跨边界收益。

1.2 研究问题与研究内容

1.2.1 研究问题

本书围绕跨层次社会资本，董事网络治理与企业创新的主题展开研究，目的在于通过以跨层次理论视角分析社会资本、网络治理与企业创新，丰富和深化相关理论研究，并为企业管理实践和政策制定提供理论依据。基于以上研究主题与目的，进一步延伸并提出以下具体研究问题：

（1）社会资本的跨层次契合研究。在对社会资本多层次性研究回顾的基础上，整合社会资本理论、跨层次理论、契合理论等，提出社会资本契合的构念，并对跨层次契合的过程与作用机制进行分析，回答了社会资本跨层次契合研究的相关问题：社会资本跨层次契合是怎样的动态演化过程？会受到哪些跨层次因素的影响？自上而下与自下而上的作用机制是怎样的？企业如何从人际互动中获取企业层次的资源？

（2）董事网络治理及其效应研究。基于对网络组织及其治理相关理论的分析，探讨网络治理机制的构建，网络治理的前因与效应，并对不同类型网络治理进行分析，进而以董事网络为例，分析董事网络带来的代理成本以及多重治理情境下的董事网络效应，回答了网络治理及效应研究的相关问题：网络治理会受到哪些因素影响，产生怎样的作用？网络治理机制设计包括哪些主要维度？董事网络如何影响代理成本？董事网络效应会受到哪些治理情境因素的影响？

（3）社会资本、社会网络对企业创新的影响研究。探讨网络嵌入、网络能力和网络演化对创新的影响，在对社会资本、社会网络对企业创新产生作用机理分析的基础上，分别实证分析了董事网络对企业动态创新能力的影响，以及新创企业外部社会资本对员工创新的跨层次作用机理，回答了社会资本、社会网络对企业创新影响研究的相关问题：网络组织如何影响企业创新？社会资本的创新效应的内在作用机理是什么？作用路径与作用边界是怎样的？

（4）企业创新的跨层次涌现研究。基于对创新多层次性的认识，探讨员工创新到企业创新的涌现机制，回答了企业创新的跨层次涌现研究的相关问题：不同层次的创新行为之间是怎样的关系？个体创新行为如何自下而上地涌现为组织创新行为，作用的路径与边界是怎样的？

1.2.2　研究内容

基于研究目的，以及对于要研究的几个问题的分析与整合，本书分为"多层次社会资本理论""网络治理及其效应""企业创新的跨层次涌现"3个篇章。其中，第 1 篇包括 4 章内容，第 2 篇包括 3 章内容，第 3 篇包括 4 章内容。主要章节的内容安排如下：

第 1 章为导论。对本书的选题背景与研究意义、研究问题与研究内容、研究思路与研究方法、研究特色与创新之处进行了介绍。

第 2 章为多层次社会资本的文献述评。对社会资本在个体层次、组织层次及整合层次上的定义进行梳理，对社会资本维度分析的文献进行了回顾。对跨层次视角下的社会资本研究进行系统性述评，并结合个体与组织契合理论研究领域的延伸，提出社会资本契合研究的必要性。在已有文献局限性的基础上，指出有待进一步研究的方向以及本研究要探讨的科学问题。

第 3 章为社会资本跨层次契合机理：以新创企业为例。将社会资本跨层次契合的问题置于新创企业资源约束的情境中，探讨社会资本跨层次契合的解构与测量，动态演化过程与双向作用机制。

第 4 章为个体社会资本转化为企业社会资本的案例研究。运用探索性案例研究方法对社会资本不同维度下人际互动带来的企业收益，以及在此过程中不同维度社会资本之间的整合作用进行了探讨。

第 5 章为网络组织及其治理的相关理论。对网络组织及其治理的相关理论进行了回顾、梳理与分析，阐释了网络治理概念理解的关键点，对网络治理的维度进行了解构，进而对多重网络治理机制进行设计，探讨网络治理的前因与效应，并以平台网络、创新网络和创业网络为例对网络治理进行类型化分析。

第 6 章为网络组织对代理成本的影响：以董事网络为例。将研究视角从社会资本、企业间网络的前因转向结果，探讨网络组织在治理方面产生的影响，以董事网络这一普遍存在的企业间网络形式为例，分析董事网络对双重代理成本产生的影响，对董事网络带来的第一类和第二类代理成本进行实证检验，阐释网络组织的负面效应。

第 7 章为董事网络治理的创新效应：实证研究。在对企业动态创新能力进行解构的基础上，探讨董事网络不同位置对企业动态创新能力中创新投入能力、创新产出能力和创新转化能力带来的差异化作用，以及多重治理情境发挥的调节作用，以中国上市公司数据进行实证检验与分析。

第 8 章为基于网络理论的创新研究。在对网络组织内涵和工具性理论梳理与分析，以及不同视角下形成的行动者网络理论、社会网络理论、复杂网络理论、价值网络理论分析的基础上，探讨网络嵌入对创新资源获取的影响，网络能力对创新优势提升的影响以及网络演化对创新方式选择的影响，构建基于网络理论的创新分析框架。

第 9 章为社会资本对个体创新影响的实证研究。以新创企业为例，运用跨层次的配对数据，实证检验了新创企业外部社会资本对员工创新行为的影响，以及异质性知识资源获取的中介效应以及主动性人格的调节效应。

第 10 章为个体创新到企业创新的跨层次涌现机制。基于对创新多层次性的定义与分析，在创新研究中融合涌现理论与跨层次理论，探讨个体创新到企业创新跨层次涌现的维度、驱动因素与过程，进而对个体－企业创新涌现的作用路径与跨层次影响因素进行了分析。

第 11 章为研究结论与展望。对本书各部分的结论和观点进行总结，指出本研究的不足之处，并对未来研究的方向进行展望。

1.3　研究思路与研究方法

1.3.1　研究思路

本书沿着对社会资本多层次性、网络治理与企业创新的认知路线，在已有相关文献系统性梳理与分析的基础上，指出已有研究的局限性、有待完善之处及本研究要探讨的问题；运用文献研究法、演绎式理论建构法、实证分析法、案例研究法、比较分析法等方法对提出的研究问题和具体研究内容展开分析；基于相关研究观点与结论，提出管理实践启示及政策建议。

1.3.2　研究方法

本书将定性分析与定量分析相结合，运用了文献研究法、演绎式理论建构法、案例研究法、问卷调查与实证分析法、社会网络分析法、比较分析法，分别在不同章节选择和运用与研究内容相匹配的研究方法。

1.3.2.1　文献研究法

以"社会资本""跨层次/多层次""新创/创业""董事网络""治理""代理成本""创新""涌现""social capital""cross-level/multilevel""entrepreneur/new venture""director network""governance""agency cost""innovation""emergence"等及其组合作为关键词，对国内经管类核心期刊和 *Academy of Management Journal*（AMJ）、*Academy of Management Review*（AMR）、*Strategic Management Journal*（SMJ）、*Strategic Entrepreneurship Journal*（SEJ）、*Journal of Business Venture*（JBV）、*Entrepreneurship Theory and Practice*（ETP）等组织管理及创业管理相关期刊，以及"in press"的相关文献进行搜索；在广泛搜集文献并进行初步分类的基础上，进一步对与本研究相关的主要研究

者的专著、会议论文和工作论文进行检索；对关键文献的参考文献进行整理，分析出并补充未检索到的文献；对文献进行系统梳理，并对最新文献进展进行持续补充与跟踪。通过文献研究把握国内外研究现状与动向，基于已有文献的局限性探索有待研究的科学问题。

1.3.2.2 演绎式理论建构法

在通过文献研究把握国内外研究现状与动向的基础上，运用演绎式理论建构方法，将一般性的理论和逻辑推论至本研究的特定主题，在社会资本跨层次转化的研究中，通过对社会资本理论、跨层次理论、契合理论等多个相关理论的整合，将社会资本跨层次转化发展为一个具有理论内涵、维度结构和测度指标的构念，构建社会资本跨层次转化的理论体系。在个体－企业创新的跨层次涌现、基于网络理论的创新研究中，主要通过理论分析形成整合性的分析框架。在董事网络治理、董事网络创新效应、新创企业社会资本创新效应等研究中，在实证检验之前也都通过理论分析对变量之间的关系进行研究，构建相应的理论模型。

1.3.2.3 案例研究法

作为一种根植于丰富现实数据的理论构建方法，案例研究能够产生准确、有趣、可验证的理论，是沟通质性数据和演绎式研究的最佳桥梁之一（Eisenhardt and Graebner，2007）。运用案例研究方法可以展现研究对象的动态互动历程和情景脉络（Gummesson，1991），组织现象及其情境可以随着时间的推移被追踪或重建是案例研究的重要优势（Lee，1999）。动态追踪案例企业有助于了解不同时间的影响因素和决策过程，并探究这些作用关系随时间变化的动态性及成因，有助于提升对关键问题的认识（Zahra，2007），这也正是本研究运用案例研究方法的原因所在。

在人际互动转化为企业层次资源的研究中，运用了探索性单案例研究的方法。单案例研究适用于全新的或现有理论不足以解释的研究领域（Eisenhardt，1989），可以更加细致和深入地进行案例的跟踪调研和演化分析（Buckley，Jeremy and Tan，2005），从而提炼出解释复杂现象的理论和规律（Eisenhardt，

2007)。对于个体社会资本到企业社会资本的跨层次转化，相关研究有限，无法充分阐释人际互动为企业带来收益的内在机理，需要对社会资本跨层次转化的作用机制以及相关构念之间的复杂关系进行探索，因此本研究选取探索性单案例研究方法进行分析。

1.3.2.4　问卷调查与实证分析法

在新创企业社会资本对创新行为跨层次影响的研究中，在个体与企业两个层次分别发放问卷，对于新创企业的问卷调查样本，按照已有大多数实证研究的做法（McDougall and Robinson，1990；Zahra，1993；林嵩，2007；李新春、梁强和宋丽红，2010），将成立时间小于 8 年作为新创企业的筛选条件。对不同层次变量的数据进行匹配，运用多层线性模型（hierarchical liner modeling，HLM）等计量分析方法对配对数据进行参数估计和假设检验。在董事网络对代理成本影响的研究中，以我国上市公司为研究样本，实证分析了董事网络位置与第一类代理成本、第二类代理成本之间的关系，以及机构投资者持股、产权性质和审计质量的调节作用。在董事网络创新效应的研究中，以董事网络的中心位置和结构洞位置为自变量，以企业动态创新能力为因变量，以多重治理情境为调节变量，运用中国上市公司数据进行实证检验。在新创企业外部社会资本对员工创新行为影响的研究中，在针对管理者和员工分别进行问卷调研的基础上，运用新创企业及其员工两个层次上的配对数据，对新创企业外部社会资本影响员工创新行为，以及异质性知识资源获取的中介作用、主动性人格的调节作用进行了实证分析。

1.3.2.5　社会网络分析法

运用社会网络分析方法，可以构建"宏观与微观"之间的桥梁，对各种关系进行精确的量化分析，可以对不具有"独立性"、表示行动者之间联系的关系数据（relational data）进行有效分析（Scott，2000）。本书对于网络组织及网络治理的研究中，需要探讨网络中节点之间的关系，以及节点在网络中的位置，这是对于属性数据（attribute data）进行分析的常规统计方法无法进行量化分析的，适合运用社会网络分析方法对本研究涉及的关系数据进行分析。

社会网络分析方法是对社会关系及其属性加以分析的规范和方法，不仅指一种分析技术，也代表了一种社会关系结构分析的思想与范式（Scott，2000）。一方面，本书将社会网络分析思想融入社会资本跨层次研究、网络组织对创新的影响以及董事网络研究中，将新创企业社会资本跨层次转化理解为创业网络不断拓展，个人社会网络与企业社会网络不断融合的过程；除了创新网络角度，也从社会网络分析视角探讨网络嵌入、网络能力、网络演化对企业创新的影响机理；将董事网络治理及其创新效应的产生看作是网络中各个节点之间相互作用，并在治理情境中对企业创新产生影响的过程。另一方面，在董事网络的分析中，运用社会网络分析视角，将董事网络理解为整合了连锁董事个人节点和联结企业节点的二元节点网络，并对董事网络中的节点、节点间联结进行了分析。在董事网络位置的分析与测量中，本研究运用社会网络分析技术，对董事网络程度中心度、接近中心度、中介中心度、结构洞等指标进行测量。在运用社会网络分析方法对相关指标进行测量时，经常会用到 Ucinet、Pajek、Gradap 等社会网络分析软件。本研究选取适合复杂网络关系及结构分析的 Pajek 对董事网络的中心度和结构洞指标进行测量。

1.3.2.6 比较分析法

本书在不同章节多次运用比较分析法，对不同概念、结论、观点之间的异同、优劣进行比较与判断。在社会资本跨层次契合过程的研究中，纵向比较不同阶段跨层次契合主体的差异化行为；在网络组织影响企业创新的研究中，比较两类网络演变轨迹对双元性创新方式选择的影响；在网络组织治理的研究中，对平台网络、创新网络、创业网络等不同类型网络组织的治理进行了比较；在董事网络对代理成本影响的分析中，比较分析了网络指标对第一类代理成本、第二类代理成本的不同影响机理；在董事网络治理的研究中，比较了中心度和结构洞对动态创新能力不同维度的差异化影响；在外部社会资本对企业创新影响机理的分析中，对主动性人格在异质性知识资源获取与创新行为之间的调节效应进行了比较分析。通过比较分析法，可以将不同研究对象进行相似性和差异性的比较，将相对独立、相对零散的研究结论与观点整合在一起，从而增加理论研究的纵深度与系统性。

1.4　研究特色与创新之处

1.4.1　研究特色

1.4.1.1　学科的交叉性

本书研究内容涉及管理学、经济学、社会学和心理学等多个学科领域，因而要综合借鉴多学科的理论基础与研究方法。例如，在个体层次社会资本层次契合的研究中，运用心理学的相关理论探讨不同层次主体在跨层次契合过程中的动机与心理；在董事网络对代理成本以及企业创新影响的研究中，运用社会网络分析方法对董事网络中心度和结构洞指标进行测量与分析；在个体－企业创新跨层次涌现的研究中，以社会嵌入理论为基础性理论分析企业相关情境对个体创新的影响。本研究在理论分析的过程中，整合运用了社会资本理论、创业理论、创新理论、跨层次理论、涌现理论、治理理论、网络理论等跨学科相关理论。

1.4.1.2　研究对象的多层次性

本书的研究对象涵盖企业组织中的多层次主体，以跨层次理论为本研究的基础性理论，对组织中的个体层次、团队层次、部门层次、企业层次，以及用户社群层次等不同层次主体的动机与行为进行分析。在社会资本跨层次契合的研究中，探索个体层次社会资本到企业社会资本的转化，探讨了人际互动如何转化为企业层次的资源。在企业创新跨层次涌现的研究中，阐释了创新在不同层次的定义，分析个体层次创新到企业层次创新的涌现，以及部门层次创新、团队层次创新、社群层次创新的中介作用。在网络组织影响企业创新的研究中，从整体创新网络层次和节点企业层次分析网络嵌入、网络能力和网络演化对企业创新的作用机理。在新创企业社会资本对创业行为影响的研究中，探讨了企业层次外部社会资本对个体层次创新行为的跨层次影响。

1.4.1.3　研究情境的本土化

本研究充分考虑中国情境下社会关系结构的独特性，以及在创新行为、网络治理等方面的特殊性。在研究过程中，着重阐释了关系主义导向下社会资本跨层次契合的必要性，以及社会资本、社会网络在企业创新过程中发挥的重要作用。对于研究样本的选择，以中国上市公司以及双创环境下的新创企业为主要的数据来源和样本，运用本土情境中的数据对本研究构建的理论模型进行实证检验与分析，以得出适用于中国情境的研究观点与结论。

1.4.2　创新之处

本研究的创新之处主要包括以下几个方面：

（1）突破社会资本跨层次研究的瓶颈，将新创企业社会资本跨层次转化深化为具有理论架构、构成维度和测度体系的构念。社会资本的跨层次性决定了社会联结中行为主体的不同，以及社会资源受益对象的差别，直接影响到企业是否能真正从中获取战略性资源。目前，对于社会资本具有多个层次的观点已经得到较为普遍的认同。然而，在理论研究与应用中却仍未给予足够关注，迄今为止对不同层次社会资本之间的关系与转化尚不够深入。概念界定的模糊，理论架构、构成维度和测度体系的缺失制约了社会资本跨层次研究的纵深发展，也限制了其实践价值的发挥。本研究运用演绎式建构方法对社会资本跨层次转化的理论架构进行探索性研究，并基于调研资料分析这一理论构念的构成维度与测量指标，对跨层次转化的内在作用机制进行分析，从而为社会资本跨层次研究的纵深发展奠定基础。

（2）立足嵌入性悖论，对董事网络产生的负面效应进行深入解析。在探讨网络嵌入、网络能力、网络演化对创新资源获取、创新优势提升、创新方式选择影响的基础上，辩证地分析网络组织对创新产生的作用，充分考虑过度嵌入带来的负面效应，阐释因关系锁定、网络排他性形成惯例化和程序化而导致的嵌入惰性。以董事网络为例进行实证分析，探讨中心度、结构洞位置在双重代理成本方面产生的负面效应，以及机构投资者持股、产权性质、审计质量在其中起到的调节作用。

（3）揭示网络组织、社会资本影响创新行为的一般规律，厘清作用路径与边界。充分考虑外部社会资本影响创新行为的复杂性、多层次性和动态性，摒弃单一层次的研究视角，探索跨层次变量间的交互作用，构建多层次理论模型，运用调研数据对跨层次作用机制的路径与边界进行解析。考虑现有相关研究忽略情境因素的局限，将"董事网络－企业创新"的关系置于多重情境中，基于不同网络结构探讨治理情境多重的调节作用。在研究过程中以动态视角阐释企业创新的内涵与维度，将动态创新能力解构为创新投入能力、创新转化能力、创新产出能力三个阶段性维度，综合运用动态能力理论、创新理论、组织学习理论等对各维度进行了动态解析。

第 2 章
多层次社会资本的文献述评

　　社会资本是已经在社会学、经济学、管理学、政治学等社会科学相关研究领域被广泛使用的概念，学者们从不同视角对社会资本进行定义，并取得了丰富的研究成果。社会资本的多层次性已得到普遍认同，但在实际研究中基于多层次视角的社会资本研究还相对较少。本书从不同层次社会资本的概念与维度、跨层次视角下的社会资本相关研究、契合理论研究领域的拓展与社会资本契合的提出三个方面对已有文献进行了检索、梳理与分析，为本书有关社会资本跨层次之间关系及契合的分析提供坚实的理论基础。

2.1　不同层次的社会资本概念与维度

2.1.1　社会资本多层次定义

　　社会资本的概念由来已久，可以追溯至对于家庭和社区重要性（Hanifan，1916）的研究。布尔迪厄（Bourdieu，1986）较早地对社会资本的概念进行了提出和界定，并将社会资本与社会关系网络联系在一起，认为社会资本表现为实际的或潜在的资源集合，是从社会关系网络中获取的资源，个体拥有社会资本的多少取决于构建社会关系网络的规模。之后，社会资本逐渐在社会学研究领域广泛使用，并延伸到管理学、经济学等社会科学相关研究领域。学者们从不同的视角对社会资本进行了概念界定，形成了相互之间有联系又有区别的定义表述。企业组织中主体的多重性和社会互动的复杂性，决定了社会资本是一个跨越了单一层次的概念。按照对社会资本界定时行动主体或受益主体的层次差异，本章梳理了学者们在个体、组织以及同时在两个层次上对社会资本的定义，如表 2 – 1 所示。

表 2 – 1　　　　　　　　　　社会资本在不同层次上的定义

层次	代表文献	定义
个体层次	Lin, 1982	嵌入在个人社会结构中可以摄取或动员的资源，不被个人直接占有，而是通过直接或间接的社会关系获取
	Baker, 1990	行动者可以从特定社会结构中获取能够追求个人利益的资源
	Brown, 1997	个体通过社会网络调动资源的潜力
	Portes, 1998	个体通过其成员身份在嵌入的网络和宏观社会结构中获取稀缺资源的能力
	Woolcock, 1998	个人社会网络中的信息、信任及互惠规范
	Davidsson and Honing, 2003	个体从社会网络、结构和身份中获取资源和收益的能力
	Burt, 2005	个体在社会关系结构中可以获得的优势
组织层次	Putnam, 1993	可以促进合作和提高社会效率的组织特点，如信任、规范和网络等
	Fukuyama, 1996	可以促进群体内合作的非正式规范
	Brehm and Rahn, 1997	有助于解决集体行为中存在问题的关系网络
	Leana and Van Buren, 1999	组织内能反映其社会关系的能够为组织及其中个体带来正面效应的资源
	Oh, Labianca and Chung, 2006	组织从其成员社会关系以及在更宏观的正式和非正式社会结构中可得的一系列资源
	Inkpen and Tsang, 2005	一种公共物品，其中的个体即使不参与关系构建也可以从中获取的资源
	Andrews, 2011	基于知识创造和分享的成员间有效互动带来的资源
	Payne et al., 2011	组织内部参与者通过构建相互关系而形成的组织资源，反映了组织内部社会关系的整体状况

层次	代表文献	定义
整合层次	Coleman，1988	由社会结构的某些方面构成的，有利于主体的特定目标，无论行为主体是个人还是法人
	Bourdieu and Wacquant，1992	个体或团体通过对关系网络的占有而获取的资源集合体，可以是实际占有的，也可以是潜在的
	Nahapiet and Ghoshal，1998	个人或社会单位从所拥有的关系网络中获得的现实和潜在资源的总和
	Adler and Kwon，2002	嵌入在个体或团队社会关系网络中的可得性资源，源自社会网络结构和社会关系内容

资料来源：根据相关文献整理。

整体来看，社会资本的概念内涵可以分为两类：一是重在关注社会关系的受益主体。例如，波茨（Portes，1998）认为社会资本是个体的财产，将社会资本定义为个体通过嵌入社会关系网络和宏观社会结构中而获取稀缺资源的能力；帕特南（Putnam，1993）从群体获得收益的角度来定义社会资本，将社会资本看作可以促进相互合作和提高社会效率的组织特征，如信任、规范和网络等；科尔曼（Coleman，1988）认为社会资本的行为和受益主体不仅可以是个人，也可以是法人，为社会资本的研究提供了涵盖多层次主体的整合性视角。二是重在关注社会资本的来源。例如，权和阿德勒（Kwon and Adler，2014）认为社会联结对于提供信息、产生影响力和形成团结非常有效，将社会资本看作从行动者社会关系中获取的机会、动机和能力；欧、拉比安卡和钟（Oh，Labianca and Chung，2006）分析了组织内部的闭合关系和桥关系，以及组织外部的社会关系如何成为社会资本的多元化来源与渠道，将组织社会资本定义为蕴藏在成员社会关系以及更宏观的正式和非正式社会结构中的可获取的社会资源。

最初对社会资本的研究主要是以个人为主体的，林（Lin，1982）认为社会资本是嵌入在个人社会结构中可以摄取或动员的资源，不被个人直接占有，而是通过直接或间接的社会关系获取。贝克（Baker，1990）将社会资本定义为行动者可以从特定社会结构中获取的能够追求个人利益的资源。布朗（Brown，1997）认为社会资本是个体通过社会网络调动资源的潜力。伍尔科克（Woolcock，1998）将社会资本定义为个人社会网络中的信息、信任及互惠规范。戴维森和霍宁（Davidsson and Honing，2003）认为社会资本是个体从社会网络、结构和身份中获取资源和收益的能力。伯特（Burt，2005）认为社会资本是个体在社会关系结构中可以获得的优势。

随着对社会资本研究的深入，分析层次逐渐扩展到团队、组织、社区、国家，尤其是组织层次。福山（Fukuyama，1996）认为社会资本是可以促进群体内合作的非正式规范。布雷姆和拉恩（Brehm and Rahn，1997）认为社会资本是有助于解决集体行为中存在问题的关系网络。利安娜和范布伦（Leana and Van Buren，1999）认为社会资本是组织内能反映其社会关系的能够为组织及其中个体带来正面效应的资源。欧、拉比安卡和钟（Oh, Labianca and Chung，2003）认为社会资本是组织从其成员社会关系以及在更宏观的正式和非正式社会结构中可得的一系列资源。英克彭和曾（Inkpen and Tsang，2005）将社会资本定义为一种公共物品，其中的个体即使不参与关系构建也可以从中获取的资源。安德鲁斯（Andrews，2011）认为社会资本是基于知识创造和分享的成员间有效互动带来的资源。佩恩等（Payne et al.，2011）认为社会资本是组织内部参与者通过构建相互关系而形成的组织资源，反映了组织内部社会关系的整体状况。

科尔曼（Coleman，1988）对社会资本的行为和受益主体既可以是个人也可以是法人的探讨，推动了社会资本研究从个人层次到企业层次扩展，社会资本逐渐与物质资本、人力资本共同成为企业的三大资本形式。也有学者从整合层次进行社会资本的定义，布尔迪厄和瓦肯特（Bourdieu and Wacquant，1992）认为社会资本是个体或团体通过对关系网络的占有而获取的资源集合体，可以是实际占有的，也可以是潜在的。纳哈皮耶特和戈沙尔（Nahapiet and Ghoshal，1998）认为社会资本是个人或社会单位从所拥有的关系网络中获得的现实和潜在资源的总和。阿德勒和权（Adler and Kwon，2002）将社会资本定义为嵌入在个体或团队社会关系网络中的可得性资源，源自社会网络结构和社会关系内容。

沿着关注受益主体与来源的概念界定思路，本研究认为社会资本的受益主体既可以是个人，也可以是集体或组织，其来源是个体、集体或组织所在的社会关系网络及其可以动用的社会关系联结。因此，本书采用阿德勒和权（Adler and Kwon，2002）在回顾和梳理社会资本定义基础上提出的概念内涵，将社会资本界定为个体或群体行动者从社会关系结构中，通过已建立或新创建的社会联结而获得的资源。

2.1.2　社会资本的维度划分

作为一个可以被定义为网络、资源、能力或规范的复杂概念，社会资本具有丰富的内在维度。在对社会资本概念界定的基础上，学者们对社会资本涵盖的维度进行了剖析。其中，最为经典的分析框架是纳哈皮耶特和戈沙尔（Nahapiet and Ghoshal，1998）基于格兰诺维特（Granovetter，1985）有关关系嵌入和结构性嵌入的研究，将社会资本细化为关系维度（relational dimension）、结构维度（structural dimension）和认知维度（cognitive dimension）。关系维度是指主体间长期频繁互动而形成的联结关系，包括信任、规范与约束、义务与期望等；结构维度是指整体网络的联结结构，如联结数量、联结强度、节点在网络中的位置等；认知维度是指促使个体对外表现一致性的资源，体现为成员共同的语言和代码、共同愿景、共享目标等。对于社会资本维度的这种划分方法为社会资本及相关领域的研究提供了清晰的概念框架，并在企业社会资本的实证研究中得到了广泛应用（Tsai and Ghoshal，1998），大量文献（例如：Maurer and Ebers，2006；Jonsson and Lindbergh，2013；Tantardini and Kroll，2015；杜亚丽，2015）在研究中运用了这一分析框架。

除了关系、结构、认知维度的划分，还有一些其他不同形式的维度划分方法。例如，边燕杰和丘海雄（2000）认为根据企业在经济领域中社会联系类型的不同，可以将社会资本划分为与上级领导机关、当地政府部门及下属企业、部门联系的纵向维度，与其他企业联系的横向维度，以及企业经营者非经济人际交往的社会联系维度。阿德勒和权（Adler and Kwon，2002）将社会资本划分为内部社会资本和外部社会资本两个维度，可以与莱纳和范布伦（Lenna and Van Buren，1999）分析的私人物品和公共物品相对应。科卡和普雷斯科特（Koka and Prescott, 2002）按照社会资本所带来信息利益的不同，将企业社会资本分为信息容量、信息多样性和信息丰富性三个维度。克里希纳（Krishna, 2000）将社会资本划分为制度型社会资本和关系型社会资本，制度型社会资本与程序、规则和组织等结构要素有关，而关系型社会资本主要指准则、态度、信念和价值观等。丰蒂和马奥雷特（Fonti and Maoret, 2016）将社会资本划分为核心社会资本和周边社会资本，运用核心 – 外围方法分析了社会资本对组织绩效的直接与间接影响。帕特南（Putnam, 2000）关于聚合性（bonding）社会资本和桥接性（bridging）社会资本的划分，也是得到普遍认同的一种维度分析方法，不少学者对这两种维度的社会资本进行了研究。伍尔科克和纳拉扬（Woolcock and Narayan, 2000）认为社会资本的多维度属性包括桥接、聚合和联结三个方面，这些维度在不同的情境中具有差异化的关系程度和频率。富尔克森和汤普森（Fulkerson and Thompson, 2008）通过元分析对社会资本进行了探讨，定义了社会资本的六个维度：社区价值观；集体行动、社会结构和利益实现；信任、互惠和合作；个体和群体关系资源；公民参与和自发协助；社会关系和网络。施努尔贝因（Schnurbein, 2012）在非营利组织社会资本的研究中也将社会资本分为聚合性社会资本和桥接性社会资本。

随着互联网经济和电子商务的发展，以大数据、云计算、自媒体等为特征的网络环境已颠覆企业信息传播路径与关系互动范式，逐渐受到社会资本研究领域的关注。越来越多的文献从虚拟维度探讨了社会资本的形成与效应。基于对互联网削弱社会资本（Putnam, 1995；Nie, 2001）和提升社会资本（Granovetter, 1973；Neves, 2013）的探讨，目前普遍认同信息技术可以为企业带来多元化的关系结构（Adkins, 2009），从而形成超越现有社会网络关系的联结组合（Dickinson et al., 2016）。其中，自愿、互惠和社会信任（Mathwick and Mayzlin, 2006），社会互动和社会学习（单凤儒，2014）是影响虚拟社会资本建构的重要因素。互联网情境下的社会资本会对企业、消费者、员工等参与线上关系互动的主体带来相应的影响。赵、徐和王（Chiu, Hsu and Wang, 2006）实证检验了在线社区中社会资本对知识共享的正向作用。左文明等（2014）以蘑菇街和美丽说用户为调研对象，实证检验了社会化电子商务中虚拟社会资本对网络口碑的数量和质量，以及购买意愿的正向影响。索恩等（Sone et al.，2016）认为线上社会资本的关系、结构和认知维度会对社交网站（SNS）组织公民行为产生显著的直接或间接影响。

大量文献对社会资本的概念和维度进行了研究，这为本书提出社会资本跨层次契合的构念提供了坚实的理论基础。一方面，社会资本定义的多层次性使不同层次社会资本之间关系的研究成为必要；另一方面，多个维度的划分为本书对于社会资本跨层次契合的概念释义和过程解构提供了理论依据。

2.2　跨层次视角下社会资本相关研究

2.2.1　社会资本多层次划分的相关研究

基于丰富的内涵和维度，不少学者对社会资本的多层次进行了进一步划分。布朗（Brown，1997）提出了社会资本的微观、中观和宏观三个层次。微观层次社会资本（micro-level social capital）探讨的是个体如何通过社会网络调动资源；中观层次社会资本（meso-level social capital）关注社会网中主体之间的联系类型以及其结构位置带来的资源；宏观层次社会资本（macro-level social capital）的研究重心在于大型网络或社会系统中的文化、制度和规范等因素对彼此相联结的主体之间联系性质以及资源创造方式的影响。这一层次的划分引发了学者们对社会资本跨层次性的思考，之后的研究得出了很多与之相似或差异化的结论。边燕杰（2002）以网络镶嵌资源方法（network-embedded resource approach）、网络结构方法（network structure approach）和网络成员方法（network membership approach）三种方法对社会资本的层次进行了划分，这三种方法可以分别与微观、中观和宏观层次相对应。赵延东和罗家德（2005）将社会资本分为个体社会资本和集体社会资本两类，认为个体社会资本代表了外部社会资本或私人物品，而集体社会资本则代表了内部社会资本或公共物品。基于利安娜和范布伦（Leana and Van Buren，1999）与阿德勒和权（Adler and Kwon, 2002）提出的内、外部社会资本在"私人物品"和"公共物品"属性上的差异，罗家德（2012）进一步将内部社会资本划分为个体和集体两个层次，认为个体社会资本是组织内个人的人际关系以及占据的网络位置，而集体社会资本是使整个组织受益的非正式网络形态和组织内成员的相互信任和善意。佩恩等（Payne et al., 2011）探讨了多层次分析为社会资本研究领域带来的机遇与挑战，按照宏观与微观、内部与外部的交叉维度，认为社会资本的内涵与层次包括四个象限：个体/内部社会资本指个体通过社会关系可以获得的能够为其所用的资源；个体/外部社会资本指跨越了组织边界的能够为个体所用的社会资源；集体/内部社会资本指社会关系中可以为集体所用的资源；集体/外部社会资本指跨越了组织边界的与其他主体联结关系中可以获取的为集体所用的资源，如图 2-1 所示。加西亚菲约、侯赛因和杰瓦克哈迪斯（García-Feijóo, Hossain and Javakhadze, 2021）将社会资本划分为宏观与微观两个层次。从宏观层次来看，社会资本表示一个地区整体的隐性资源，是经过时间积累逐步形成的共同规范、价值观与信仰；从微观层次来看，社会资本表示微观个体之间的联系与参与程度，是个体能够在自身构建的社会网络中获取的资源。

	个体社会资本	集体社会资本
内部联结	**象限1——个体/内部** 定义：个体通过其社会关系可以获得的能为自身所用的资源 主要视角：结构洞	**象限2——集体/内部** 定义：集体通过其社会关系可以获得的能为集体所用的资源 主要视角：结构洞、强联结/网络闭合
外部联结	**象限3——个体/外部** 定义：跨越组织边界的通过社会关系可以获得的为个体和集体所用的资源 主要视角：结构洞、强联结/网络闭合	**象限4——集体/外部** 定义：通过集体跨越组织边界、与其他集体相联结而获得的可以为集体所用的资源 主要视角：强联结/网络闭合

图 2-1 社会资本的类型与维度

资料来源：根据佩恩等（Payne et al., 2011）的文献整理。

欧、拉比安卡和钟（Oh, Labianca and Chung, 2006）系统地对社会资本多层次问题进行了探讨，认为组织社会资本是蕴藏在正式和非正式社会结构下成员社会关系中可获取的资源，组织社会资本的资源越多越能带来高的组织有效性，并且组织社会资本中资源的流动存在许多不同的渠道，构建了一个多层次的、多维度的模型来阐释所有这些渠道的最优组合可以最大化组织社会资本中的资源和组织有效性。在社会资本多层次研究的经典文献《组织社会资本的跨层次模型》中，欧、拉比安卡和钟（Oh, Labianca and Chung, 2006）认为较多的组织社会资本可以更大程度地满足成员目标和需求，使组织成员在未来的时间里更有可能达成一致，从而更能实现组织目标并取得更好的绩效。然而，组织社会资本的流动存在多个渠道，通过其中一个渠道使社会资本最大化，有可能会以削弱其他渠道为代价。因而，组织社会资本应以优化配置的视角来理解：它应该是促使组织社会资本最大化的所有关系的整体平衡。这些关系既包括组织内外的垂直层次关系，也包括跨越不同水平边界的关系，这些跨层次的正式和非正式关系之间存在着相互作用。组织应运用这些关系使社会资本最大化，进而提升组织有效性。图 2-2 中的 X 表示优化配置视角下的权衡。

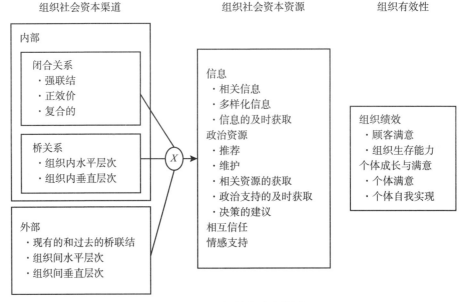

图 2-2 组织社会资本模型

资料来源：根据欧、拉比安卡和钟（Oh, Labianca and Chung, 2006）的文献整理。

2.2.2　基于跨层次理论的社会资本相关研究

组织是一个多层次的系统结构，表现为个体、团队、部门、行业以及文化等多重特征的跨层次相互结合与影响（陈晓萍、徐淑英和樊景立，2008）。无论单纯强调微观层次还是宏观层次，都容易忽略其他层次的促进与约束影响，无法精确全面地解释组织行为。因此有必要将组织视为一个整合的系统，才能使对组织的研究更加客观和真实。然而，传统的组织行为学方面的研究往往将个体、团队和组织层次分开进行研究。或以宏观的观点，关注组织或团队整体的行为或结果，或以微观的方法着眼于个人的行为与结果差异。宏观的观点往往不关注个人之间的差异，从而忽略了个人的情感、行为及其互动对高层次结果的影响；而微观观点大多不重视个人所处的情境，忽略了情境对个人的影响，在此背景下跨层次理论应运而生（Klein and Kozlowski，2000）。最初的跨层次理论源于社会学中的"池塘效应"，即研究员工的问题不能忽略员工所在的"池塘"——团队和组织。随着统计方法与技术的推进，多层线性模型的出现为多层变量之间的研究提供了可能。多层线性模型产生于 20 世纪 80 年代初，该方法能够在一定程度上克服传统统计方法处理多层次嵌套数据的局限。近年来，广泛应用于心理学、社会学、经济学、管理学等学科（王济川、谢海义和姜宝法，2008）。

从学者们对于社会资本的定义和内涵分析，可以看出社会资本的受益主体、来源渠道和维度结构体现于个体、集体、组织等不同层面，是一个具有多层次性的概念，社会资本的多层次性已经得到了普遍认同。近年来，有学者呼吁探索社会资本如何在个体、组织等不同层次之间共享和使用（Miles，2012），社会资本领域的研究呈现出从单一层次视角向跨层次视角演进的趋势。对社会资本的多层次研究会运用到跨层次理论，已有文献对跨层次理论的研究有两种不同思路。（1）将跨层次理论作为工具性理论进行研究。跨层次理论源于对传统组织行为学研究中宏观视角与微观视角截然分开的摒弃。传统的组织行为学研究往往将个体、团队和组织层次分开进行，或以宏观的视角关注组织或团队整体的行为和结果，或以微观的视角着眼于个人行为与结果的差异。宏观视角往往不重视个体之间的不同，忽略了个人的情感、行为及其互动对高层次结果的影响；而微观视角大多不重视个体所处的情境，忽略了情境对个人的影响，在此背景下跨层次理论应运而生（Klein and Kozlowski，2000）。跨层次理论在运用时常会构建跨层次直接效应模型、跨层次调节效应模型、跨层次"青蛙池塘"效应模型、一致的多层次模型，以及多层线性模型等。现有跨层次研究中成熟模型主要包括：第一，跨层次直接效果模型（cross-level direct-effect model），该模型主要检验对于较低层次的结果变量，较高层次自变量的主效果（Klein，Dansereau and Hall，1994）。第二，跨层次调节效应模型（cross-level moderating effect model），该模型用于检验两个较低层次变量之间的关系如何受到较高层次的变量的调节，或者较高层次的变量与较低层次变量之间的关系如何受到较低层次变量的调节（Hofmann，Morgeson and Gerras，2003）。第三，跨层次"青蛙池塘"模型（cross-level frog-pond model），可以检验较低层次的个体在较高层次中的相对位置对较低层次的结果变量的影响（张志学，2010）。第四，一致的多层次模型（homologous multilevel model），在该模型中两个或两个以上变量之间的关系可能同时存在于个人、团队以及组织的多个层次中（DeShon et al.，2004）。

近年来，跨层次理论引入到越来越多的研究领域，例如，团队互动管理（Carter，Carter and DeChurch，2018）、动态能力研究（Salvato and Vassolo，2018）等，社会资本研究中也越来越多地运用了跨层次理论及其分析工具。汉（Han，2016）探讨了自信与个人社会资本，以及管理情境中上下级社会资本的差异化关系，并运用跨层次数据进行了实证检验。高等（Gao et al.，2018）对中国社会情境中心理工作环境与社会资本之间的关系进行了跨层次研究，认为工作中的社会资本会受到跨层次因素的影响，其中社会工作心理和文化情境是影响个体在工作中社会资本差异性的重要因素。谢洪涛、赖应良和孙玉梅（2016）从个人和团队两个层次探讨了个人动机和科研团队社会资本对个体显性和隐性知识共享行为的影响，并运用多层线性模型进行了实证检验。侯楠、杨皎平和戴万亮（2016）以外部社会资本作为团队层次变量，以创新绩效作为个体层次变量，实证分析了外部社会资本对创新绩效的跨层次中介作用。

（2）以跨层次理论为视角对具有多层次主体互动特征的理论问题进行深化分析。例如，元（Yuan，2005）通过跨层次、跨理论的模型，探讨了个体和集体社会资本对两个层次上交互记忆系统的影响；杜亚丽（2015）以工程咨询项目为例，构建了多层次的项目社会资本体系，建立了项目社会资本对知识转移影响的理论模型；庄玉梅（2015）研究了组织社会资本在单一层次和跨层次的应用，建构了跨层次前因与效果的理论架构，明确了组织社会资本的多层次本质及其所包含的微观与宏观的关联关系；陶建宏等（2013）从个体、团队和组织三个层次以及文化、行业等不同环境情境的调节作用，提出了高阶理论跨层分析模型；谭、张和王（Tan，Zhang and Wang，2014）针对有关网络闭合与结构洞的争论，在构建跨层次理论框架的基础上实证检验了网络层次上的集体社会资本对企业层次社会资本与创新绩效之间关系的影响。

在对社会资本跨层次的研究中，可以综合运用以上两类研究：一方面应用多层线性分析模型（HLM）解决跨层次数据的分析问题；另一方面基于跨层次分析的视角探索企业社会资本跨层次主体互动机理。在社会资本研究中引入跨层次视角，既可以将宏观视角与微观视角相结合，更加系统全面地考察社会资本的内涵与测度，又可以使关注点转向不同层次与维度社会资本之间的关系，进一步深化社会资本理论。

2.3　契合理论研究领域的拓展与社会资本契合研究的必要

2.3.1　契合理论分析维度的延伸

个体与组织契合（person-organizational fit）的概念由来已久，可以追溯至巴纳德关于员工与组织目标一致性的理念，巴纳德（Barnard，1948）将个人与组织的一致性视为企业组织管理目标的理念，成为人与组织契合（匹配）研究的理论渊源。作为体现个体与组织之间互动的概念，这一概念涉及员工与组织之间的关系、互动与匹配，已成为中间层面（介于个人层面与组织层面）和跨层次研究的热点问题（Ans, Dirk and René, 2003；Zachary and Vernon, 2005；王雁飞和朱瑜, 2012）。个人与组织契合指的是个人的人格特性、信仰、目标、价值观与组织文化、策略性需求、组织规范、组织目标及组织价值观的一致性程度（O'Reilly et al., 1991）。综合学者们对于契合的各种不同理解，主要包含相似性契合（supplementary fit）和互补性契合（complementary fit）（Kristof, 1996），以及需求－能力契合（demands-abilities fit）和需要－供给契合（needs-supplies fit）（Piasentin, 2006）。

已有研究围绕个体与组织契合的前因维度、结果维度和中介/调节效应而展开。前因维度方面，招聘和社会化是人与组织契合的两个互补策略，并在员工进入组织的不同时间段发挥着差异化影响（Chatman, 1991）。对于招聘，施耐德（Schneider, 1987）构建了"吸引－选择－损耗"（ASA）三阶段理论以阐释人与组织契合的形成机制，认为在个体自我选择和组织筛选淘汰的共同作用下，与组织价值观或特征一致的个体会成为组织的成员。对于社会化策略，凯布尔和帕森斯（Cable and Parsons, 2001）探讨了集体正式/个体非正式、序列固定/随机变化以及系列支持/间断孤立三组不同的社会化策略对新进员工与组织契合的差异化作用机理。陈卫旗（2009）研究了人与组织契合的形成发展机制，认为组织的社会化策略和个体的社会化策略都会影响人与组织的价值契合程度，并且二者之间存在交互作用。除了招聘和社会化之外，还有学者发现组织学习（张翼等, 2009）、员工的职业生涯心态（郭文臣和孙琦, 2014）等也会影响人与组织的契合。人与组织的契合不仅是一种客观存在，亦会被个体和集体所感知，个体感知的契合会受到不同类型组织多样性的差异化影响（Tung and Lin, 2015），也会在整个职业生命周期里受到组织社会化历程的影响（Ashforth, Sluss and Saks, 2007），而集体感知的契合会受到团队凝聚力和团队效率的影响（Kristof-Brown, Seeong and Degeest, 2014）。结果维度方面，在个体层次上，个人与组织契合是影响员工满意度（Hardin and Donaldson, 2014）、员工离职（龙立荣和赵慧娟, 2009）、组织公民行为（Kim et al., 2013）等态度与行为的重要因素。例如，卡西马蒂（Kasimati，2011）运用公共组织的经验数据，实证检验了个人与组织契合对工作满意度和离职意向的影响。加布里埃尔等（Gabriel et al.，2014）从个体本身和个体之间两个层面，探讨了员工感知的契合与工作情绪、工作满意度之间的动态因果关系。赵红梅（2009）认为个人－组织契合度正向影响员工的组织公民行为和个人关系绩效。基于对个体积极行为的影响，个人与组织契合可在组织层次上带来竞争优势（Arthur et al.，2006）、创造力（Jelena，Leona and Vivian，2015）和绩效提升（朱青松和陈维政，2005）。中介/调节效应方面，鲁伊斯－帕洛米诺和马丁内斯－卡尼亚斯（Ruiz-Palomino and Martínez-Cañas，2014）基于社会交换理论和社会学习理论，实证检验了个人与组织契合在文化和道德意图关系中的调节作用，以及在文化和组织公民行为之间的中介作用。莫斯塔法和古尔德－威廉斯（Mostafa and Gould-Willians，2014）研究发现个人－组织契合不仅正向影响工作满意度和组织公民行为之外，还在高绩效人力管理实践与员工行为之间起到部分中介作用。王雁飞和朱瑜（2012）认为个人－组织契合在组织社会化实践与员工组织公民行为及工作绩效关系中具有重要的中介作用。储小平和钟雨文（2015）实证检验了个人－组织契合在变革性领导和下属的促进性建言及抑制性建言之间的中介作用。

随着对个体－组织契合研究的深入，其分析维度和探讨领域不断延伸。一些相关的概念涌现，例如，个人－环境契合（Sun，Peng and Pandey，2014）、个人－工作契合（Cable and DeRue，2002；Chhabra，2015）、个人－领导契合（Nolan and Morley，2014）、个人－品牌契合（Matzler et al.，2011）、员工－雇主契合（Spanjol，Tam and Tam，2015）、延伸品牌与母品牌之间的感知契合（Czellar，2003；Pina et al.，2010）等。沙普利和罗斯（Shapley and Roth）于 2012 年以"稳定匹配和市场设计实践理论"获得诺贝尔经济学奖，可见契合/匹配理论以从人力资源管理领域延伸到在特殊市场中不同经济主体之间匹配的研究中。

2.3.2　个体－企业社会资本契合研究的必要性

目前，对于个人与组织契合的研究呈现出从人力资源管理领域向其他领域延伸的趋势，例如，邦迪、沃格尔和扎卡里（Bundy, Vogel and Zachary, 2018）探讨了组织与利益相关者的契合，通过价值观一致性和战略互补性两个维度，阐释组织与其利益相关者之间的协作行为。在社会资本的研究中，也逐渐有文献关注到个体层次与企业层次间的契合问题。赵晶等（2014）基于国美电器和雷士照明控制权争夺案例的对比分析，认为实际控制人的社会资本与组织社会资本的契合度会影响实际控制权的稳定性。梁上坤等（2015）研究发现个人 - 企业社会资本契合度与资产专用性会引发企业社会资本的断裂，构成控制权争夺的必要条件，并影响企业社会资本重构的难度。以上研究辨析了个人社会资本与企业社会资本的区别，提出个人 - 企业社会资本契合度的概念，开创性地为控制权的研究提供了新颖的视角。然而，对于社会资本跨层次契合的研究尚处于起步阶段，本书认为个体社会资本与企业社会资本的契合不仅存在于实际控制人与企业之间，亦存在于一般员工与企业之间；社会资本跨层次契合不仅影响到企业的控制权问题，还是企业获取关键性资源的有效途径；员工与企业社会资本的契合不仅表现为契合程度的高低，更体现为个体社会资本到组织社会资本的动态转化过程。

作为涵盖跨层次主体的复杂行为，社会资本契合会受到员工与组织关系的影响。对于员工和组织之间的关系，大多数文献基于社会交换理论而展开，将其看作员工和企业相互进行投资和获取收益的长期社会交换过程，而并不仅是经济交换（Home et al., 2009）。徐、皮尔斯和波特（Tsui, Pearce and Porter, 1997）将员工与组织关系分为均衡模式和非均衡模式两类，其中均衡模式包括准交易契约关系模式、相互投入型关系模式，非均衡模式包括过度投资型关系模式和投资不足型关系模式，并讨论了这四种关系模式对多种员工态度的差异化影响。朱苏丽、贺伟和王忠军（2015）基于中国文化情境，提出在中国企业的员工 - 组织关系中不仅包括契约式、工具性的经济交换和社会交换，还包括能够体现员工 - 组织高度融合的类亲情交换，并对类亲情交换关系的前因变量和结果变量进行了实证检验。按照社会交换理论和互惠原则，作为非必要工作的社会资本跨层次契合需要组织给予员工相应的激励。组织在为员工提供薪酬、培训等的同时，可以获取员工的回报，从而通过优化员工 - 组织关系起到对非必要工作行为的激励作用（Settoon, Bennett and

Liden，1996）。

与个人 – 企业社会资本契合直接相关的一个问题是个人社会资本与企业社会资本之间的关系和转化，目前只有少量研究散见于现有文献中。欧、拉比安卡和钟（Oh, Labianca and Chung, 2006）通过对社会资本来源渠道以及有效性的分析，阐释了组织成员社会联结对组织社会资本的作用机理，基于资源流动的闭合渠道和桥渠道及其优化组合，阐释了个体间关系如何形成群体社会资本，构建了群体社会资本及有效性最大化的跨层次最优平衡模型。王凤彬和刘松博（2007）对企业组织内宏观与微观连接机理进行了探讨，解释了企业社会资本不是员工个人社会资本的总和，是个体层次社会资本在扩散效应和吸收效应下一定比例的转化，表现为宏观与微观相连接的双向关联。卡萨（Kaasa, 2009）研究了社会资本的跨层次性，认为企业层次的社会资本是基于员工个体的网络、信任和规范的资源，是个体和组织都不能单独控制的公共物品。贝格尔斯迪克（Beugelsdijk, 2009）针对社会资本内涵中最重要的两个因素，分别对微观层次和宏观层次的信任和网络进行了探讨。索曾等（Sozen et al., 2016）认为企业可以通过寻找和招聘占据结构洞位置的员工等途径，利用员工的社会关系网络生成组织社会资本。郑方（2011）在连锁董事网络的研究中，认为企业社会资本并不是企业中所有员工个人社会资本的简单加和，根据与企业利益的契合度，可以将个人社会资本划分为既存、潜在和无关三个区域。庄玉梅（2014）认为组织社会资本的跨层次衍生是一个在组织社会环境和管理环境下，个体互动在共享的认知规范和群体目标下形成稳定的社会关系结构，进而形成个体、群体和组织共有社会资本的动态过程。石军伟（2017）研究了企业社会资本的动态演化及其管理策略，认为企业应在"组织补偿个体"和"个体补偿组织"的过程中，促进社会资本从个体到组织或者从组织到个体的转化。

可见，社会在资本的多层次性虽已得到普遍认同，但尚未形成对个人层次和企业层次社会资本之间关系的统一认识，也缺少对二者转化和契合机理的深入剖析，这也正是本书提出"社会资本跨层次契合"构念，对社会资本跨层次转化过程及内在作用机制进行深入分析的原因所在。

2.4 简要文献评价

通过对已有文献关于多层次社会资本的定义与维度，跨层次视角下社会资本相关研究，以及社会资本契合概念提出相关研究的梳理与分析，可见社会资本及其多层次性的相关研究已取得了诸多成果，为本书提供了丰富的文献资料和理论基础，但仍存在以下局限性：

首先，相较于企业家、创业者、高管社会资本，对于一般员工的社会资本关注较少。员工的社会联结中蕴藏着丰富的社会资本，是企业解决资源困境、突破成长瓶颈的潜在资源。员工与企业社会资本的一致性亦是个体 - 组织契合的重要维度，探讨对员工贡献个人社会资本这一角色外行为的激励，以及员工社会资本到企业社会资本的契合，成为值得关注的课题。

其次，对于社会资本跨层次性的研究尚在起步阶段，未厘清不同层次社会之间的关系及其相互转化的内在作用机制。综观社会资本的定义，可以看出社会资本是一个涵盖多层次主体的概念，社会资本的多层次性已得到普遍认同，但缺少跨层次视角下的社会资本概念内涵界定。社会资本的相关研究大多集中于单一层次，对社会资本多层次性之间关系和转化的分析有待深入。尚未基于跨层次理论形成对个人层次和企业层次社会资本之间关系的统一认识，也缺少对二者转化机理的深入剖析。囿于数据的获取难度，在实证检验中往往将创业者社会资本等同于企业社会资本，存在测量的局限性。少数对于社会资本跨层次转化的研究也大多针对内部社会资本（例如：Adler and Kwon，2002），有必要以外部社会资本为视角进行社会资本的跨层次研究，对社会资本从理论和测量上区分层次，探讨如何将员工的社会联结转化为企业获取的外部社会资源。

跨层次研究大多基于单向视角，忽略了对两层次间双向作用的整合性审视。跨层次研究的已有文献大多关注某一层次对另一层次的作用机理，运用整合视角分析不同层次之间互动关系并进行理论分析和实证检验的研究较少。实质上，跨层次因素间往往是互动影响的，既有高层次因素的情境作用，也有低层次因素的涌现效应（Klein and Kozlowski，2007），需要对跨层次的双向作用进行识别和探讨。

针对以上研究局限性和有待进一步拓展的研究空间，社会资本的未来研究可以围绕以下几个方面展开，以弥补现有研究的不足。

第一，开发社会资本跨层次契合的度量指标和量表。现有研究对社会资本的测量已形成了题项测量、社会网络分析、间接测量等多种方法，但大多针对单一层次。未来研究应在已有测量维度和方法的基础上开发跨层次的量表，充分考虑两层次社会资本的内在互动机理，以社会资本的"关系－结构－认知"维度和"识别－联结－固化"维度的交叉整合为导向，综合运用量表法和社会网络分析方法对个体层次与企业层次的契合进行量度，从而突破现有实证研究中企业家社会资本、创业者社会资本对企业社会资本的简单替代，为社会资本的测量提供一个合理化的新视角。

第二，进一步剖析企业社会资本跨层次契合的演化过程。从个体社会资本到企业社会资本的转化是一个涵盖多主体互动，从识别有效联结到建立联结关系再到制度化的复杂过程。鉴于此，未来研究可运用社会网络分析法和追踪案例研究法，通过对代表性企业的跟踪调研，对员工－企业社会资本的跨层次契合过程进行深入剖析，探讨契合过程中识别、联结和固化阶段的关键性因素，从而更深入地回答以下问题：不同类型企业社会资本的跨层次契合过程有何独特之处？员工社会资本到企业社会资本的转化是怎样一个互动演化过程？受到哪些企业层次情境因素的影响？

第三，探索企业社会资本契合的跨层次影响因素。相比于社会资本的结果研究，其前因研究相对较少，而企业如何构建社会关系网络，从中获取成长的关键性资源也是值得研究的重要问题。由于社会网络的动态性和社会资本的可再生产性，社会资本的形成与积累是贯穿于企业发展全过程的重要问题，而个体社会资本是形成企业社会资本的重要途径。因此，后续研究有必要通过对社会网络理论、学习理论、激励理论等相关理论的交叉整合分析，进一步探寻社会资本契合在个体层次和企业层次的多元化影响因素，厘清中介和边界作用，丰富企业社会资本生成的相关研究。

第四，构建个体社会资本向企业社会资本转化的激励机制。现有关于员工激励的研究，大多关注对员工物质和精神需要的满足，而忽略了员工心理动机和实践行为的社会嵌入性。作为企业中的一员，员工的经济行为嵌入于企业环境中，其中企业的能力也构成了为员工提供环境中的重要维度。尤其对于社会资本契合这种跨层次的经济行为，员工能否将自身社会关系转化为企业层面的资源，需要企业具备相应的网络能力、学习能力作为保障。未来研究可以将企业相关能力构建纳入对员工跨层次契合动机与行为的激励要素，为激励机制设计的相关研究提供了新的研究思路。

第五，探讨企业社会资本跨层次契合对个体和企业的多元化影响。已有文献在研究社会资本对企业绩效的作用机制时，主要关注社会资本对获取初创资金、识别市场机会等企业行为的影响，尚未全面打开社会资本影响创业绩效的"黑箱"。后续研究可以从多层次视角剖析产生影响的内在机理，例如，分析跨层次契合的异质模式对企业双元创新的差异化作用机制等。另外，还可以关注社会资本的跨层次转化会对个体带来怎样的变化，例如，是否会提高其组织社会化程度，又是怎样通过对个体的影响进而作用于企业绩效的。

2.5　本 章 小 结

本章通过文献研究法，对社会资本在不同层次的定义与维度进行了梳理，对跨层次视角下社会资本的相关研究进行了系统回顾，结合个体与组织契合理论探讨了社会资本契合概念的提出，并在文献回顾的基础上，探寻已有研究不足与未来研究的突破点。基于对社会资本概念内涵及维度的认识，本书将跨层次理论引入社会资本的研究中，在后续章节中提出社会资本跨层次契合的构念，将研究聚焦于个体层次社会资本向企业社会资本的转化，并在已有文献对社会资本内涵与测量研究的基础上，对这一构念进行内涵界定与量表开发，以弥补已有研究的局限性。

第 3 章

社会资本跨层次契合机理：以新创企业为例

社会资本具有多层次性，个体社会资本向企业社会资本的转化是新创企业获取创业资源、弥补新进入缺陷的重要途径。本章在回顾个体与组织契合理论、新创企业社会资本和社会资本跨层次研究的基础上，提出社会资本跨层次契合的构念。通过对基础资源观、契合理论、社会资本理论和激励理论的交叉整合，对这一构念进行了演绎式理论建构。结合社会资本的关系、结构、认知三个维度，将新创企业社会资本跨层次契合的过程解构为识别、联结和内化三个阶段，并对跨层次契合的双向作用机制与战略选择进行分析。本章相关研究有助于厘清社会资本跨层次之间的内在作用机制，为后续研究提供新的研究思路。

3.1 引　　言

我国政府工作报告多次提出了"大众创业、万众创新""以创业带动就业"的战略思维，新创企业已成为推动国民经济发展和解决社会就业等问题的重要力量。然而，创业活动具有高风险性和高失败率，呈现出离散性、碎片化和多样性的组织失败特征（张玉利等，2015）。相比较成熟企业而言，新创企业在高度不确定性环境中面临着行业经验缺乏、创业资源匮乏和合法性不足等新进入缺陷，是导致其难以生存的主要原因（Stinchcombe，1965）。其中，如何在资源高度约束的条件下获取企业成长的必要性资源是新创企业实现持续性生存发展的关键问题。尤其在中国转型经济背景下，企业难以利用市场渠道获取充分的资源（Zhang and Wong，2008），关系网络成为资源获取中弥补不完善正式制度最为重要的途径（Li and Zhang，2007）。另外从文化角度来看，根深蒂固的关系主义导向促使中国情境下的创业活动强调对关系的利用，倾向使用关系协调交易活动（蔡莉和单标安，2013）。蕴藏在社会关系网络中的社会资本作为企业获取外部资源的重要体现，对处于创业阶段的企业而言，是弥补新进入缺陷、解决资源匮乏难题的重要元素。创业活动实质上正是创业者利用、维持和建构社会资本从而取得创业绩效的行为过程（Kim and Aldrich，2005）。

社会资本理论已得到创业学者们越来越多的关注，成为解释复杂创业现象和问题的重要理论（Bruder and Preisendorfer，1998）。然而，社会资本是一个多层次的概念（Brown，1997；赵延东和罗家德，2005；Hollenbeck and Jamieson，2015），有以个人为联结主体的社会资本，也有以整个企业为联结主体的社会资本。作为组织的企业既有自身的整体社会结构，又可以看作为其中各部分以及成员关系和结构的集合（Oh，Labianca and Chung，2006）。对于新创企业而言，由于企业社会网络尚未构建完善，外部资源的获取不仅要依靠企业层次已有的关系网络，更要利用个人社会关系来开创新的渠道。例如，新创企业与其他企业、科研机构等组织的技术合作关系往往始于创业者或员工个人社会关系的联结；企业关键性资源的渠道也常来自创业者个人社会关系网络；企业初始资金的获取更是往往来源于创业团队成员的主要社会关系。相反地，销售业务骨干的离职也许会导致企业客户的大量流失，这正是因为社会资本仍停滞于个人层次，没有制度化为企业社会资本。

那么如何将个人层次的员工社会资本转化为企业层次的资源，实现社会资本的跨层次契合，是新创企业有效利用企业外部资源、突破成长瓶颈需要解决的重要问题。已有研究表明潜在社会资本的生成与已有社会资本的利用是差异化的企业行为（Kwon and Adler，2014），是需要长期积累的组织战略（Tantardinin and Kroll，2015），而个体社会关系的共享是新创企业社会资本生成的重要途径。然而，个体间社会关系如何转化为组织关系是一个很重要但又被忽视的研究领域（Shipilov et al.，2014），有关创业情境中个体社会资本到企业社会资本转化机理的文献还比较匮乏，尚未形成对跨层次社会资本内在作用机制的统一认识。鉴于此，本书在第 2 章对多层次社会资本相关研究文献回顾的基础上，提出"社会资本跨层次契合"的构念，运用资源基础观、契合理论、社会资本理论、激励理论进行了演绎式理论建构，剖析了新创企业社会资本跨层次契合的过程维度，以期为未来研究提供理论支持，并为新创企业跨层次、动态地利用社会资本提供有益参考。

创业领域学者开始呼吁对过程导向研究、动态跟踪调查等动态研究方法的运用（Zahra，2007；Slotte-Kock and Coviello，2010；杨俊和张玉利，2007），近年来运用追踪案例和数据的创业研究（例如：潘安成和李鹏飞，2015；任胜钢、赵天宇和董保宝，2016）逐渐增多。本研究引入追踪研究方法，以更好地刻画创业情境中社会资本跨层次契合的动态性特征。围绕个体社会资本跨层次契合的研究主题，本章分为 4 个紧密联系、层层递进的模块（内容框架如图 3 - 1 所示）。作为一项追踪研究，研究 2、研究 3、研究 4 都运用了追踪研究方法，其中研究 2 运用嵌套式追踪案例研究探讨动态演化过程

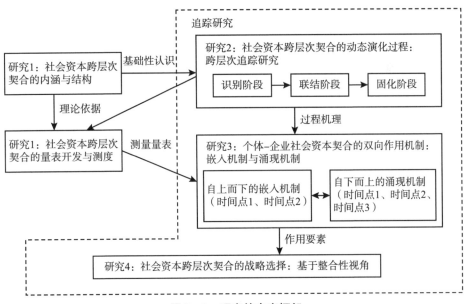

图 3 - 1　研究的内容框架

的识别、联结和固化阶段，研究 3 以多个时间点的追踪调研数据对自上而下和自下而上的双向作用机制进行实证检验，研究 4 通过对多个案例的纵向追踪研究分析员工社会资本跨层次契合的促进战略。除此之外，研究 1 也与追踪研究紧密相关，研究 1 的概念内涵与维度结构分析为后续研究提供了基础性认识，量表开发与测度为实证研究提供量表。

3.2 社会资本跨层次契合的结构与测量：多重维度的分析

3.2.1 创业情境中社会资本跨层次研究的局限

自奥尔德里奇和齐默（Aldrich and Zimmer，1986）提出"创业研究的网络方法"以来，社会关系网络对创业行为影响的研究已经被很多学者关注，社会资本在创业中的促进作用逐渐成为近年来创业领域研究的热点问题。在创业情境中，已有文献对新创企业社会资本的研究主要集中于以下两类：

一类研究侧重于探讨与新创企业社会资本的关系和结构维度特征相匹配的治理机制。由于新进入缺陷，新创企业有必要通过社会关系网络来突破内部资源稀缺和难以通过正式的市场交易获取外部资源的两难困境（Hite and Hesterly，2001），并构建相应的治理机制（Hite，2003，2005；Guo and Miller，2010；Newbert，Tornikoski and Quigley，2013）。彭（Peng，2003）依据新创企业人格化到非人格化交易结构的转化以及相应战略选择的差异，构建了两阶段的制度变迁模型。斯洛特科克和科维亚洛（Slotte-Kock and Coviallo，2010）认为新创企业的交易对象大多来自创业者的社会网络，因而信任对契约起到重要的补充作用。韩炜、杨俊和张玉利（2014）针对体制内和体制外组织的不同社会网络，结合资产的关系专用性，通过多案例研究提出了组合情境下新创企业对混合治理机制的权变选择。

另一类研究主要分析社会资本对新创企业绩效产生影响的作用机制。一方面，社会资本可以影响创业活动中的某些重要因素。创业者及团队的社会关系网络可以通过提供有利于创业机会识别的信息（Hoang and Young，2000；杨俊和张玉利，2008）、掌握多种资源的行为者分享商业建议和问题解决方案（Brown and Bulter，1995；Snith，2008）、降低交易成本（Raluca，2013）、影响市场进入时间（Zhao，Ishihara and Jennings，2020）、获取初创资金（Alexy et al.，2012；Jonsson and Lindbergh，2013）以及声誉传导和信号显示效应（Dyer，Nenque and Hill，2014）进而作用于新创企业绩效，而网络规模、关系强度、网络密度等体现社会资本特征的因素会对创业结果产生影响（Murphy，2007）。贝克等（Baker et al.，2011）将社会资本、社会创业和社区网络结合在一起进行研究，认为社区中关键个体的互动空间会影响到动态网络的形成。申克尔等（Schenkel et al.，2012）研究了新创企业中不同类型的人力资本与社会资本之间的关系，实证检验了关系社会资本、结构社会资本和认知社会资本的构建对显性知识和隐性知识的正向影响。卡尔松和威格伦（Karlsson and Wigren，2012）实证检验了社会资本与人力资本、合法性对创业倾向的影响，认为社会资本的跨边界程度越高，越有可能创办新企业。克莱克等（Clercq et al.，2013）探讨了信任和目标一致性作为社会资本的两个重要因素，对内部知识分享和创业导向的作用。利奇、麦克马伦和哈里森（Leitch，McMullan and Harrison，2013）将创业领导力的开发看作一个社会过程，并分析了社会资本在其中的作用。李等（Li et al.，2014）从社会资本的视角，分析了新创企业与其他企业和政府之间的管理联结对创业机会的影响以及其中组织学习的调节作用。另一方面，社会资本在创业过程中可以起到调节作用。楚鲁邦巴塔尔、奥塔维亚和光（Chuluunbaatar，Ottavia and Kuang，2011）认为创业是一个既包括经济行为又涉及社会机制的复杂现象，社会资本会正向调节创业意图和创业行为之间的关系。

新创企业社会资本的现有文献主要集中于社会资本对新创企业绩效的作用机制，以及如何建立与社会资本属性相匹配的治理机制，已经取得了丰富的研究成果，但仍存在一些有待完善之处。与第 2 章对于社会资本跨层次研究存在的局限性在很大程度上相一致，新创企业情境中社会资本的相关研究存在以下不足：第一，与强调社会网络重要性和关注社会资本结果维度研究相对地，对新创企业社会资本来源，即前因维度的研究较少。尽管已有创业研究强调社会网络的重要性，但将其视为静态结构和可利用的资源，忽略了社会网络的动态性和结构再生产（罗家德等，2014）。不少学者呼吁在关注社会资本对创业重要性阐释的同时，更要关注社会资本在创业活动中是如何形成和运作的（Gedajlovic et al.，2013；Light and Dana，2013；McKeever，Anderson and Jack，2014）。第二，大多关注创业者社会关系的重要性，对新创企业一般员工的社会资本关注较少。创业者和管理者对企业的重要性毋庸置疑，而一般员工的社会联结中亦存在丰富的潜在资源。并且在充分的激励条件下，员工也有贡献个人社会资本的可能。尤其对资源高度约束的新创企业而言，能充分挖掘和利用更多的社会关系对企业解决资源困境具有重要意义。第三，对新创企业社会资本的分析大多集中于单一层次，对社会资本多层次性的分析有待深入。虽然已经有学者对新创企业社会资本的多层次性进行探讨。例如，埃斯特林（Estrin，2013）实证检验了国家层次社会资本作为非正式制度对个体层次商业创业和社会创业可能性的影响；尼托和阿尔瓦雷茨（Nieto and Álvarez，2014）以多层次数据实证检验了个体社会资本和地区社会资本对创业机会识别与开发同时产生的影响。但文献还比较有限，尚未厘清不同层次社会资本之间的关系和跨层次转化机理。囿于数据的获取难度，在实证检验中往往以创业者社会资本替代企业社会资本，存在测量的局限性。社会资本的再生产与运作会涉及的一个重要问题就是不同层次之间的衍生。运用社会资本理论研究新创企业的文献逐渐增多，但大多局限在单一层次的分析，没有充分关注创业中的跨层次现象，缺乏对不同层次社会资本在差异化前因、内涵和效应方面的分析（Gedajlvic et al.，2013）。因而对于创业领域的社会资本研究，有学者提出应进行跨层次分析（Payne et al.，2011）。

3.2.2 新创企业社会资本跨层次契合的概念提出

随着人力资源管理理论与实践的演进，员工的作用和地位已发生根本性变革（Rotich，2015），从被管理者、工具人逐渐演化为自组织者、社会人的定位与角色（李海舰和朱芳芳，2017）。人力资本重要性凸显的组织情境中，员工价值不仅体现在角色内任务绩效的完成，还蕴藏于更具有自主性和创新性的员工角色外行为。作为超越员工与组织心理契约传统边界的组织公民行为，员工角色外行为涵盖多个维度，例如，积极为同事提供帮助、主动承担额外工作量、勇于为组织提供建设性意见等（Rai et al.，2018）。从社会资本的视角来看，员工将个体社会资本转化为企业层面上的资源，超越了工作职责和任务，亦是角色外行为的体现。而这种员工层次人格化互动到企业层次非人格化互动的转化，无论对处于资源约束困境的新创企业，还是对面临资源需求的成熟企业而言，都具有重要价值。例如，在创业网络形成的萌芽期，新企业与潜在伙伴间的关系主要依靠创业者社会关系而建立（韩炜和彭正银，2016）；企业家与其他企业、政府机构的社会关系可以为企业带来绩效的提升（Peng and Luo，2000）；员工可以自主地与投资者、用户、供应商、资源方等市场主体建立联系，并以自我为媒介，在不同市场主体之间搭建沟通和交互的渠道，实现企业层次上的价值创造（李海舰和朱芳芳，2017）。

从已有研究的演进趋势来看，较早一些的文献或将个人社会资本简单替代为企业社会资本，或在研究中仅关注社会资本的单一层次，员工层次和企业层次的社会资本研究呈现出两个较为独立的流派，缺乏基于跨层次视角的系统研究。之后的研究中，学者们逐渐关注到社会资本的多层次性（Hollenbeck and Jamieson，2015；赵延东和罗家德，2005），进而开始有研究探讨员工社会资本与企业社会资本之间的关系（Kaasa，2009；郑方，2011），以及二者之间的转化（Oh，Labianca and Chung，2006；王凤彬和刘松博，2007；庄玉梅，2014）。目前，跨层次视角下的社会资本研究处于起步阶段，尚未厘清从个体社会资本到企业社会资本的内在作用机制，缺少对个体层次心理和动机因素，以及组织层次关系与结构嵌入的整合性研究。

鉴于此，本研究提出社会资本跨层次契合的构念，用以表示个体社会资本非人格化为企业社会资本的契合过程。作为一个跨层次构念，不仅包括企业组织层次上对这一员工角色外行为的激励，亦涵盖员工个体层次上产生契合行为的动机与心理，及其对企业层次集体意识的涌现与聚合。综合考虑两个层次上的变量及其双向交互作用，本研究将微观与宏观研究相链接，以跨层次视角阐释员工社会资本到企业社会资本的契合过程与内在机理，以期为相关研究领域和管理实践提供有益参考。

3.2.3 社会资本跨层次契合的演绎式理论建构

根据社会资本理论，资源嵌入相互联系的社会关系网络中（Inkpen and Tsang，2005），个体、群体和组织可以通过社会互动和与他人的联系，获得有形与无形的资源（Coleman，1988）。这种社会互动的主体与形式是复杂多元的，从跨层次理论将不同层次纳入同一研究框架（Klein and Kozlowski，2000）的视角来看，既存在个体层次的人际关系互动，也存在企业层次的社会关系互动。那么，如果能通过员工的人际互动带动企业层次的社会互动，就能使社会资本实现从低层次到高层次的衍生（Oh，Labianca and Chung，2006；庄玉梅，2014）。这既体现了从微观个体状态到宏观集体状态的涌现现象（Klein and Kozlowski，2000），又需要企业为员工分享社会关系提供嵌入性理论所阐释的行为主体嵌入其中（Granovetter，1985）的情境。作为本章研究起点，本部分基于社会资本理论、跨层次理论、嵌入性理论等，对社会资本跨层次契合的构念进行演绎式理论建构，通过这些普遍认同的一般性理论推演出社会资本跨层次契合这一特殊构念的内涵，将社会资本跨层次契合作为相关理论交叉整合形成的新构念。

理论建构不是用密集而连锁的步骤完成，而应基于详细说明主题及其关注范围、找出主要概念和变量之间的关系、从命题中推导特定主题等一系列理论建构要素的清单，运用演绎和归纳的方法而进行（Babble，2009）。社会资本跨层次契合概念的出现，是学者们在实践观察到的个体社会资本与企业社会资本重合的基础上进行归纳式建构的结果。而在概念到构念的转化过程中，则需要运用演绎式理论建构方法①，分析概念产生的理论依据。

从战略理论的基础性观点对社会资本跨层次契合进行理论溯源，资源基

---

① 归纳和演绎是建构理论的两种基本方法。前者是从个别事实中推演出一般原理的逻辑思维方法，是人类认识世界，了解普遍规律的基础；后者则与归纳法相反，是从一般到个别，从逻辑或理论上预期的模式到经验观察，最后检验原来的理论模式的过程（林聚任和刘玉安，2004）。

础观（resource-based view）是其合理的理论基础。资源基础观认为企业独有的资源和运用资源的独特方式是企业形成竞争优势的基础（Barney，1991；Mahoney and Pandian，1992），这在很大程度上解释了跨层次契合可以成为解决新创企业资源困境的有效途径。从个体层次探讨运用资源的方式，从多层次视角审视企业战略资源的衍生，是对资源基础观的全新阐释和拓展。资源（Wernerfelt，1984）、能力（Prahalad and Hanal，1990）、动态能力（Teece，Pisano and Shuen，1997）以及知识（Kogut and Zander，1992）是资源基础理论中先后出现的核心概念，其中资源观和能力观解释了社会资本的关系维度和结构维度的资源获取和网络能力作用，而知识观则为认知维度上研究员工认知到企业整体认知的内化提供了有效的理论基础。从资源的角度来看，社会资本在关系维度和结构维度的跨层次契合是企业获取网络资源的重要途径，使企业从社会关系网络中获取了有形或无形资产。从能力观的角度来看，关系和结构维度的跨层次契合体现了企业利用员工社会资源的能力，尤其指一种构建关系联结、治理关系网络、提升关系租金的动态能力。从知识的角度来看，个体社会资本到企业社会资本的转化本质上表现为识别、获取、理解、交换、利用知识资源的跨边界、跨层次的认知匹配系统。

关系维度（relational dimension）、结构维度（structural dimension）和认知维度（cognitive dimension）的划分（Nahapiet and Ghoshal，1998）是社会资本研究中最为经典的分析框架。沿着这一思路，个人层次与企业层次社会资本的契合也可以看作为在关系、结构和认知三个维度上的转化。关系契合指企业是否拥有员工的社会关系联结对象；结构契合体现在社会资本的结构维度上，员工能否将社会网络结构带来的资源转化至企业层次；而认知契合则重在关注内在的认知维度上，企业是否能够利用员工社会关系网络带来的知识、心智等方面的优势。三个维度的契合并非独立存在，而是具有相互紧密作用的内在联系。关系传递使经济主体的市场行为嵌入于市场交易、利益、信任交织的多元关系中，有可能将借此存在的双边关系发展为结构嵌入（Uzzi，1999），以双边关系为导向的关系维度因此形成以网络结构为导向的结构维度；而无论微观视角的关系维度还是较为宏观视角的结构维度都与重在考察行为主体理性状态和心智模式的认知维度（郑方，2011）融合在一起。个体社会资本到企业社会资本的转化会受到跨层次因素的影响。从个体层次来看，员工的动机与行为构成了社会资本跨层次契合的微观基础，是影响个体社会资本到企业社会资本转化的重要因素，运用激励理论探索对契合动机与行为的激发是跨层次契合研究的关键问题之一。与一般的员工工作行为的激励不同，社会关系的共享是一项角色外的非必要性工作，类似于组织公民行为、建言行为、创新行为等，更需要相应的激励机制设计来推动。不仅需要奖金等外在激励，更需要赞扬和认可等内在激励模式（Bartol and Srivastava，2002）来激发员工的契合动机与行为。不仅需要针对员工物质和精神需求的直接激励，更要关注企业能力所起到的间接激励作用，因为对于一项需要员工和企业共同参与的活动，企业层次的相关能力直接影响到员工分享行为的效果和社会资本跨层次契合的有效性，从而间接影响到员工的分享动机。网络构建是社会资本的基本要素之一（Simona，2016），而组织学习会影响新创企业知识创造（Holcomb，Ireland and Holmes，2009）和社会认知的形成，因此网络能力和学习能力是企业社会资本跨层次契合能力中非常重要的两个方面。嵌入性理论作为对行为主体被外界社会关系环境所影响的阐释（Granovetter，1985），可以成为探讨企业层次契合情境的理论基础。有关社会资本的研究大多将其作为一个理性选择后的个体行为，往往忽略它的社会嵌入性（Richard，2016）。实际上，员工的经济行为存在着多重嵌套性，不仅嵌入于整体社会情境中，也嵌入于所处的企业情境中。除了企业激励情境会对员工的契合行为产生影响之外，企业的能力情境也是影响员工分享社会关系意愿的重要方面，因为跨层次契合不仅取决于员工的契合动机与行为，还会受到企业相关能力，因此企业越能提供良好的能力情境，员工越能消除社会关系分享顾虑，从而越具有社会资本契合的意愿。

基于此，本研究将社会资本的跨层次契合作为社会资本理论、契合理论和激励理论交叉研究产生的新构念，意指通过员工人际关系互动带动企业社会互动，在企业情境下员工层次的人格化互动转化为企业层次非人格化互动的动态过程，图3-2揭示了本社会资本跨层次契合的演绎式理论建构的整体思路。员工社会资本跨层次契合可以为企业带来更多的有益资源，将员工的个人社会关系转化为企业层次的资源，使员工社会资本和企业社会资本在联结对象、受益主体上有更明显的一致性。

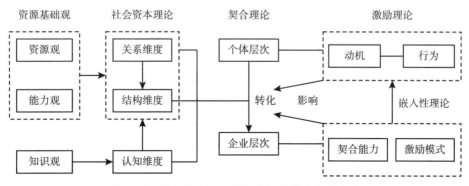

图 3-2　社会资本跨层次契合的演绎式理论建构

资料来源：笔者绘制。

3.2.4　社会资本跨层次契合的量表开发

本研究在明确概念界定的基础上，进一步对其进行内涵解构，基于多重维度分析开发员工社会资本跨层次契合的量表。

作为"概念伞"（Adler and Kwon，2002），社会资本概念内涵的复杂性，以及社会关系的内隐性，使得其测量存在多种不同的方法，缺乏普遍认同的统一测量标准成为实证研究的难点问题。社会资本测量方法的不同，源于研究者对社会资本的实质、来源和效应等方面研究兴趣及关注点的差异（Adler and Kwon，2002）。综观已有文献对社会资本的测量，一方面是对创业者（Lans，Blok and Gulikers，2015）、董事会（Sauerwalds，Lin and Peng，2016）、高管（张俊瑞、王良辉和汪方军，2018）等特定主体的社会资本进行有针对性的测量；另一方面主要围绕社会资本的关系、结构和认知等维度差异而展开。对于关系维度和认知维度，往往采用量表法以题项来测量。关系维度测量中最为重要的指标是信任，用以体现主体之间的关系质量（Atuahene-Gima and Murray，2007）；认知维度测量中最常用的指标是共同愿景和共同价值观（Tsai and Ghoshal，1998）。除了量表法，结构维度常会用到社会网络分析方法，借助 Ucinet 等社会网络分析软件对中心度、结构洞、闭合性、网络规模等指标进行测量。这就需要先对主体的个体网或社会网进行描绘，常用的方法是提名生成法（name-generator）。在测量中有时还会使用定位生成法（position-generator）等间接法，即通过一些相对容易测量的变量，例如，职业类型和单位类型来间接衡量被访者拥有的社会资本（赵延东和罗家德，2005）。

可以看出，社会资本的定义与测量尚未形成统一认识，也缺乏从跨层次视角进行的概念界定与测量方法，目前研究仍存在局限性。社会资本的现有测量方法大多针对单一层次，缺少跨层次的量表，无法对个体层次到企业层次社会资本的转化进行测量。这也正是本研究开发社会资本跨层次契合量表的原因所在。需要说明的是，本研究中契合的概念表述，借鉴了赵晶等（2014）关于个人与组织社会资本契合度的研究，源自个体与组织契合理论，与契合理论中契合的内涵既有相似之处，又有明显的区别。相似之处在于都会涉及个体层次与组织层次之间的关系与互动，不同之处在于概念的含义及关注点的区别。个体与组织契合理论中的契合指个体的人格特性、信仰、目标、价值观与组织文化、策略性需求、组织规范、组织目标及组织价值观的一致性（O'Reilly, Chatman and Caldwell, 1991），体现了个体层次与组织层次的匹配程度；而本研究更多地从动态视角解析契合的内涵，将社会资本的跨层次契合阐释为通过员工分享社会关系而实现的员工社会资本到企业社会资本的动态演化，主要强调社会资本从个体层次到组织层次的转化过程。基于此，本研究对社会资本跨层次契合的提出与探讨，亦可以看作个体与组织契合理论在社会资本研究领域的运用，是对契合理论的拓展与深化。

依据社会资本理论，关系维度、结构维度和认知维度（Nahapiet and Ghoshal, 1998）是得到普遍认同的社会资本理论的维度分析框架。本研究在此维度划分的基础上，着重考虑对员工社会资本跨层次契合过程的解构，将契合过程解构形成的识别、联结、固化三个维度，与关系、结构、认知维度的交叉整合作为测度体系构建的整体结构。其中，识别维度主要测度的是能否挖掘员工社会关系中对企业有益的潜在资源，表示契合过程中的关系识别；联结维度主要测度的是能否通过员工的中介作用，使企业与第三方主体建立联系，表示契合过程中的结构联结；固化维度主要测度的是关系联结为企业带来的新思维及一致性规范，表示契合过程中的认知内化，从而在测量维度和量表内容上，充分体现出跨层次契合的过程性、阶段性和动态性。

遵循量表开发的程序，首先编制针对交叉维度的访谈提纲，设计开放式调查问卷，并在访谈提纲之外进行必要的进一步提问和补充。在对访谈和问卷资料整理分析的基础上，依据主题分析法（thematic analysis）的原则和步骤，明确社会资本跨层次契合的构念内涵。然后，根据确定的构念结构，结合访谈和调研结果以及相关文献来编写相应的条目，形成以交叉维度为导向的社会资本跨层次契合的测度指标体系。继而通过两种方法对生成的条目进行初步修正：一是运用焦点讨论法，邀请数名管理者和员工分析条目，目的在于判断条目是否与构念的内涵和外延相符，每个条目是否有意义，是否具有清晰且单一的内容，并对有歧义和不符合标准的条目进行讨论和修改；二是打乱条目的顺序进行重新归类，归类后与之前的条目顺序进行比较，讨论和修订归类和顺序不同的条目，以保证每个条目的内容效度。

由于本研究需要分别从个体层次和企业层次获取相关数据，因此测量群体不是单一层次的，需要以员工为测量对象得到个体层次的数据，以管理者为测量对象得到企业层次的数据，因此量表具体条目的提问方式有所差别，注重调研对象的可理解性。例如，对于关系联结的题项，针对个体层次的问题为"您是否会将个人社会关系介绍为企业所用？"，而针对企业层次的问题为"是否会将有益的员工社会联结转化为企业资源？"。个体层次的员工评价主要用于测量单个员工将个人社会资本转化为企业社会资本的情况；而企业层次的管理者评价主要用于测量从企业整体来看，是否能够有效地挖掘和利用员工社会关系的潜在收益。两个层次的测量有一定时间间隔，先针对个体层次进行测量，3 个月之后再针对企业层次进行测量，从而在测量方式上体现契合的动态性。

3.3　社会资本跨层次契合的动态演化过程

社会资本的契合不仅是一种客观状态，更是跨层次转化的动态过程。通过对文献的系统回顾和实践的整体审视发现，如果将新创企业社会资本的跨层次契合作为一个单维度的构念，会忽略契合研究的真正价值。社会资本的跨层次契合是一个具有复杂作用机制的演化过程，既包括员工、企业以及联结对象等多个经济主体的沟通与互动，又包括员工契合动机到行为的转化，还包括不同企业情境的差异化影响。为剖析社会资本跨层次契合的内涵维度，本研究在演绎式理论建构、社会资本跨层次契合内涵与结构分析的基础上进一步解构新创企业社会资本的跨层次契合过程，分析员工社会资本跨层次契合的动态演化过程，试图回答以下问题：员工社会资本的跨层次契合可以解构为哪些阶段？员工社会资本到企业社会资本的契合会受到哪些因素影响，产生怎样的结果？从而形成一个怎样的动态持续的演化过程？通过对这些问题的回答，形成一个整合的理论框架，为进一步有关跨层次双向作用机制和战略选择的研究提供依据，为后续研究有关跨层次影响因素模型构建以及激励机制设计等提供基础性认识和分析。

（1）基于前期访谈与调研资料，将识别、联结和固化作为契合过程的三个阶段（如图3-3所示）。机会识别是新创企业研究中的核心问题（即第一阶段），决定了创业活动的发生和质量（张玉利、杨俊和戴燕丽，2012）。类似地，对于承载了创业机会的新创企业社会资本而言，识别也是跨层次契合中的关键和首要步骤。由于社会关系的内隐性及其收益的潜在性，更需要识别在员工社会资本跨层次契合过程中发挥作用，这一方面要求企业能够把握自身在社会关系网络中的关系位，明确关系资源的不足之处，挖掘有待弥补之处；另一方面要求员工了解其社会关系结构，识别出对企业获取初创资源有益的潜在关系，探寻实现社会资本跨层次契合的可能性。在对社会关系结构识别的基础上，通过员工的中间人角色和关系传递作用，以及跨层次主体间的互动，企业与联结对象建立联结关系，完成跨层次契合的第二阶段。在第二阶段即联结阶段，员工要发挥结构洞作用，以个人人际互动带动企业社会关系互动，使企业与联结对象建立联系。第三阶段是关系、结构和认知的固化阶段，要通过与联结对象建立长期合作关系以及相应契约合同的制定实现关系的制度化，从而将以员工为主导的人格化互动转化为以企业为主导的非人格化互动；还要在员工共享社会关系结构中个体认知的基础上，形成企业层次的共同价值观和社会认知。在固化阶段，员工通过共享个体认知，促进企业层次社会认知的形成，企业通过与联结对象长期合作关系的建立以及相应契约合同的制定实现关系的非人格化。可见，三个阶段都是在个体与企业跨层次交互作用下进行的。整体而言，个体层次员工的契合动机与行为会自下而上地产生涌现效应，而企业层次的因素提供了跨层次契合的情境，会自上而下地产生激励效应。通过动态持续的契合过程，以员工、企业和联结对象为主体的关系结构会逐渐演化，由最初以员工为主导的人格化互动，转化为员工与企业的双重联系，再转化为以企业为主导的非人格化互动，在这一过程中，员工通过中间人的角色实现了关系传递与制度化。

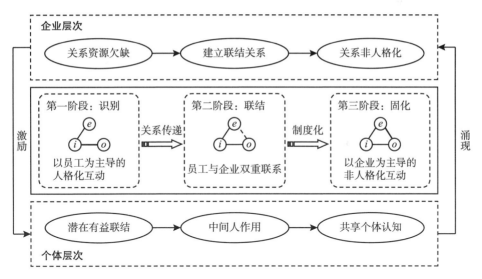

图 3 - 3　员工社会资本跨层次契合的动态演化过程

注：e 表示企业；i 表示员工；o 表示联结对象。

（2）契合过程会受到跨层次因素的影响（如图 3 - 4 所示）。从个体层次上来看，主动性人格作为员工愿意通过沟通提升组织绩效的重要特质（Panaccio et al.，2015），是创造性地进行角色外工作的主要内在驱动力；组织信任是员工在与企业社会关系交换关系中的正向情感，可以促进个体目标和组织目标的一致。主动性人格和组织信任能够促进员工产生契合动机与行为。从企业层次上来看，一方面，网络能力作为体现企业认知、开发维护和利用网络关系的动态能力（Håkansson and Ford，2002），有助于跨层次契合的识别和联结，创业学习则能够通过知识共享实现个体认知到组织认知的固化，从而对跨层次契合过程产生直接影响作用；另一方面，网络能力和创业学习构成了个体层次因素发挥作用的嵌入情境，从而起到调节作用。

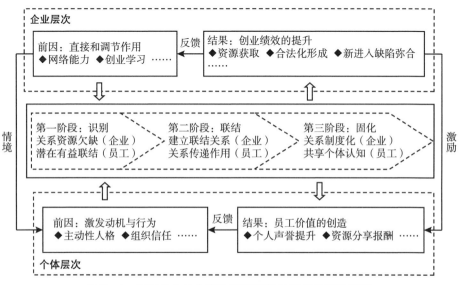

图 3-4 新创企业社会资本跨层次契合过程的理论框架

资料来源：笔者绘制。

（3）跨层次契合是一个动态反馈循环的过程。员工到企业社会资本的转化可以使新创企业通过嵌入社会网络而获取外部资源和合法性，弥补新进入缺陷。创业绩效的提升会促进企业对员工分享社会关系这一非必要性工作的激励，使员工获得相应的个人声誉和资源分享报酬。这些效应改变了企业和员工的社会关系和结构，形成下一阶段任务中的元认知，对未来的跨层次契合形成反馈。

本研究运用追踪案例研究法，通过对新创企业的深度访谈、问卷调查，探索新创社会资本跨层次契合过程中识别阶段、联结阶段和固化阶段的要素，可以丰富跨层次契合的前因变量和结果变量，厘清作用边界和作用路径。对主体间的互动过程、员工层次到企业层次的转化过程、企业情境与主体行为的交互过程进行深入剖析，可以运用多层线性分析模型、跨层次结构方程等进行实证检验，对图 3 - 4 中的过程模型进行修正与完善。依据李（Lee，1999）关于追踪研究的运用方法，将从以下几个方面保证跨层次契合过程追踪案例研究的严谨性和合理性：第一，将员工、企业与联结对象的关系作为追踪的标记物，针对三方之间的关系演化来收集相关数据；第二，确定收集数据的时间节点，以 3 个月为间隔对跨层次契合的识别、联结和固化阶段进行数据收集，追踪实时的过程演化情况；第三，挖掘员工、企业、联结对象及其他相关主体的多元化信息源，尽可能充分地获得三角测量的数据；第四，选择合适的跨层次契合过程追踪研究终结点，以理论饱和作为研究结束的依据。

3.4 个体–企业社会资本契合的双向作用机制

通过文献分析，有关社会资本跨层次契合的研究较少，已有研究没有充分关注跨层次契合的动态性和双向性。对于个体社会资本与企业社会资本之间的转化，目前仅有少数文献散见于现有研究中。而员工社会资本到企业社会资本的转化会涉及两个层次主体动机与行为之间的链接与互动，有必要对这一动态过程中跨层次间的双向互动作用进行深入分析。

基于以上考虑，本研究在提出社会资本跨层次契合的构念，探讨其内涵结构与测量量表，运用跨层次追踪案例探索员工社会资本跨层次契合的动态演化过程的基础上，进一步分析这一过程中自上而下的嵌入机制与自下而上的涌现机制。综合考虑社会资本契合在个人层次和企业层次的多元化影响因素以及两层次之间的交互作用，通过对社会网络理论、学习理论、激励理论的交叉整合分析，厘清中介和边界作用，构建员工社会资本跨层次契合的整合模型，并运用追踪调研数据分别对自上而下的作用和自下而上的作用（如图 3 - 5 中向上和向下的箭头所示）进行实证检验。需要说明的是对双向作用机制的研究并不能仅研究不同层次之间的相互作用，因为跨层次间的作用大多与同一层次变量之间的关系紧密相关，因此本研究在探讨双向作用机制的同时，对涉及的同一层次的关系也进行了必要的分析。

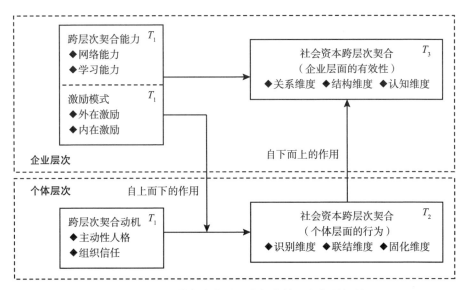

图 3 – 5   员工社会资本跨层次契合的双向作用机制

注：上方虚线框内是企业层次的构念，下方虚线框内是个体层次的构念；T_1、T_2、T_3 表示数据收集的时间节点。

3.4.1   自上而下的作用：能力和激励双重情境下个人层次的社会资本契合行为

按照社会嵌入理论，主体的经济行为嵌入在所处的社会关系结构中，会受到所嵌入的社会情境的影响（Granovetter，1985），员工的个体行为也会受到所在组织环境的影响。尤其是职责内工作之外的员工建言等角色外行为，会受到可获取的组织资源等所在组织层次因素的影响（Guzman and Espejo，2019）。以多层次视角研究社会资本的一个基本认识是微观现象是嵌入于宏观背景中的（Klein and Kozlowski，2000）。对于本研究探讨的社会资本跨层次契合而言，嵌入机制体现在企业层次的能力情境和激励情境两个方面对于员工层次契合行为的影响。

一方面，企业的激励模式会影响到个体跨层次契合的动机与行为。按照激励是否来源于工作本身，可以将激励模式分为内在激励和外在激励两个类型（Ryan and Deci，2000）。依据社会交换理论，员工会依据组织提供的激励和期望，形成与之相匹配的态度与行为（Jia et al.，2014）。已有研究表明外在激励模式会激发人们的短期合作行为，而内在激励模式可以促进长期持续的合作（Chen，Pillutla and Yao，2009）。在以内在激励为主的激励模式下，员工对组织有更高的情感承诺（Kuvaas et al.，2017），可以通过向企业贡献个人社会关系和认知，获得较高的内心满足感，从而满足自我实现的需要。尤其对于具有内隐性的认知维度而言，更需要在内在激励模式下通过员工长期合作导向而得以固化。在以外在激励为主的激励模式下，有形的物质、报酬是补偿员工努力的重要方式，会因心理和偏好类型的不同而对内在动机产生"挤出效应"（Lepper，David and Nisbett，1973），形成以短期利益为导向权衡成本与收益的氛围，不利于员工分享自身社会资源。

另一方面，企业的相关能力也会形成员工跨层次契合动机与行为的情境。因为社会资本的跨层次契合不仅需要员工在有效的激励模式下，形成分享个人社会关系的动机与意愿，还需要企业具备相应的契合能力才能真正将社会资本从个人层次转化为企业层面的资源和认知。企业的契合能力可以为员工和企业带来高质量互动，产生共享的积极情绪以及行动上的一致性（Major et al.，2018），从而使个体产生提供资源的义务感（Farh，Lanaj and Ilies，2017）。如果企业缺乏相应的能力，无法与联结主体真正建立社会关系，从而会挫败员工分享社会资本的积极性，形成对个体分享动机的负反馈，因此除了激励模式，企业相关能力成为员工跨层次契合动机与行为的另一个重要情境。企业的相关能力主要表现为网络能力和学习能力，原因在于：第一，网络能力表示企业建立、发展和终结网络关系的能力（魏江、邬爱其和彭雪蓉，2014），有助于跨层次契合的识别和联结。社会资本跨层次契合是一个自上而下与自下而上交互的过程，同时也是一个内部能力与外部关系互动的过程。内部能力和外部关系对企业成长的影响具有协同效应，内部能力可以挖掘外部关系的价值潜力，从而更有效地搜寻和利用外部的关系资源（李新春、梁强和宋丽红，2010）。网络能力作为企业处理社会关系和改善网络位置的整合能力，是网络化战略赋予企业的一种能力（李雪灵、马文杰和白晓晓，2011），决定了企业应对外部环境的主观能动性（张宝建等，2015），从而会影响到个体层次对网络资源的获取和利用，正如郭和米勒（Guo and Miller，2010）所言，企业网络能力的概念可以运用到微观的个人层面。第二，学习能力作为企业获取、积累和创造知识的过程（Holcomb，Ireland and Holmes，2009），以及通过独特知识促进企业成长的重要手段（蔡莉等，2014），会影响到个体层次的认知是否能有效实现非人格化。企业可以从社会关系和网络中学习（Kempster and Cope，2010），这一过程中对于知识的利用及其方式选择实际上也是经营活动中的认知过程（Cope，2011）。组织学习能够通过知识的共享、集体心智的形成，将个人认知地图整合在一起形成集体认知（Crossan，Lane and White，1999），从而实现社会资本认知维度的固化。基于此，本研究构建了员工跨层次契合心理动机—转化行为被组织层次的能力环境和激励环境双重调节的情境效应模型，并对此进行实证检验。

3.4.2 自下而上的作用：企业层次社会资本契合有效性的跨层次影响因素

除了微观现象嵌入于宏观背景之外，宏观现象基于微观层次的互动而产生是社会资本多层次研究的又一个基本认识（Klein and Kozlowski，2000）。社会资本跨层次契合的双向作用机制，除了自上而下由情境效应形成的嵌入机制，还包括自下而上由个体互动带来的涌现机制。按照涌现理论，个体的认知、情感、行为和其他特征会通过个体间互动呈现为高层次的集体状态（Klein and Kozlowski，2000），这实际上是一个跨层次因素交互作用下的自下而上的过程。基于以上考虑，本研究探讨个体与组织跨层次因素对社会资本契合的差异化影响机理，构建并实证检验包含中介作用的跨层次模型。

由于涌现的前提是个体表现为具有积极性、主动性和适应性的主体，体现在社会资本跨层次契合的涌现现象中，员工的主动性人格和组织信任是影响员工契合行为，进而涌现为企业社会资本的关键性因素。作为岗位要求之外的非必要行为，个体层次的社会资本契合需要员工具备相应的契合动机。根据自我决定理论，个体将自身社会关系转化为企业层面的资源，需要自主性的内在驱动力作为动机来源。主动性人格作为员工采取积极行动影响所处环境的个体倾向（张颖和杨付，2017），是创造性地进行契约内任务之外的工作和产生跨层次契合动机的主要内在驱动力。而和谐的员工-组织关系，会对作为工具性利益相关者的员工行为产生驱动力（Gambeta，Koka and Hoskisson，2019），组织信任作为员工与企业社会关系交换关系中的正向情感，可以促进个体目标和组织目标的一致，形成跨层次契合动机与行为的驱动力。

企业层次的社会资本契合不等同于个体层次，亦不是个体层次的简单叠加，而是个体层次社会资本在契合动机和行为作用下的整合，因而形成了"个体层次契合动机—个体层次契合行为—企业层次契合有效性"的涌现路径。借鉴科兹洛夫斯基和克莱因（Kozlowski and Klein，2000）对于涌现类型的划分，可以将社会资本跨层次契合的涌现路径分为"组合式"和"合成式"两种（如图 3-6 所示）。组合式路径指的是相互没有交叉的个体社会资本，在社会资本跨层次契合过程中由成员间互动带来的自下而上的社会资本的聚敛；合成式路径则是更复杂的非线性方式，是在个体社会资本相互关联的情境下，个体层次社会资本交互作用并跨层次涌现为企业社会资本的表征。在组合式路径的涌现中，不同个体的社会资本跨层次契合方式具有相似性；而在合成式路径的涌现中，个体间社会资本的互补性或替代性关系对社会资本跨层次生成过程有重要影响。可见，涌现不是一蹴而就的现象，而是一个动态演进的过程，有必要更多地关注涌现过程的内在机理（Acton et al.，2019）。在后续研究中拟选取具有典型性和启示性的案例进行跨案例研究，总结提炼社会资本跨层次涌现路径的一般规律，更加细致地刻画从个体社会资本到企业资本自下而上的差异化作用机制。

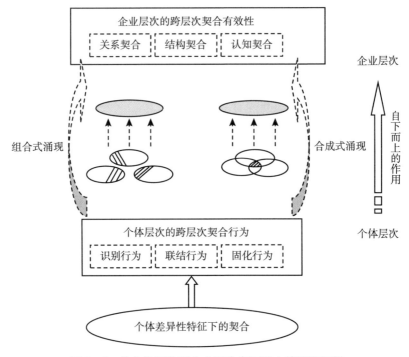

图 3 - 6   从个体层次到企业层次自下而上的涌现机制

注：组合式和合成式涌现图示中箭头下方代表不同个体的社会资本，箭头上方代表跨层次生成的企业社会资本。

　　综合自上而下与自下而上的双向作用机制，本研究运用追踪调研数据对图 3 - 5 构建的社会资本跨层次契合理论模型进行实证检验。分阶段、多时点地进行数据收集，在时点 T_1 对员工的主动性人格、组织信任以及企业的网络能力、学习能力、激励模式进行调研，在时点 T_2 对个体层次的跨层次契合行为进行调研，在时点 T_3 对企业层次的跨层次契合有效性进行调研。调研时间间隔为 3 个月，之所以选择这样的间隔安排原因在于两个方面：一是员工进入企业后，会经历职前、适应、蜕变的组织社会化过程（Kammeyer-Mueller，Livingston and Liao，2011；王雁飞和朱瑜，2012；李超平、苏勤和宋找礼，2014；赵晨和高中华，2017），这直接影响到员工能否融入企业并分享个人社会关系，已有文献大多将这一过程的时间间隔选取为 3 个月。二是基于本研究前期对于员工和管理者的调研，形成对中国管理情境下关系构建所需时间的把握，确定了 3 次调研的时间间隔。通过 3 个时点数据的匹配，可以形成 2 个层次的配对数据，配对调查和追踪调查的采用，可以在一定程度上克服共同方法偏差问题。

3.5 社会资本跨层次契合的战略选择：基于整合性视角

从理论研究回归到具体实践，运用跨案例研究，对先前调研中具有典型性的样本企业进行追踪调查，以跨层次主体动机和行为激励为导向，分析企业社会资本跨层次契合的战略选择。社会资本受多种因素的影响与约束，需要对其进行战略性的管理（周小虎和陈传明，2004），本研究探讨的跨层次契合战略选择正是对社会资本整合性视角下管理。

基于跨层次过程和双向作用机制的分析，将员工激励模式、企业网络能力和学习能力，以及员工对组织的信任程度作为影响契合的要素，而这也正是战略选择中的关键所在。通过深度访谈和开放式问卷调查，将样本企业区分为社会资本跨层次契合度较高和较低两类，对这些企业进行分组，每组安排两个以上的独立案例，探寻组内的相似点和组间的不同点，采用复制逻辑对组内案例进行逐项复制，对组间案例进行差别复制，从而验证或否证不同独立案例的结论。分析归纳两类企业运用的柔性激励、学习整合和信任契约等战略选择有何差异，以及对多层次主体契合动机和行为产生的差异化作用。对跨层次契合失败的关系尝试也进行追踪调研，作为对比案例归纳和比较不同情境的差异化作用，以期为企业有效挖掘社会资本、合理利用社会资源提供理论依据和有益参考。

对员工社会资本跨层次契合的探讨可以拓展个体间社会关系如何转化为组织关系这一重要却被忽视的研究领域。目前少数存在的有关个体到组织社会资本转化的研究大多基于内部社会资本视角，即从个体层次的集体目标定位和共享信任视角探讨组织内个体频繁互动（Adler and Kwon，2002）及个体网络的聚合（庄玉梅，2014）对企业社会资本的建构作用。而社会资本不仅包括体现组织集体特点，被看作"公共物品"的内部社会资本，还包括存在于外部社会关系网络中归属于某一行动者，被归为"私人物品"的外部社会资本（Leana and Van Buren，1999）。个体在企业外部社会资本的构建中可以扮演中间人的角色，当合作双方拥有共同熟悉的第三方时，它们之间的信任水平更高（Campbell，2014），所以通过员工个体的关系传递而构建的企业社会资本往往具有较高的信任水平，是企业获取外部资源、构建企业间合作、利用更广泛社会资源的重要方式。有必要从外部社会资本视角探讨个体社会资本到企业社会资本的转化与契合，本研究通过4个模块展开研究，对员工社会资本跨层次契合的理论框架进行建构。

本研究在理论建构过程中充分考虑到情境的重要性，情境能够产生跨层级的影响（Cappelli and Sherer，1991），作为跨层次研究有必要将研究情境化。一方面，关注企业层次的情境因素是如何影响员工的动机与行为的，探讨社会资本跨层次契合演化过程中，企业层次因素自上而下的情境效应，以及企业网络能力和激励模式的调节效应。另一方面，关注中国社会关系情境对员工－组织关系及互动影响的独特性（Chuang，Chen and Chuang，2013），在主观性情境和离散性情境分析的基础上，考虑中国转型经济背景、关系导向文化等统括性情境的影响，对研究情境的复杂性和独特性进行反思。理论建构应该关注关键变量之间因果关系的时间动态性，这也是情境化理论构建的有效途径（Zaheer，Albert and Zaheer，1999），本研究在理论建构中以过程导向将追踪研究设计贯穿于研究始终。追踪研究必须针对相同的被试且测量多次，需要投入较大的时间精力，但具备横断研究没有的独特优势，能够体现出时间变化趋势和变量间因果关系（刘红云和张雷，2005）。对于本研究探索的科学问题，追踪研究可以更好地展现员工社会资本跨层次契合的动态演化过程，揭示跨层次因素之间的双向交互作用，为社会资本跨层次契合的战略选择提供更可靠的理论依据。

本研究在理论建构的过程中还注重运用奥斯维克，弗莱明和汉隆（Oswick，Fleming and Hanlon，2011）呼吁的基于有差异的概念混合思维，以超越简单的相似性借用。运用非类似性推理思考作为角色外行为的跨层次契合行为，与员工一般性的角色内行为在动机和影响因素等方面有何差异，运用反事实性推理探讨员工社会资本研究和员工主动性行为研究两个看似截然不同的领域有何相通之处，从而形成理论建构中的创新性思想。本研究将社会资本跨层次契合深化为具有整合性理论架构、多重构成维度和动态性测度体系的构念；突破当前社会资本研究中个体层次与组织层次混淆的局限，以外部社会资本为视角明晰不同层次企业社会资本之间的关系，并对员工社会资本到企业社会资本的契合过程进行解构与分析；揭示社会资本契合的一般规律，丰富社会资本和组织领域的理论研究并提供了新的整合分析思路；摒弃将社会资本看作既有资源的思维约束，探讨员工社会资本跨层次契合的整合促进战略，拓展社会资本研究的前因分析及实践指导意义。

本研究运用演绎式理论建构、追踪案例研究、社会网络分析、跨层次线性模型等方法进行理论建构与实证检验，研究结论不仅能丰富员工－组织关系、社会资本、组织学习等领域的理论，还能为员工激励与管理实践提供参考。企业的成长过程亦可视为个体层次到企业层次社会资本的建构及其整合过程。相比已有研究对于创业者、企业家、高管社会关系的关注，本研究亦考虑一般员工社会资本的重要性，运用追踪案例研究方法，解构和剖析社会资本跨层次契合的识别、联结和固化过程，可以为企业识别潜在有益的社会联结，将情感性的个人社会资本转化为工具性的企业社会资本，构建相应的网络能力和学习能力提供有益参考。本研究实证检验的结果可以帮助企业识别社会资本跨层次契合的关键影响因素，据此构建有效的促进战略。通过跨层次契合双向作用机制的理论模型构建与检验，可以帮助企业分析什么样的员工更有可能分享个人社会关系？企业哪些方面的能力能起到促进作用？如何对员工进行有效激励以获取更多的社会资本？本研究可以作为企业进行社会资本管理和关系网络治理的理论依据。通过既包括成功也包括失败的企业实践案例，可以对比分析影响跨层次契合有效性的因素及差异化的战略选择，从而提供实现社会资本跨层次契合，有效利用社会网络资源的理论依据。

3.6 本 章 小 结

员工社会资本向企业社会资本的转化是拓展员工价值、获取外部资源的有效途径，为阐释这一多层次主体互动现象，本章提出社会资本跨层次契合的构念，运用跨层次追踪研究设计，对其动态演化过程和双向作用机制进行剖析。首先，探索员工社会资本跨层次契合的维度结构，并基于此开发跨层次契合量表；其次，对社会资本跨层次契合进行过程解构，探讨员工心理与行为、企业能力与情境在动态演化过程中的作用；最后，构建自上而下和自下而上的嵌入与涌现机制理论模型，将影响员工社会资本跨层次契合的多层次因素整合到同一个理论框架，并以纵向追踪数据进行实证检验，厘清作用路径和作用边界。在此基础上，运用追踪跨案例研究方法探讨社会资本跨层次契合的战略选择，研究结论能为激发员工角色外行为、有效利用社会资本的管理实践提供启示。

第4章

个体社会资本转化为企业
社会资本的案例研究

人际交往与互动贯穿于企业生产经营的整个过程，是企业获取收益的有效途径。由人际互动带来企业关系联结的构建以及经济收益的获取，正是个体社会资本转化为企业社会资本的过程。本章以社会资本为视角，运用探索性单案例研究分析了人际互动通过传递、聚合、整合三重效应可以为企业带来的跨边界收益。本章以一家机械工程企业作为跟踪调研对象，通过对相关资料和数据的收集、编码与分析，探讨了企业从人际互动中获益的内在作用机制，并对社会资本不同维度之间的相互作用进行了扩展性分析。相关研究结论可以为企业有效利用人际互动，发挥内外部社会资本的整合效应，实现社会资本跨层次转化提供有益借鉴。

4.1 问题提出与理论基础

4.1.1 问题的提出

作为涵盖创业者、管理者、员工等个体的集合，企业的任何生产经营活动都是基于个体动机与行为而进行的。个体的行为与人际互动贯穿于企业成长与发展的全过程，是影响企业经营绩效的基础性因素。那么，企业如何从人际互动中获取收益，成为企业获取竞争优势过程中值得探讨的关键问题。现有文献已指出个体间互动对企业的重要性，然而这些研究大多关注于企业实践中的某一方面，尚未从企业整体层面深入探讨个体互动的内在作用机制，构建人际互动影响企业获益的整合性分析框架，这也正是本章力图进行探索的问题。

在对该问题的探讨中，选取社会资本作为研究视角，原因在于社会资本作为蕴藏在社会关系网络中的重要资源，是企业从人际互动中获取收益的直接体现。企业从人际互动中获益属于跨层次研究，既要考虑个体层次的动机和行为，又要关注企业层次的需求和收益，更要注重两层次主体之间的契合。本章运用探索性单案例研究方法，采用扎根理论的编码技术，对一家具有典型性的机械工程企业进行了动态跟踪调研，从社会资本的视角探究人际互动能给企业带来哪些收益，又是如何通过社会资本不同维度间的交互和不同层次间的转化产生这些收益的，从而以典型企业案例阐释了个体社会资本是如何转化为企业社会资本的。

4.1.2　文献回顾与理论基础

4.1.2.1　人际互动及其效应的相关研究

人际互动是心理学研究中较早关注的概念，大量文献围绕人际交往过程中的内在互动机制而展开。例如，黎穗卿等（2021）阐释了个体在社会互动中对他人特质、意图及社会规范学习的认知计算过程；普尔斯和哈特曼（Pulles and Hartman，2017）系统地探讨了相似性对人际互动的影响机理。整体来看，人际互动指的是个体之间进行的沟通与交流，是人与人之间建立友谊、传递信息、交流思想的重要社会活动。作为社会系统中的个体，嵌入于所在的社会关系情境中，都需要与其他个体进行人际互动。人际互动不可或缺，存在于每个个体的工作与生活中。人际互动在人类社会发展过程中也发挥着重要作用，每个个体每天都会在与他人的接触中产生各种不同形式的互动，尤其在个体与他人的行为和目标存在相互依赖关系时，个体之间的人际互动就会更加频繁（Deutsch，1973）。

对于企业组织而言，作为工具性与情感性相统一的人际互动，贯穿于企业生产经营的各个环节和整个过程。已有研究表明，个体社会关系的构建、发展、维系和运用可以实现企业绩效的改善与提升（Park and Luo，2001）。尤其在中国关系主义导向的社会情境中，关系主体间的人际交往与互动更是获取外部资源、实现组织关系收益的重要渠道和来源（Sheng，Zhou and Li，2011；蔡莉和单标安，2013）。目前，已有文献对于人际互动的研究主要集中于以下几个方面：

（1）人际互动的影响因素。参与人际互动的个体特征会影响互动的过程与结果，互动过程中每个参与个体的行为与行为倾向都是影响人际互动的重要方面（Kelly，1978）。除了基于传统微观视角提出的个体主观能动性的认知结构会影响互动，人际互动所在的情境对个体间进行持续的互动具有重要作用（Collins，2004）。

（2）不同互动类型对企业绩效的积极作用。人际交往、个体之间的相互接触是社会资本中信任关系维度产生的基础（郭毅、朱扬帆和朱熹，2003）。企业经营者广泛的社会交往和联系对企业非常重要，可以为企业带来稀缺资源，形成企业社会资本，企业法人代表的纵向联系、横向联系和社会联系可以改善企业绩效（边燕杰和丘海雄，2000）。可见，人际互动有可能先作用于企业经营管理中的某个方面，进而对企业绩效产生影响。例如，潘安成和李鹏飞（2015）提出人际交往活动通过具体情境下互动双方身份和角色的转变将不同层次的创业活动连接起来，从而产生战略性创业实践。琼森和林德伯格（Jonsson and Lindbergh，2013）认为创业者及团队的关系互动和社会网络是新创企业获取初创资金的重要渠道。廖赣丽、李翊和尹洁林（2022）探讨了人际互动对工作激情的影响，从人际互动视角扩展了工作激情跨层次研究，基于情绪传染理论对领导、团队和员工工作激情的人际互动进行了分析。

（3）人际交往与互动对共享行为的促进效应。卢、莱昂和科赫（Lu，Leung and Koch，2006）认为个体、个体间以及组织层次因素的交互作用会影响管理知识共享，其中人际互动对知识共享有重要作用。路琳和梁学玲（2009）实证检验了作为人际互动重要表现形式之一的任务冲突，对知识共享的正向影响。汪旭晖和冯文琪（2017）认为虚拟品牌社区中成员之间的沟通互动，会活跃社区氛围，促进资源在成员之间的共享。

随着网络经济的发展和互联网的普及，人际沟通与互动的方式发生了极大变化，人际互动可以不受时间和空间的限制，互动的渠道和形式也更加多元化。学者们逐渐开始关注在新的互联网情境下，人际互动较传统互动方式的差异。吴满意（2011）基于网络人际互动的历时性和共时性演进分析，探讨了网络人际互动的本质属性和特征，阐释了网络人际互动的价值构成、实践途径和异化表现，认为网络人际交往不仅是生活意义的体现，也是个体网络化的价值体现。已有研究发现网络互动具有互动身份多样性、互动非性别化、互动等级观念弱化、互动主体时空切换等特点（Poster，1990）。网络互动还具有一定的异步性特征，主体可以对回复信息进行斟酌和修改，直到达到满意程度为止，从而增强了对交流的控制感（Henderson and Fitsimons，2002）。

（4）按照参与互动主体的不同，企业中人际互动的研究除了对员工之间互动的研究，还有对员工与领导之间互动，以及企业用户之间互动的关注。对于员工与领导之间的互动，组织情境中员工最重要的互动对象是直线领导与团队成员，员工与他们之间的沟通与交流会影响彼此的情感、认知与行为，这一过程正是人际互动的过程（Chartrand and Bargh，1999）。对于企业用户之间的互动，也有很多学者探讨顾客互动、消费者互动等问题，例如，高、劳和萨文迪（Gao，Rau and Salvendy，2010）对用户互动的维度进行了划分，基于移动工具情境将用户互动分为用户控制、同步性、双向沟通、连续性、娱乐性和人际沟通六个维度。章（Chang，2013）在用户持续使用的研究中认为社交商务网络中的用户互动会给用户带来沉浸体验。申等（Shen et al.，2010）认为虚拟社区与用户之间的互动提供了情境，从群体成员之间的人际交往和互动出发，探讨了虚拟社区中人际互动对虚拟社区忠诚度的影响，提出在社交媒体的设计和品牌策略中要充分考虑人际互动因素。刘等（Liu et al.，2016）探讨了社会化商务背景下人际互动，分析了中国社会关系结构中人际互动对顾客购买意向的影响。

通过文献梳理，已有研究大多关注管理者、创业者或消费者之间的社会联结与关系互动，对更广泛存在的涵盖一般员工之间的人际互动的研究仍较为有限。另外，对于人际互动的效应研究大多关注对共享行为或企业管理中某一方面产生的作用，忽略了对企业整体收益产生影响的整合性分析及其影响机理的深入探讨。

4.1.2.2 社会资本内外部维度与跨层次的相关研究

本书第 2 章已经对社会资本维度划分以及多层次性的相关研究进行了回顾与梳理，在此不再重复。通过文献分析可以看出，作为一个具有复杂内涵与外延的概念，社会资本是一个多维度的概念。基于差异化视角，学者们对社会资本进行了不同的维度划分。社会资本的概念还具有多层次性，既有以个人为联结主体也有以整个企业为联结主体的社会资本。个体社会资本至企业社会资本的转化是值得深入探讨的研究问题。

已有研究对于社会资本的多层次性和复杂维度已经得到普遍认同，但大多关注于层次和维度的划分，而忽略了不同层次之间以及多个维度之间的内在作用机制。个体互动对企业收益影响的研究既涵盖个体社会资本到企业社会资本的跨层次转化，还涉及跨企业边界的内部社会资本与外部社会资本的相互作用。因此，本书对社会资本内、外部维度，以及个体与企业层次之间的整合分析，可以丰富相关研究，弥补现有文献对社会资本跨层次、跨维度之间关系研究的局限。

4.2 研究设计与案例介绍

4.2.1 研究方法与案例企业的选取

4.2.1.1 探索性单案例研究方法的选取

本章将案例研究作为探讨个体社会资本转化为企业社会资本的研究方法，

主要是考虑到案例研究在构建理论时存在一些其他研究方法不能够达到的优势，主要表现为：由案例研究构建理论具有产生新颖理论的潜质，比渐进式增量研究、闭门造车式研究、公理演绎式研究有更少的研究者偏见；由于构念式可测量且假设可被证伪，因此案例研究形成的理论往往是可检验的；案例分析与证据密切相连，研究结论的提出是基于数据的，因而案例研究更具有现实有效性（Eisenhardt，1989）。这也是案例研究之所以可以广泛应用于社会学、心理学、经济学、管理学等社会科学研究领域的原因所在。具体而言，本章运用的是案例研究中的探索性单案例研究方法，选择探索性案例研究和单案例研究主要是依据本章的研究情境及具体研究问题而进行的。

（1）选择探索性案例研究的原因。按照研究目的的不同，案例研究可分为解释性或因果性案例研究、描述性案例研究和探索性案例研究（Yin，2008）。解释性或因果性案例研究用于阐释现实中某些事物之间的或事物发展过程中的因素之间的因果关系；描述性案例用于对一些现象的状态或演变过程进行描述和展示；探索性案例用于现有的知识基础不足，事物之间的因果关系不够明确、因果联系复杂多变，可获取的研究文献无法形成完美的理论假设时，用以对相关问题进行探索。对于本章要研究的人际互动问题，已有研究大多集中于人际互动对企业经营管理某一方面的影响，缺少从企业边界视角整合分析人际互动效应的系统研究，现有理论无法充分阐释人际互动为企业带来收益过程中各个构念之间的复杂关系。因此，探索性案例研究更与本研究的具体问题和研究情境相契合。

（2）选择单案例研究的原因。按照案例选择的数量，案例研究可以分为单案例研究和多案例研究这两个基本类型。单案例研究和多案例研究在案例研究中都常用到，两者各有优缺点，需要根据具体研究问题的类型和研究情境的差异进行适当选择。选择两个或多个案例进行研究，往往比选择单个案例进行研究得出的结论更扎实、更有说服力（Yin，2008）。但是与多案例研究相比，单案例研究聚焦于单一案例的某个特定现象和情境，会具有更强的针对性；并且单案例研究比多案例研究更能细致和深入地进行案例跟踪调研和演化分析（Buckley，Jeremy and Tan，2005）。相比较而言，单案例研究更符合本书研究情境。因此，本章选择适用于全新或现有理论无法充分阐释领域的探索性单案例研究方法（Eisenhardt，1989）进行研究，以更好地把握人际互动效应和跨边界收益产生过程中的科学规律。

4.2.1.2 案例企业的选择

单案例研究抽样的标准是样本企业应具有极端、典型或启示性（Yin，2008）。依据这一标准，本章选取 T 公司作为样本企业进行研究。首先，该企业与业主和施工单位建立了广泛的合作关系，在销售网络的构建过程中存在大量由人际互动带动企业间合作的现象，因此在外部社会资本方面具有一定的代表性；其次，该企业在从新创到发展的演进过程中，逐渐形成了企业特有的文化氛围和经营理念，并且在此过程中人际互动起到了至关重要的作用，因此在内部社会资本方面具有典型性；再其次，该企业在工程机械行业中处于较领先水平，多次参与大型工程施工建设，具有一定的行业代表性；最后，本研究与该企业保持紧密联系，进行了包括访谈、实地观察等方面的动态跟踪调研，有利于数据的获取和分析，进而得到启示性结论。

4.2.2 研究设计的要素

依据殷（Yin，2008）提出的对于案例研究方法而言，进行研究设计时需要注意的要素[①]，本章的探索性单案例研究在进行整体研究设计时主要考虑以下几个方面：

4.2.2.1 界定研究问题

作为一项探索性案例研究，对研究问题的界定其实是回答了"作为一项探索性案例研究，探索什么？"这一问题。要探索的问题性质，需要属于案例研究最适合回答的"为什么""怎么样"的问题。

通过对实践问题的识别、科学问题的凝练，本章的研究问题是人际互动

---

① 殷（Yin，2008）认为案例研究设计需要注意的要素包括五个方面，分别是要研究的问题、理论假设、分析单位、连接资料与假设的逻辑、解释研究结果的标准。

是怎样带来企业收益的？个体层次社会资本怎样转化为企业层次社会资本？人际互动为什么可以为企业带来不同类型的获益？这些问题与案例研究适合回答的问题性质是相符合的。本章对人际互动及其效应以及社会资本的相关文献进行了系统性回顾与梳理，本章研究的科学问题是现有文献和理论无法充分阐释的，应作为探索性研究问题而展开分析。

通过对研究问题的界定，一方面，可以判断是否符合案例研究适宜分析的问题，确定选择案例研究作为研究方法的合理性；另一方面，可以明确要探索的问题，界定本章研究案例分析的边界。

4.2.2.2 提出理论假设

提出假设是案例研究设计的第二个要素，可以使研究问题不会偏向与研究无关的内容，然而，有些研究无法预先提出理论假设，比如探索性案例探究（Yin，2008）。探索性案例研究需要对全新的现有理论无法阐释的问题进行研究，难以形成预设认知，不能事先提出理论假设。按照殷（Yin，2008）的观点，探索性案例虽然不能事先提出假设，只能较为粗略地进行研究设计的概况分析，但是可以先提出具体的研究目标，从而可以使研究明确方向，不偏离研究主题。本章对于人际互动如何带来企业收益这一研究问题，进一步明确了具体研究目标，其实是回答了"作为一项探索性案例研究，探索的目的是什么？"这一问题。通过研究得到一个简洁的、可验证的、逻辑清晰连续的理论框架是案例研究方法要达到的目标（Pfeffer，1982）。通过案例分析，能够从具体的事实推演出具有一定普适性的理论，从特殊到一般进行归纳式分析，实现对现有理论的突破与创新，是这一理论框架构建的意义所在。

本章进行探索性案例研究的目的在于探讨个体社会资本转化为企业社会资本的一般规律，分析人际互动在为企业带来收益的过程中内外部社会资本的整合作用及其带来的不同收益类型，剖析人际互动带来企业收益的内在作用机制，从而提出相关理论命题，得到具有启示性的研究结论，丰富社会资本理论、社会网络理论、员工－组织关系理论等相关研究，为企业有效利用人际互动、发挥社会资本的整合效应提供参考。

4.2.2.3　明确分析单位

本章对于要研究问题的分析与阐释，会涉及跨层次分析单元，最主要的两个分析层次为个体层次与企业层次，形成嵌套式研究设计。

（1）个体层次。企业是员工以及其他个体的集合体，个体是企业中最为基本的分析单位，企业中任何经营活动的开展都需要以个体为基本主体而进行。个体的动机与行为，以及个体之间的互动贯穿于企业成长与经营发展的全过程。本章的研究对象本身就涵盖个体间的人际互动与个体层次的社会资本，因此，个体层次是本研究必不可少的分析层次。对于个体层次，本章主要探讨个体之间的人际交往与互动作用，以及企业获取收益过程中个体的动机与行为。

（2）企业层次。本章对于人际互动的探讨，最终还是落脚于如何为企业带来收益，企业层次也是本章重要的分析单元。对于企业层次，本章主要分析由人际互动带来的企业边界内、边界外和跨边界收益，企业内部社会资本与外部社会资本的整合效应，以及企业的网络能力、学习能力等因素在其中发挥的作用。

需要说明的是，作为一项跨层次研究，本章的两个层次的分析单元不是分开进行分析的，而是充分考虑两个层次因素之间的交互作用，将两个分析单元之间的相互影响贯穿于分析的全过程，从而揭示出个体层次社会资本转化为企业层次社会资本的科学规律。

4.2.2.4　厘清资料与假设之间的连结逻辑

从案例企业中可以获取的资料、数据往往涵盖各个方面、不同维度，如何从中识别出研究问题与假设所需要的相关资料，成为案例研究设计的要点之一。殷（Yin，2008）指出应收集适当的资料，避免资料太多，在分析中毫无用途，以及资料太少，无法运用理想分析工具的情况。

本章对于案例资料与假设之间的连结逻辑，运用的是殷（Yin，2008）所指出的模式匹配、形成解释、时序分析、逻辑模型、跨案例聚合五种分析技术中的形成解释。通过个体层次与企业层析分析单位中跨层次因素之间复杂因果关系的分析，形成建构性解释，从而实现研究资料与假设的有机连结。在部分数据资料的分析中，也运用了逻辑模型，在人际互动带来企业收益具体事件之间形成复杂的因果链条，将个体层次的逻辑模型与企业层次的逻辑模型相结合，形成对个体社会资本转化为企业社会资本更深入的阐释。

4.2.2.5 解释研究结果的标准

案例研究要建立一定的信度和效度，这其实回答了"作为一项探索性案例研究，判断探索成功的标准是什么？"这一问题。判断案例研究设计的质量，常会用到建构效度（construct validity）、内在效度（internal validity）、外在效度（external validity）、信度（reliability）这四个指标。由于内在效度仅用于解释性或因果性案例，不用于描述性和探索性案例（Yin，2008），因此本书着重考虑其他三个指标。

（1）建构效度，指的是对所要研究的概念形成一套正确的、具有可操作性的、成体系的研究指标（Yin，2008）。本书通过多元数据的交叉验证和外部审阅来保证案例分析的建构效度。通过对不同层次人员的实地观察、调研访谈，以及公司文件、网站信息、旋挖钻机俱乐部资料、工程机械行业分析报告、有关 T 公司的评论等形成多元的证据来源。多渠道来源数据的汇总对照和交叉验证可以形成证据三角形，保证数据的真实性及结论的说服力。本书成立了研究小组，由研究小组中的多名研究小组成员以背对背方式，在全面整理和通读访谈记录和二手数据的基础上，分别独立进行初始编码。对于意见不一致之处，由研究小组全体成员在进一步调研的基础上进一步讨论。基于多元化数据提炼研究发现和相关命题，并通过访谈问题设计、具体支持数据、假设性命题提出等多个环节之间的循环参照，建立完整的证据链。就研究中的关键问题咨询案例企业中的相关人员，并请他们在审阅案例研究报告后提供进一步的信息和建议。

（2）外在效度，指的是研究结论是否具有可归纳性，是否可以适用于其他的案例研究中。本书在展开案例研究之前，对人际互动、社会资本等相关文献进行了系统性的梳理，在案例分析和理论建构的过程中运用了已经得到普遍认同的理论，如社会资本理论、网络能力理论、激励理论等。在未来研究中，可以在本研究探索性单案例研究的基础上，进一步对多家企业展开研究，通过重复、复制的方法进行多案例分析，提高研究的外在效度。

（3）信度，指结果的一致性、可靠性和稳定性，主要考察在此进行相同的研究步骤，是否可以得到相同结果与研究结论。对于研究的信度，本书以案例研究资料库的建立，来保证研究设计具有可复制性。综合运用多种方式获取来自管理者和员工，以及客户的相关资料，并通过对信息、资料、数据的整理和编码形成案例研究资料库，以图表材料、案例研究记录、案例事件描述等多种形式丰富案例资料库，以备重复检验和研究。除了案例资料库，本书还将案例研究草案作为提高研究信度的方法。列出一系列可以反映实际研究情况的问题，使问题可以涵盖整个研究设计，通过案例研究草案及其中问题的分析，保证在案例企业资料收集的过程中可以围绕本研究主题，不偏离研究的方向和范围。

4.2.3 案例企业介绍

本章以 T 公司为案例企业进行研究，T 公司是集工程机械产品研发、生产、销售于一体的专业制造公司。工程机械行业在不同的时期会表现出不同的发展状况，其中的各个细分市场也会有一定的不均衡发展，但是整体来看，在我国的总产值呈现出稳速增长态势。工程机械产品的需求和增长幅度会受到基本建设投资规模、GDP 及固定资产投资趋势的影响。

随着工程机械相关产品的不断细化，我国的工程机械行业已经涵盖装修机械、风动工具、铁路线路工程机械等不同类别和规格型号的产品。T 公司主要是进行全液压旋挖钻机的生产、施工、租赁与销售。旋挖钻机具有装机功率大、输出扭矩大、轴向压力大、机动灵活、施工效率高及多功能等特点，是工程机械行业中不可或缺的重要组成部分，被广泛用于公路桥梁、高层建筑、港口码头、市政建设等不同场景的基础施工工程。旋挖钻机的市场需求与行业结构有自身的一些特点，表现为：市场需求量相对集中，与施工紧密结合并且具有个性化需求特征；旋挖钻机产品价值高以及买方集中的特征，决定了买方更有动力也更有能力全面地收集购买信息，因此买方掌握的信息比较全面；各品牌产品差异化程度不是很高；进入壁垒高。进入旋挖钻机行业需要较大规模资本，也需要长期的工程机械行业经营经验或桩基础施工建设经验，因此旋挖钻机行业有较高的进入壁垒，可以相对有效地遏制潜在进入者。旋挖钻机还具有环保和高效等优势，适用于我国大部分地区的地质条件，也是建筑工作比较理想的机械设备。在我国较早用于北京奥运工程、青藏铁路工程等，在青藏铁路、北京地铁、奥运场馆等重要的大型施工中，旋挖钻机已经得到了普遍认可。随着国内市场对旋挖钻机认知和需求的提升，一些大型工程机械企业加大了对旋挖钻机的研发，我国旋挖钻机研发技术不断提升，呈现出跨越式发展态势。

旋挖钻机的优势及其施工需求，为 T 公司的快速发展提供了有利的行业环境。由于具有精良的设备和高效的管理，T 公司先后承接了不少有影响力的基础工程，先后参与了国家体育场、首都机场扩建、京沪高铁等大批有影响力的基础工程施工。由于旋挖钻机价格高，给施工单位带来了高的投资成本，针对这一问题，T 公司除了旋挖钻机的施工与销售，也进行旋挖钻机的租赁。为了更好地解决旋挖钻机供需问题，T 公司引入了全新的设备租赁和营销模式。从设备租赁延伸至金融租赁，使资金困难的施工单位可以通过融资租赁取得设备的使用权。施工完成后，将所得工程款付清设备货款，就可以获得设备的所有权，也可以将设备退回，只需要按照设备使用时间交纳租赁费。这种全新的设备租赁和营销模式可以使 T 公司、施工用户以及相关金融企业达到共赢。

T 公司将"诚信为基础，以双赢为纽带，以共同发展为目标"作为生产经营原则，与多家国内外大型企业建立了长期的业务往来，与很多施工单位和施工用户建立了良好的合作关系。T 公司设立了专门从事系列产品设计方案的科研机构，注重机械产品研发生产和地基基础施工管理相关人才的招聘和培训。针对我国旋挖钻机产品同质化严重的问题，进行产品创新，研发适用于我国地质特点以及不同地区、不同施工场景需求的旋挖钻机。T 公司在经营过程中逐渐形成了"以施工带动销售，以销售促进施工"的理念，将旋挖钻机的施工、销售，以及租赁等融合在一起，相互促进。T 公司还成立了旋挖钻机俱乐部，为俱乐部成员提供工程信息、工程预决算、施工管理等方面的帮助，以及施工管理人员的施工经验分享和业务咨询，帮助俱乐部成员中的施工用户提升旋挖钻机施工技术，形成了企业、施工单位、客户之间进行信息交流与沟通的有效平台。

4.3　数据收集与编码过程

4.3.1　数据收集

本书从企业内部文件、外部资料、访谈、实地观察多个渠道来获取人际互动相关数据。通过多样的数据来源可以保证资料的丰富性，这对于全面细致地回答与人际互动效应相关的"如何""为什么"等探索性问题提供了素材和依据。针对 T 公司管理者和员工的深度访谈和调研是获取数据的最主要途径。本书对 T 公司的动态跟踪调研已持续 3 年多时间，共进行 7 次集中的资料收集。由于本书对人际互动的分析属于跨层次研究，既需要企业层次也需要个体层次的数据，因此访谈对象涵盖公司高管团队、中层管理者、旋挖钻机俱乐部的负责人以及企业员工。通过导向性问题和轻度指导的谈话方式使访谈围绕研究主题进行，提高访谈效率；而开放式讨论可以使受访者畅所欲言，保证数据不受调研人员先入之见和既定看法的影响。

T 公司成立的旋挖钻机俱乐部为员工之间、企业与客户之间的交流提供了人际交往的平台，因此在企业调研过程中尤其注重对旋挖钻机俱乐部媒体报道和相关资料的获取、负责人的深度访谈以及日常关系管理活动的跟踪式观察。

4.3.2　数据分编码与分析

借鉴扎根理论的技术，由 3 名研究成员在整理和分析案例企业资料的基础上，分别独立进行数据编码。为降低主观认知偏差，在各编码阶段对于意见不一致的条目，由全体成员讨论确定去留和分类。首先，对初始资料进行分解和提炼，进行开放式编码，根据完备性和互斥性原则形成一阶条目；其次，运用轴向编码对一阶条目进行归类，结合本书研究主题，分析一阶条目的内在联系，进而得到二阶主题；最后，对已形成的条目和主题进行范畴间的选择性编码，明晰故事线并挖掘总体维度，得到相应的命题和理论模型。整体过程如图4-1所示。

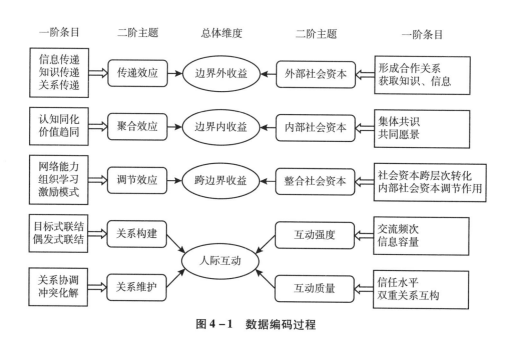

图4-1　数据编码过程

4.4　案例分析与理论构建

4.4.1　边界外收益：外部社会资本的传递效应

关系具有传递性（胡雯和武常岐，2004），企业可以通过"中间方"与原本没有关系的主体建立联结。关系传递现象普遍存在于T公司的生产经营活动中，而"中间方"的角色往往由企业中的个体承担。对此，T公司的管理人员谈到以下几个例子："我们与 BG 股份有限公司这一重要合作伙伴的合作关系源于两位总经理的校友关系，两人对工程机械施工市场共同的关注以及相似的性格与志向推动了企业之间在资金优势和技术优势方面的互补。""产品的销售有相当一部分是由员工人际关系带动的，这些人际关系既包括亲缘、地缘等非经济关系，也包括在工作过程中形成的经济关系。""顾客在购买旋挖钻机前，往往会先同熟悉的人员联系，进一步了解产品性能、T 公司的售后服务等多方面信息，进而确定购买意愿。"

关系传递为企业带来的外部资源不仅体现在企业间合作关系的建立，还体现在从外部社会网络中对知识、信息等企业成长关键性资源的获取。例如，T 公司在开发西部地区施工工程和销售市场时，需要补充有关西部土质特殊性的相关知识以实现产品和技术对西部施工条件的匹配。在此情况下，先前客户引荐了 HT 研究院，对 T 公司有关西部施工环境的知识进行了培训。在 T 公司计划进入高铁施工项目时，公司员工联系了先前所在单位 ZT 研究院为 T 公司分享了有关铁路施工和高铁软土地基建设的相关信息。可见，外部社会资本的传递效应可以跨越企业边界，从更广泛的社会关系网络中使企业获得边界外收益。传递不仅指关系传递，还包括知识传递、信息传递，而知识与信息的传递大多以关系传递为载体。T 公司成立的旋挖钻机俱乐部为人际互动和关系传递提供了平台。俱乐部秉承"以施工带动销售，以销售促进施工"的经营理念，提供 24 小时热线咨询服务以及设备日常维修保养知识培训，抽调施工经验丰富的施工管理人员对客户进行工程信息、工程预决算、施工管理等方面的帮助与服务，吸引客户加入俱乐部成为会员，并会定期组织会员进行一些技术交流活动及娱乐联谊活动，从而为施工公司、T 公司及客户之间搭建了相互认识和交流的平台。

由此提出以下命题：

命题 1：通过外部社会资本的传递效应，人际互动可以使企业从社会网络中获取外部资源。

4.4.2　边界内收益：内部社会资本的聚合效应

相比传递效应，内部社会资本的聚合效应存在于企业边界内，表现为个体间通过人际交往和互动来弥合差异化认知，进而达成共识的动态过程。人际交往可以使社会互动主体之间建立积极的社会情绪反映（Maitlis and Christianson，2014），从而起到促进认知同化、价值趋同和知识共享的作用。对于认知同化，T 公司的一名员工谈了自身感受，"刚到企业时，我对企业的实际运营情况不太了解，对领导布置的任务以及同事之间的相处方式有时甚至不太认同。随着工作的深入，尤其是与领导、同事们之间了解的增加，逐渐融入了这个大家庭，更能和大家有较为统一的认识"。对于价值趋同，人事部门负责人讲到，"我们会为员工，尤其是新进员工提供一些交流互动的机会，比如组织娱乐活动等。通过这些人际交流，可以形成融洽的企业文化氛围，大家在工作中形成较为统一的价值观和共同的奋斗目标"。可见，人际互动可以为企业带来边界内收益，主要体现在集体共识与共同愿景的形成，而这正是企业战略目标制定与执行的凝聚力和推动力，为员工提供建立社会关系的机会，鼓励发展社会关系的动机以及提高社会交往能力，可以通过对个体合作行为的促进而增加企业的组织社会资本（Chuang et al.，2013）。

由此提出以下命题：

命题 2：基于内部社会资本的聚合效应，企业可以通过人际互动形成集体共识和共同愿景。

无论是对企业外部社会网络还是对内部社会关系而言，衡量人际交往程度的维度主要包括互动强度和质量两个方面。从互动强度来看，T 公司的某施工公司员工谈到，"由于工作需要，有时我们会到外地施工，工作之余同事们每天都会有一起相处的时间，相互交流很多对于生活和工作的感受，这使得我们的关系更加融洽，对工作中的配合也起到促进作用"。可见，交流频次和信息容量是互动强度的重要方面。从互动质量来看，作为社会资本关系维度中重要变量的信任（Nahapiet and Ghoshal，1998），是其中比较关键的因素。对于前文提到的与 HT 研究院合作，研发部门的负责人说到，"由于是彼此熟识的客户引荐合作的，因此双方人员在最初合作洽谈时相互比较信任"。除了信任水平，互动质量还体现于人际交往过程中情感导向的社会关系与工具导向的经济关系之间的互构提升。对此，T 公司的销售人员对他们在工作中与客户之间的关系进行了形象地阐释，"我们会通过为客户提供优惠的价格，对客户进行施工工艺技术方面的帮助等方式，逐渐与客户建立朋友关系。公司也会为俱乐部会员提供工程信息，减少设备中间间歇时间，增大设备使用率。在承接工程后，引荐之前的客户一起参与。通过双赢促进与客户之间的相互合作和支持。这种朋友似的客户也会将企业的有关信息告诉他的朋友，为 T 公司带来新的客户"。

人际互动带动下的 T 公司社会关系不是静止的状态与结构，关系建构和维护会影响其动态演化。关系构建指的是与其他主体建立联结关系的过程，包括目标式和偶发式两种。例如，在不带有特定的资源需求和施工任务目的时，T 公司也很愿意通过一些偶然机会，以管理者、员工等个体为中间方去结识尽可能多的企业，并且这些企业有不少在之后都与 T 公司形成了合作关系和购买关系。反之，在具有明确的资源和任务导向时，T 公司则会有目的地与特定企业建立联结关系。关系维护指在联结关系建立后，对关系的协调和对冲突的化解。通过访谈可知，T 公司与其他企业的合作过程中也会存在着意见不一、认知差异的情况。在发现这些问题后，及时对双方的关系进行协调并化解冲突，才能维护持续的良好合作关系。

由此提出以下命题：

命题 3：互动强度与互动质量是人际互动中的两个重要维度，受到关系构建和关系维护能力的影响。

4.4.3 跨边界收益：内外部社会资本的整合效应

从跨层次理论视角来看，跨边界人际互动到外部社会资本的传递效应，以及组织内人际互动到内部社会资本的聚合效应实际上都体现了社会资本的跨层次转化，是个体社会资本制度化为企业社会资本，将人格化关系转化为企业层次资源的过程，也是企业能从人际互动中获得跨边界收益的原因所在。跨层次转化是内外部社会资本整合作用的结果，主要体现在外部社会资本从个体层次到企业层次的转化会受到内部社会资本的调节作用。T 公司的员工谈到，"刚到 T 公司工作时，我从未考虑过要将自己的社会关系为企业所用。随着逐渐融入这个大家庭，越来越关注单位的发展，不自觉地想为企业发展做一些自己的贡献。当企业需要铁路施工的相关信息和知识时,我联系了先前工作的单位"。

社会资本的跨层次转化不仅受到内部社会资本的调节作用,企业相关能力和激励模式作为组织情境,也对其有所影响。一方面,跨层次转化不仅需要员工具有分享社会关系的意愿,还需要企业具有相应的网络能力和学习能力,才能充分利用人格化联结的潜在资源。T公司有关施工与销售相互促进的经营理念,旋挖钻机俱乐部的成立,在产品售后投入人力资本等的措施,都是在社会关系网络构建与维护方面做出的努力,从而能更有效地撬动跨层次资源。另一方面,分享个人关系资本并非员工工作岗位要求的必要性工作,内在激励模式可以起到更好的激励作用。对贡献社会关系的个体予以认同,激发员工的成就感和事业感是T公司在员工激励工作中已采取的有效方式。基于以上分析,内外部社会资本整合作用下的人际互动效应如图4-2所示。

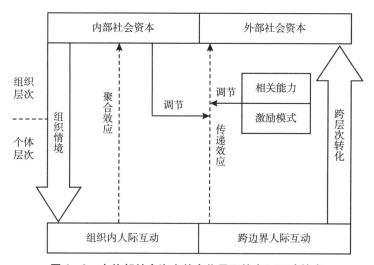

图4-2 内外部社会资本整合作用下的人际互动效应

由此提出以下命题:

命题4:社会资本的跨层次转化是内外部社会资本整合作用的结果,内部社会资本及企业相关能力、激励模式在其中起到重要的调节作用。

4.4.4 案例问题的扩展性分析

4.4.4.1 内外部社会资本的交互关系是否具有普适性？

本章的案例分析主要体现了内部社会资本在外部社会资本构建与积累过程中的作用，对外部社会资本的跨层次转化起到调节作用。内部社会资本越高，表现企业越具有凝聚力，员工之间的人际互动更能发挥作用，员工也更有意愿贡献个人社会资源，因此外部社会资本可以更好地实现从个体层次到企业层次的转化。这一结论除了在案例企业中成立，在其他的一般企业中也具有一定的普适性。

内部社会资本的"公共物品"属性（Lenna and Van Buren，1999；赵延东和罗家德，2005），蕴藏在组织中所有成员都可以感受到的组织氛围、个体间关系中，形成了组织情境中非常重要的一个部分。而组织情境对其中个体动机、行为等各方面的影响是已得到已有研究普遍认同的观点。每个个体都无法完全独立于所在环境而存在，个体的心理活动、行为表现都会受到所在情境的影响。基于这种观点，个体社会资本到企业社会资本的转化也会受到组织情境，包括其中内部社会资本情况的影响。

那么，外部社会资本是否会对内部社会资本的构建有影响？也是值得探讨的问题。外部社会资本表现为企业与所在环境中其他主体之间社会关系所蕴藏的资源，外部社会关系联结除了可以为企业带来外部资源，也会通过信息传递作用的发挥，从而形成企业与联结主体之间的模仿。例如，在连锁董事网络研究中，已有研究发现企业制订的战略计划、采取的战略行为很有可能来自对有连锁联结关系企业的组织间模仿（Haunschild，1993；Shropshire，2010；陈仕华和卢昌崇，2013）。如果企业联结的其他主体具有良好的组织氛围、较高程度的内部社会资本，也有可能通过关系联结对企业形成影响，从而促进企业内部社会资本的有效构建。可见，内部社会资本与外部社会资本作为企业社会资本以组织边界为划分依据的两类社会资本，在企业发展过程中是相互影响的，并且彼此间不是简单的相同影响，而是差异化的影响方式。

4.4.4.2 社会资本的关系、结构、认知维度之间是怎样的关系？

通过本书第 2 章对社会资本维度分析相关文献的梳理，除了将社会资本划分为内部与外部社会资本，还有一种经典并已得到普遍使用的划分方法，是由纳哈皮耶特和戈沙尔（Nahapiet and Ghoshal，1998）提出，将社会资本解构为关系维度、结构维度和认知维度。那么，这三个维度之间是否也与内、外部社会资本一样，也存在着紧密的内在联系？三个维度之间如何相互作用，形成企业整体的社会资本？这些问题是已有文献没有阐释清楚的，也是值得进一步探索的问题。对这些问题的解答，有助于更深入地理解社会资本，深化社会资本的理论研究，也有利于在企业管理实践中，从多个维度的整合作用与协同效应出发，更有效地构建和累积企业社会资本。

本书第 3 章在社会资本跨层次契合的演绎式理论建构中，阐释了关系、结构、认知三个维度上的契合以及它们之间的关系。即使不结合契合问题，三个维度之间也有着内在的联系，彼此间相互影响。与关系嵌入、结构嵌入之间的关系（郑方和彭正银，2017）相类似，关系维度是以较为微观的视角分析社会资本，而结构维度的视角更为宏观。将表示主体之间联结关系的关系维度社会资本加总在一起，就会形成以各种复杂关系集合为特征的整体社会关系结构，表现为结构维度社会资本的网络联结结构、网络位置等。而认知维度作为对成员之间共同语言、代码、愿景及目标的体现，会直接受到成员之间联结关系，以及成员在网络结构中位置的影响。关系维度社会资本蕴藏在关系维度与结构维度之中，并受到关系维度和结构维度社会资本的影响。

4.5　研究结论与管理启示

通过对案例企业相关资料与数据的分析，本章提出理论命题并构建了内外部社会资本整合作用下人际互动效应的理论模型。本章的主要研究结论和实践启示主要有以下几个方面：

（1）识别在社会网络中的关系位，充分挖掘潜在的社会资本。从企业和员工两个层次上全面把握社会关系情况，将潜在的个体社会资源与企业资源需求建立链接。企业社会关系资源不仅源于创业者和管理者的社会资本，也有可能由员工人际互动转化而来。企业应树立关注不同层次社会资本的意识，善于辨别可以转化为企业层次资源的个人社会关系。这种有益的个人社会关系既有可能是个体与企业外部其他主体的联结，也有可能是企业中个体之间的联结。通过社会资本的跨层次转化，可以从内、外部两个维度提升企业的社会资本。

（2）构建以内在激励为主导的激励模式，激发个体分享社会关系的意愿。对个人社会关系的分享类似于主动建言等组织公民行为，需要相应地提升员工内在成就感的激励机制构建。内在激励为主导的激励模式更加关注工资、奖金等物质奖励之外，个体源自内在的对组织和工作的认同和热爱，可以带来员工持续的内在驱动力。企业应在逐渐形成以内在激励为主导的激励模式过程中，提升员工的自主性和创造力，激发工作带给员工的满足感和成就感。通过建立有效的内在激励机制，使员工更有意愿在角色内工作之外，贡献个人的社会关系资源；使员工可以在人际互动带给企业收益之外，也能从人际互动中获得非正式权力或者自我价值实现。

（3）提升关系构建与维护能力，形成跨层次主体的协同效应。人际互动到企业收益的转化不仅需要个体分享意愿，还需要企业提升构建和维护关系的相关能力，形成有效的能力情境。正如第 3 章所阐释的，社会资本的跨层次契合与转化不仅需要个体层次因素发挥作用，也需要企业层次形成有效的嵌入情境。企业对于关系的构建能力和维护能力，是个体经济行为嵌入情境的重要方面。通过关系构建能力的提升，可以使企业在目标明确以及偶然机会中更好地建立关系联结，将个体层次的人际互动转化为企业层次的主体间互动。通过关系维护能力的提升，企业可以更好地化解与联结对象之间的利益冲突，更有效地进行关系协调，从而促进不同层次的主体、企业内外部的主体之间的协同作用，使关系联结可以固化为企业层次的资源。

（4）发挥内外部社会资本的整合效应，促进社会资本的跨层次转化。具备较强聚合力的内部社会资本是外部社会资本跨层次转化的重要调节变量。内部社会资本和外部社会资本不是相互没有联系的两部分，而是可以通过整合作用为企业带来更多的社会关系资源。内部社会资本作为可以体现组织内部凝聚力、成员之间互动关系的概念，可以为外部社会资本从个体层次转化为企业层次提供有益的组织情境。企业应关注组织内部社会关系与外部社会关系之间的链接，发挥社会资本不同维度之间的整合效应，为企业获取更多的边界内收益、边界外收益与跨边界收益。

（5）提供人际交往与互动的有效平台，实现社会关系工具性与情感性的互构提升。以情感性为导向的社会关系和以工具性为导向的经济关系之间的相互促进，可以提高关系质量，从而使企业从人际互动中获取更多的社会资本。在具体的管理实践中，企业可以通过多元化渠道形成可以促进员工在工作之外增进友谊、提升组织凝聚力的机制，运用类似案例企业建立的产品俱乐部等形式增进企业与客户之间的交流，更加关注与战略合作伙伴之间的沟通，也更加注重用户社群、虚拟用户社区等平台中用户之间以及企业与用户之间的有效互动，通过工具性社会关系和情感性社会关系之间的互构，在人际互动中构建更为丰富的企业社会资本。

4.6　本 章 小 结

本章以一家机械工程企业作为探索性单案例研究的跟踪调研对象，运用扎根理论编码技术分析了企业从人际互动中获益的内在作用机制。研究发现，通过外部社会资本的知识、信息和关系传递效应，企业可以从个人社会关系中获取外部资源；基于内部社会资本的聚合效应，企业可以通过人际互动形成集体共识和共同愿景；互动强度与互动质量是人际互动中的两个重要维度，受到关系构建和关系维护能力的影响；社会资本的跨层次转化，是内外部社会资本整合作用的结果，内部社会资本及企业相关能力、激励模式在其中起到重要的调节作用。在探索性单案例研究的基础上，本章进行了扩展性分析，提出内部与外部社会资本之间，以及关系维度、结构维度与认知维度社会资本之间相互作用和协同效应的研究课题，并对社会资本不同维度之间的相互影响进行了简要分析。通过案例研究的相关结论与观点，本章从识别在社会网络中的关系位，构建以内在激励为主导的激励模式，提升关系构建与维护能力，发挥内外部社会资本的整合效应，提供人际交往与互动的有效平台等方面提出了企业管理实践的对策建议。

本章探索了企业从人际互动中获益的一般规律，得到了一些有价值的结论，但仍存在一些不足之处：首先，本研究仅选取一家机械工程企业为样本企业，缺少对多个案例的交叉比较分析，未来的研究可以选择多家不同行业的企业进行跨案例研究，对本章单案例研究的观点进行验证，增加结论的普适性。其次，仅通过案例研究还不能保证模型构建的合理性，后续研究可以通过问卷调研获取企业人际互动、跨边界收益的相关数据，对个体层次和企业层次的数据进行匹配，进行跨层次研究设计，采用实证研究的方法对模型进行进一步的检验和修正。由于本章目前构建的理论模型涵盖的变量数量较多，在未来研究中可以分多次进行实证检验，每次聚焦其中的部分变量，对变量之间的关系进行深入分析。最后，企业不同发展阶段的人际互动是否存在差异，相应获取收益的内在机理是否因此有所不同，也是值得进一步思考的问题。未来研究可以基于生命周期理论，对企业成长过程中不同发展阶段个体社会资本转化为企业社会资本的作用机制进行更加细致的差异化分析，把握不同阶段的规律与特点，从而可以更有针对性地提出不同发展阶段企业人际互动方面的相关对策建议。另外，互联网情境对人际互动的渠道、方式等方面产生了较大影响，重塑了人际互动相关研究的前提与假设，有必要对新情境下人际互动及其对企业跨边界收益的影响进行探索，对较传统互动更有复杂性、多样性的网络互动进行进一步研究，以揭示互联网情境下个体社会资本转化为企业社会资本的科学规律。

第 2 篇
董事网络治理及其效应

在网络组织及其治理相关理论的基础上，以董事网络为例探讨董事网络对治理和创新产生的影响，分析董事网络对双重代理成本的作用机理，以及多重治理情境下董事网络对动态创新能力的影响，从正面的创新效应和负面的代理成本效应对网络组织及治理进行了深入分析。

第 5 章

网络组织及其治理的相关理论

本章对网络组织及其治理的相关理论进行了系统地梳理与分析，在已有文献对网络治理定义的基础上，阐释了网络治理概念理解的关键点，网络治理与科层治理、市场治理之间的差别，以及网络治理的维度。基于网络组织的契约属性对契约治理与关系治理进行了分析，对多重网络治理机制进行设计。在此基础上，对网络治理的影响因素以及产生的效应进行了分析，并以平台网络、创新网络和创业网络为例探讨了不同类型网络的治理侧重点。

5.1　网络治理的内涵与维度

5.1.1　网络治理的内涵

琼斯、赫斯特里和博尔加蒂（Jones，Hesterly and Borgatti，1997）在《网络治理的一般理论：交换条件与社会机制》一文中在网络组织内涵分析的基础上，对网络治理进行了定义，认为网络组织是一个需要通过选择实现结构化和持续性的企业集合体，而网络治理指的是网络中的企业基于社会性联结而非法律性联结，通过隐性（implicit）或开放式（open-ended）契约开展复杂合作，从而协调和维护交易活动并适应具有不确定性的环境。这一研究作为网络治理领域的代表性研究，将网络治理的研究引入网络组织和社会网络研究领域，促进了治理理论与网络组织理论的理论对话。

之后，学者们将治理置于网络情境中，展开了大量有关网络治理的相关研究。迈耶、图斯克和希丁（Meyer，Tusk and Hidings，1993）阐释了网络治理是要对网络资源进行合理的规划与配置，从而提高网络中成员企业的环境适应能力和竞争能力。李维安、林润辉和范建红（2014）认为网络治理既包括对网络组织的治理，也包括将网络视为公司治理的一种现代化手段，具体包括组织网络治理、社会网络治理和技术网络治理等三种形式。彭正银（2002）依据治理环境的演化进程，将网络治理定义为以企业间的制度安排为核心的参与者间的关系安排，认为企业间、组织间网络既是资源、资本、信息的主要来源，又是网络治理的对象与客体。孙国强等（2015）将网络组织治理定义为对网络组织进行的治理，以网络合作的各个节点为治理的主体，以网络组织这一组织形态为治理的客体，是具有自组织特性的自我治理的过程。

也有公共管理研究领域的学者对网络治理进行了界定，奥斯特罗姆（Ostrom，2000）提出多中心治理理论，探讨公共利益与个体利益之间的关系。进而有学者从政策网络视角探讨网络模式与治理理论的融合，认为网络治理是行动者为了实现自身利益所形成的水平化治理架构，通过遵循网络中的共同合作协调规则实现最终目的（鄞益奋，2007）。网络治理在传统公共行政理论和新公共行政理论的基础上，突破将政府作为公共管理的唯一主体，将企业、社会组织等主体纳入公共管理研究中（O'Toole，1997）。

综合学者们的观点，本书将网络治理定义为在网络组织情境中，通过显性或隐性契约实现网络协同效应，促进成员间关系协调的制度安排。对于网络治理概念的理解需要着重把握以下几个方面：

（1）网络治理形成并存在于网络组织。也有研究指出网络治理也可以表示以网络技术、现代通信技术为手段开展的治理实践与活动。例如，股东大会网络投票制度体现了互联网时代的公司治理，通过网络投票等方式克服了传统公司治理中时间、地点形成的阻碍，使中小股东可以更方便、高效地参与到治理实践中。本书将网络治理进一步聚焦于网络组织情境中，重点探讨网络组织中的治理问题。网络组织中成员之间由于信息不对称导致的信任缺失、机会主义行为等会引发网络组织的不稳定性，有可能使成员间合作关系破裂，网络组织无法持续生存与发展，因此需要对成员间关系进行有效治理，保持网络组织的稳定性和竞争力。

（2）网络组织及其治理具有契约属性，包括显性和隐性契约等。依据契约理论，网络组织及其治理可以理解为契约关系的集合体，具备以下契约属性：第一，是市场契约与企业契约的结合。网络作为介于市场和企业之间的组织，其契约属性之一是可以看作市场契约和企业契约的结合。一方面，网络组织中的企业之间可以充分分享和交流信息，减少不确定性和机会主义行为，在追求自身企业利益的同时也以网络整体利益为导向。另一方面，网络组织中的各个企业又是相对独立的个体，可以致力于其核心业务。因此，网络治理是市场契约和企业契约的结合体，兼具二者的优势，既保持了企业的相对独立性，又降低了成员企业之间的交易费用。第二，是正式契约与非正式契约的结合。网络治理的契约既有正式契约，也有非正式契约。正式契约属性指网络治理中的各参与方可以通过正式的制度设计、第三方裁决等来协调和保护合作关系。非正式契约属性指除了正式契约，成员企业之间还有一些在合作过程中逐渐形成的大家都会自觉遵守的一些规范，如声誉、信任和惯例等。如果有成员不遵守正式契约或非正式契约的约束，就会被排斥于网络组织之外，无法具备成员资格。第三，是显性契约与隐性契约的结合。除了明文规定的显性契约，网络组织中还存在很多成员企业默认的隐性契约，这类契约并不是明示的制度规定，但是成员企业都会熟悉、认同并遵守的。显性契约与隐性契约相结合的契约属性在很大程度上是由契约的不完备性带来的。依据不完全契约理论，由于有限理性、信息不对称以及其他不确定性因素的存在，制定完全契约是不可能的，契约往往是不完备的。在网络组织中，明文规定的契约并不能涵盖所有成员交易中的所有问题，很多契约以内化于心的隐性规则而存在。

（3）网络治理的目的在于促进成员间关系协调，实现协同效应。网络治理的目标具有多重性，例如，促进成员间资源共享与整合、进行成员企业之间权责利配置、激励成员贡献于网络整体利益、约束和规范成员行为等。其中，网络成员之间的关系协调是较为本质的目标，其他目标实现在很大程度上在于成员之间的关系是否具有协调性。因此，网络治理需要化解成员间的矛盾与冲突、减少相互间的机会主义行为，维护与协调成员间关系，从而使多元化、差异性的网络成员相互作用，产生网络整体的协同效应。

（4）对网络治理的理解需要厘清网络与治理之间的关系。首先，网络是治理的工具，网络治理的过程中可以整合网络组织的资源进行协同治理，网络组织中的知识、技术等都可以运用于网络治理中；其次，网络是治理的客体，网络治理的目的在于通过有效治理实现网络组织的关系协调及有效运行，虽然这一过程涵盖对网络中不同主体的治理，但从最终目标可以看出网络是治理最为重要的客体与对象；最后，网络是治理的主体，一方面各成员企业分别参与到治理中，另一方面又在网络整体层面形成治理主体。

5.1.2 网络治理与科层治理、市场治理的比较

对于网络治理与科层治理、市场治理的区别，已有文献进行了相关研究。网络治理的出现源于治理环境的变化，治理任务所依赖的路径发生改变，引发治理形式的渐变，由以科层组织为基础，股东会、董事会与经理层为主体的治理结构向以中间组织状态为基础，网络治理与科层治理在理论基础、治理时效、治理渠道、治理成本等多个方面存在着明显差异（彭正银，2002）。在价值创造方面，市场治理和层级治理的价值创造可以在相当程度上看作是分别释放产品市场的竞争优势以及公司治理基础上的实践准则，网络治理与二者相比有自身特有的为经济主体创造价值的路径和机制，可以在资源价值的基础上实现优势延续（李维安和周建，2004）。

网络治理与科层治理、市场治理的区别根本在于网络组织与科层、市场在组织形态方面的差异。网络组织被看作介于科层与市场之间的"中间性组织"，是比市场更有效、比企业更灵活的组织形态，是科层"看得见的手"与市场"看不见的手"的"握手"（Larsson，1993）。与科层组织相比，网络组织突破了单一企业的边界，涵盖的主体除了企业中的股东、董事会、监事会、员工等，还涵盖企业边界之外的其他主体，以及这些差异化主体之间的网络关系。与市场组织相比，网络组织中的关系呈现出松散耦合的特征，不

同于市场中临时的一次性的主体间关系，网络关系具有一定程度的稳定性。网络组织的特点决定了网络治理的参与主体与治理对象，以及决策方式、运行规则等方面都与科层治理、市场治理存在差异。网络治理应基于成员企业间介于科层与市场之间的关系进行权力、责任、利益的合理配置，促进网络目标的实现。

5.1.3 网络治理的维度

作为一个有着丰富内涵的复杂概念，网络治理可以进行维度解构。琼斯、赫斯特里和博尔加蒂（Jones，Hesterly and Borgatti，1997）在探讨网络治理及其所在环境问题时，引入任务复杂性维度，拓展了威廉姆森关于不确定性、资产专用性和交易频率三重维度的分析。其中，不确定性使得网络组织及其成员处于不断变化的情境中，要考虑情境的可变性与复杂性，提高对不确定环境的适应能力与战略柔性。蒂斯（Teece，2007）指出关系维度是网络治理中介于微观成员和网络整体之间承上启下的治理层级，是实现网络治理目标的关键性维度。网络治理的维度可以从不同视角进行分析与解构，形成不同的维度组合。

（1）从网络作为节点及节点间交错关系整合的视角，网络治理的维度可以划分为网络层次、节点关系层次与节点层次的治理。网络治理既涵盖网络中节点的治理，也包括对网络节点之间关系的治理，以及对整体网络结构的治理。对节点的治理主要关注节点是否能够遵守网络组织的相关契约，是否存在机会主义行为；对网络节点之间关系的治理主要关注关系强度、关系匹配度、相互依赖性和协调性等；对整体网络结构的治理主要考虑网络的稳定运行、对环境的适应能力等。

（2）从网络治理方法与手段的视角，网络治理的维度主要包括契约治理与关系治理。契约治理通过显性或隐性契约对网络中成员企业的行为起到约束作用，通过对机会主义行为以及违约行为进行惩罚，从而使成员企业自觉遵守契约内容。通过契约发挥治理作用，可以明确成员企业的权利与责任，面对冲突时也可以通过相关契约进行有效的协商。在此维度下，网络治理可以理解为网络中相关契约搜索、签订以及履行并不断调整的过程。关系治理通过成员企业间的关系协调对其积极行为起到激励作用，与其他主体间的关系优化可以为成员企业带来蕴藏在社会关系及其结构中的社会资本，从而使成员企业更加关注与网络中其他主体之间的社会关系。在此维度下，网络治理可以理解为成员企业之间关系建构、维护和优化的过程。

（3）从网络治理导向与目标的视角，网络治理的维度可以解构为激励型治理与监督型治理。激励型治理维度主要侧重于促进和激发有利于网络组织的积极行为，例如，通过学习机制、创新合作机制等的有效设计，形成成员企业间共享知识、相互沟通学习、创新优势互补的正向反馈，从而对网络中主体的相关行为起到激励作用；监督型治理维度主要侧重于抑制和减少不利于网络组织的消极行为，例如，通过联合制裁机制、控制约束机制等的有效设计，使成员企业为机会主义行为、不利于网络关系、破坏网络稳定性的行为付出更多成本，从而对相关行为起到监督作用。

围绕本篇章的研究主题，本章主要对网络治理的内涵、维度及相关理论进行了分析，对于网络组织的内涵及相关理论，在第 8 章基于网络理论的创新研究中进行了回顾与总结。

5.2　网络治理的机制设计

治理机制是指通过控制机会主义来治理交易的制度性安排（Dyer，1996）。作为一个由多要素构成的有机体，网络组织需要有效的治理机制来保证成员间合理的权责利安排，以及整个网络组织的持续运行。

对于网络治理机制，学者们进行了大量相关研究。拉森（Larson，2011）较早地对网络治理机制进行了讨论，将网络治理机制与公司治理机制相比较，认为公司治理机制大多基于经济学视角，而网络治理机制还需要引入社会学视角，更多关注企业间的互动行为和关系协调，以及社会身份、声誉、信任等要素在企业间合作关系中的重要性。按照普罗文、黄和米尔沃德（Provan，Huang and Milward，2009）对于网络组织中结构嵌入演化及社会产生的研究，网络治理机制指的是通过规范网络成员各方行为的准则，实现共同完成合作的目标。基于对市场治理与科层治理局限性的分析，彭正银（2002）认为网络治理机制主要包括互动机制与整合机制两个方面，通过互动机制与整合机制可以实现网络边界的调整、协调方式的形成，以及利益目标的维护与网络功效的改善。

　　其中，信任机制、关系治理机制是讨论较多的治理机制。对于信任机制，古拉蒂（Gulati，2000）指出信任是网络治理的基础维度，尤其是隐含契约和心理契约的基础。阿尔卡里等（Arcari et al.，2002）基于对传统管理控制系统的分析，探讨了网络组织的治理机制，分析了网络治理过程中要关注的战略密切程度和技术经济整合程度，并认为信任机制是网络治理机制中的重要方面。胡国栋和罗章保（2021）对中国本土网络组织治理的信任耦合与默契机制进行了探讨，认为信任是网络组织的核心治理机制，基于微观权力理论分析人际性信任和制度性信任在中国网络组织治理中的耦合机理并提出更具本土契合性的默契治理机制。也有学者对仅将信任作为治理机制提出了质疑，布拉达克和埃克勒斯（Bradach and Eccles，1989）认为信任并不是网络治理中唯一的重要机制，价格、权威与信任的要素集合才是影响网络组织内外部互动的关键所在。对于关系治理机制，可以利用嵌入性及社会联结提供期望行为的标准，相比较而言，比单纯的权威关系和复杂的合同契约更能有效地抑制机会主义行为（Granovetter，1985）。尤其在风险程度和不确定性程度较高的环境中，关系治理与正式制度的结合可以形成比单一治理措施更好的效果（Poppo and Zenger，2002）。

　　鉴于网络组织市场契约与企业契约相结合、正式契约与非正式契约相结合、显性契约与隐性契约相结合的契约属性与特征，其治理既包括以合约为中心的治理，又包括以关系为中心的治理。契约治理与关系治理从不同的侧重点来实现合理配置资源并降低交易成本，两者相互补充共同保证交易的顺利进行（万俊毅和敖嘉焯，2013），从而形成多重维度的治理机制。具体而言，本章认为网络的多重治理机制由合作信任机制、战略决策机制、冲突协调机制、控制约束机制、利益分配机制和文化塑造机制构成，如图 5 - 1 所示。这六种机制相辅相成、互为补充，其中合作信任机制是网络组织组建与运作的前提、战略决策机制为整体网络提供了方向、冲突协调机制与控制约束机制是网络组织有效运作的保障、利益分配机制是动力、文化塑造机制是精髓。

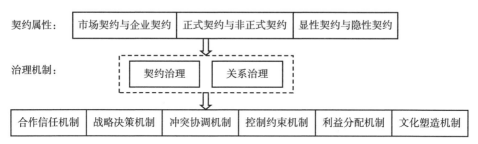

图 5 – 1   网络组织的多重治理机制

5.2.1   合作信任机制

在网络组织的运行过程中，成员企业会不可避免地形成外部资源陷阱、知识产权保护、核心资源维持等方面的顾虑，从而影响到企业间的合作信任关系，使网络组织难以达到预定目标。因此，合作信任机制是网络组织有效运作的基础性要求。随着网络组织从初始建立到不断发展的演进，企业间的合作信任会呈现出以下阶段性特征。根据不同阶段信任关系的特点，建立与之相匹配的合作信任机制是网络组织运行的理性选择。

（1）契约信任。网络组织建立初期，成员企业间相互了解较少，主要是根据合约内容，履行相应的责任与权利。信任关系基于正式合同与契约，合作信任机制比较简单，灵活性较小。

（2）认知信任。网络组织发展到一定时期，成员之间有了一定程度的了解，对相互的行动有一定的预测能力和信任基础，合作信任机制仍主要局限于契约规定，但具有一定的灵活性和自主性。

（3）共识信任。网络组织继续发展，成员企业之间利益一致性加强，有共同的价值取向，相互信任水平提高，合作意向强烈，形成一个目标一致的统一体，合作信任机制相对稳定。

（4）灵活信任。这种合作信任机制具有临时性质，又有较大灵活性。主要指成员企业为应对快速变化的市场需求，而短期内建立的信任机制。

5.2.2 战略决策机制

按照著名管理学家西蒙的观点，管理就是决策。同样地，科学的决策对网络组织而言至关重要，建立科学决策机制可以为网络组织指明正确的发展方向。作为涵盖多元化主体的组织，网络组织的战略决策是一个系统工程，包括新进成员企业的选择、网络目标的确定、利益的分配与协调、网络发展规划与调整等各个方面，是成员企业间相互谈判的结果。在网络组织的战略决策过程中，各个企业的话语权并非相同，其中处于核心节点的企业往往具有更高的权威性，在决策中占主导地位。

5.2.3 冲突协调机制

网络组织的运作过程中不可避免地会出现企业之间的冲突，这种冲突既有情感性冲突也有认知性冲突，既有正面效应也有负面效应。对于会带来负面结果的冲突与矛盾，应及时进行协调和化解，可以通过相关激励约束机制设计，规范成员企业行为，降低组织运行的风险。也可通过第三方中介监督机构的引入，比如设立管理委员会的方式，对企业之间的冲突进行管理。对于有可能带来正面结果的认知性冲突，应建立通畅的沟通渠道使企业交流差异化认知，推动网络组织创新。

5.2.4 控制约束机制

控制约束机制是规范成员企业行为，降低网络组织风险的有效因素，网络组织的控制约束机制应从外部和内部两个方面来构建。

（1）网络外部的控制约束机制。第一，法律约束。企业的经营管理活动会受到合同法、公司法、税法等法律的约束，只有在遵守法律的前提下获得的利益才是有保障的。第二，媒体约束。随着媒体的发展，企业行为越来越多地被公众和媒体关注和约束。第三，社会约束。企业不仅具有经济性，还具有社会性，其社会约束主要表现为社会舆论与道德等对企业行为的影响。

（2）网络内部的控制约束机制。第一，正式合同约束。虽然合同具有不完备性，但合同所规定的内容对网络组织成员企业的行为能够起到相应的约束作用，合同约束是控制约束机制中的重要方面。第二，组织机构约束。一些网络组织会设立相应的管理机构，如管理委员会，成员企业会受到来自这些组织机构的控制和约束。第三，竞争性约束。提供相同产品和服务的企业间存在着竞争关系，这也是对企业行为约束的一个维度。

5.2.5 利益分配机制

只有建立合理公平的分配机制，才能形成良好的激励氛围，提高成员企业的公平感知，保证网络组织的稳定发展。网络组织在进行利益分配时，应把握以下几个原则：

（1）协商原则。利润分配是成员企业间相互协商，逐渐提高满意度的过程，具体利润分配方案也是不断谈判的结果。成员企业先分别提出初始的利润分配方案，然后由主导企业组织成员企业对各个初始方案进行选择或修改。

（2）贡献匹配原则。每个企业所得利益与其贡献相匹配是利益分配的基础原则。其中，成员企业贡献既包括有形资产的投入，还包括人力资源、管理经验、知识产权等无形资产的投入。应对成员企业贡献的无形资产进行科学的评估，并以此作为利润分配的依据，从而激励成员企业更好地发挥和贡献优势。

（3）风险分担原则。除了与贡献相匹配，利益还应和企业承担的风险相匹配，因为网络组织的运行有很多不确定性因素和潜在风险，需要成员企业积极承担。风险分担原则实质上是对网络组织中企业承担风险行为的鼓励。

5.2.6 文化塑造机制

将成员企业多元化文化进行整合，构建有效的文化塑造机制也是网络组织治理的重要方面。一方面，要注重对学习型文化氛围的营造。通过网络组织内的知识分享与交流，以及网络外部学习，不断提升网络组织的竞争力。另一方面，要构建和谐、创新的文化氛围，使各具特色的成员企业能够和谐共存，并形成动态开放的创新体系以灵活应对环境的变化。

网络治理机制不是一成不变的，需要随着网络组织的发展不断进行调整。例如，在网络组织的形成期，差异化主体刚建立网络关系，成员企业之间相互不熟悉，更需要相关的冲突应对机制来化解不同主体之间的摩擦与矛盾，需要合理的契约机制设计来促进成员间相关行为的有效激励与约束；在网络组织的发展期，需要资源的整合、知识的共享形成网络组织持续发展的动力，因此要进行相应的学习机制和共享机制设计；在网络组织的成熟期，成员企业相互熟悉，在前期的合作关系中逐渐形成了彼此间的默契，可以更好地发挥信任机制在关系治理中的作用；在网络组织的衰退期，开始有成员企业退出网络，需要识别造成网络衰退的原因，有针对性地构建问题解决的相关机制。

5.3 网络治理的前因与效应

网络治理目标的确定、治理机制的设计需要根据不同的情境因素进行选择性决策，也会对网络组织产生相应的影响。探讨网络治理的前因与效应，有助于厘清网络治理的来龙去脉，进而制定行之有效的网络治理对策。

5.3.1 网络治理的影响因素

5.3.1.1 网络组织的类型与目标

网络组织类型的不同，需要实现的目标不同，相应的治理导向、治理侧重点会有较大差别，进而会对治理机制设计、治理策略制定、治理主客体关系、治理工具运用等网络治理的各个方面产生差异化影响。例如，第 5.4 节将讨论的平台网络、创新网络及创业网络在网络治理方面存在着较大的差异。

5.3.1.2　核心企业能力

核心企业一般处于网络组织的中心位置，对其他节点以及网络整体情况有较大的影响及主导作用，因此核心企业能力的高低直接关系到网络治理绩效。核心企业能力主要包括网络能力、治理能力、决策能力等，与其他企业相比较而言，核心企业在拥有较高网络权力的同时，也更需要具备相关能力以更好地承担网络组织赋予的相应责任。网络能力方面，是否具有在网络组织中协调、利用和开发网络关系的能力（Ritter，2006），决定了核心企业能否有效调动网络资源，使治理机制、治理措施发挥出相应的作用。治理能力方面，具有较高治理能力的核心企业，可以引领其他主体构建与网络组织类型、目标、发展阶段等特征相匹配的治理机制，针对网络组织面临的治理挑战采取有效的治理措施，从而带来良好的网络治理绩效。决策能力方面，核心企业面对网络组织不确定环境中突变因素时，如果能够及时调整治理目标、机制及相应策略，可以更好地适应所在外部情境，实现网络组织的整体优化。

5.3.1.3　成员企业之间的关系

成员企业之间的互惠关系、信任关系、共生关系是网络治理的重要影响因素。强互惠关系与行为具有显著的利他性以及正外部性（叶航、汪丁丁和罗卫东，2005），网络成员企业互惠关系的建立，可以促进网络治理中沟通机制和学习机制发挥作用，使成员企业形成共同的利益愿景，从而更多考虑其他主体的利益，实现网络组织的共赢。信任关系重要性的相关研究由来已久，在社会资本的研究中，信任是关系型社会资本的重要维度；在自主治理与多中心治理的研究中，奥斯特罗姆（Ostrom，2011）指出信任在其中发挥着核心作用；在宏观社会制度的研究中，信任关系被认为是用来减少社会交往复杂性的简化机制（Bachmann，Gillespie and Priem，2015）。发展至平台经济和共享经济时代，信任关系仍然在治理中发挥着重要作用。共享经济互帮互助的理念需要成员企业之间的信任关系，信任是多主体特征下平台企业治理的重要方面（Berg et al.，2020）。共生理论源自生物学研究中对不同种属相互依存、生存在一起状态的阐述，之后逐渐引入到社会科学研究领域。在网络组织中，共生关系是对网络组织中成员企业之间相互作用、相互依赖关系的体现。这种共生关系可以促进成员之间的协同作用，发挥网络组织优势，既是通过网络治理力图达到的关系模式与状态，也会对网络治理产生影响。共生关系的建立能够使成员企业将网络组织看作有益的共生环境，从而更加自觉地遵守网络组织的相关规范。成员企业之间共生关系中逐渐形成的共生界面，也有助于网络治理模式的构建与优化。

互惠关系、信任关系、共生关系分别是成员企业之间关系不同类型的体现，从整体来看，网络组织中成员企业之间关系联结的情况可以用关系质量的高低来进行衡量。以优化关系质量为纽带，可以整合嵌入在网络中的经济行为，并实现多重嵌入的螺旋式上升（郑方和彭正银，2017）。网络成员之间的关系质量越高，越能抑制机会主义行为以及潜在道德风险，保证网络组织的稳定性，提升网络治理绩效。

5.3.1.4　网络整体结构

网络关系强度对治理绩效的影响存在着悖论，有学者认为强联结可以增加成员企业之间的信任程度，减少机会主义行为以及不确定性带来的风险，因此可以提升治理绩效；也有学者认为弱联结更有利于治理绩效的提升，因为弱联结可以带来非冗余的信息和资源。除了整体关系强度，网络规模、网络异质性也会对治理绩效产生影响。涵盖的成员企业越多，潜在的有益资源就越多，适当的网络规模可以对治理绩效起到正向影响（Lechner and Leyronas，2007）。网络异质性越高，成员企业越具有多样性，网络中的非冗余信息和资源越丰富，越有利于网络组织的绩效提升，尤其是创新绩效。也有学者从嵌入性视角探讨网络治理机制的影响因素，认为关系嵌入、结构嵌入和认知嵌入会对网络治理的信任机制及协同机制产生影响（赵彦志和周守亮，2016）。

通过对相关文献的梳理，网络治理的影响因素研究主要集中于两个方面。一方面，是对网络治理机制与策略的影响因素分析；另一方面，是对网络治理绩效的影响因素分析。这些网络组织内外部的影响因素共同构成了网络治理的环境，形成情境—治理—绩效的作用路径。治理环境涵盖了塑造和限制社会、政治和经济交易中微观治理行为的宏观社会、政治和法律、经济等因素（Li and Filer，2007）。依据不确定性理论，网络治理的环境也处于不断变化的状态，需要与之相匹配的治理能力，动态调整的治理行为，进而产生差异化的治理绩效。因此，网络治理具有动态性，应根据网络组织所处生命周期的不同阶段，组织内部环境因素的变化，以及所处外在环境中社会、经济、技术等不同方面以及所涉及行业的改变，进行动态迭代优化。

随着数字经济的发展，数字技术、数据要素逐渐在网络治理中发挥着越来越重要的作用。一方面，数据垄断、大数据杀熟、数据产权侵犯、数据安全风险、算法歧视等问题的出现，使得数据成为治理的客体；另一方面，数据成为推动经济转型和发展的新引擎，以及平台治理的有效工具（彭正银等，2021）。对于网络治理而言，数据相关问题的涌现为网络组织带来了新的治理挑战，使网络组织的治理目标和导向发生了一定变化。同时，数据技术的运用又为网络治理提供了机遇。通过整合成员企业之间的数据，可以充分发挥数据的协同效应，为网络治理机制设计与相关战略选择提供决策依据；运用数字技术，可以及时地预测网络组织的风险，为风险治理提供技术支撑；以数据赋能为契机，可以充分调动网络成员企业的创新动力与学习积极性，使网络治理的正面效应得以放大。

5.3.2 网络治理的效应

5.3.2.1 网络关系方面

网络治理与网络关系是双向作用的关系。一方面，网络组织中成员企业之间关系结构的不同影响了网络治理机制的差异化设计；另一方面，网络治理又反过来会对网络关系产生影响。黄聿舟和裴旭东（2016）通过实证研究，认为权威治理、契约治理与规范治理对网络中心性和关系紧密度有显著影响。有效的网络治理可以形成成员企业的权责利配置，使节点行为更加有序，成员之间的关系质量得到提升，有利于信任关系、互惠关系和共生关系的构建。

5.3.2.2　价值创造方面

网络治理可以带来价值创造，李维安和周建（2004）阐释了网络治理可以成为企业竞争优势源泉的原因，通过与市场治理和层级治理价值创造机制的对比，探讨了网络治理作为一种推动企业形成网络组织行为的战略选择具有的、可能的价值创造框架。有效的网络治理不仅可以促进网络中某一主体的价值创造，还能带来多元网络主体的价值共创。对关系的治理能够减少不同主体因差异化价值诉求带来的冲突，使企业与供应商、顾客、员工等主体建立有利于参与价值共创的和谐关系；对知识的治理能够使知识在网络成员之间更好地转移和共享，从而为网络主体的价值共创提供了知识方面的有利条件。以激励为导向的治理可以激发成员企业参与价值共创的积极性和自主性；以监督为导向的治理可以对机会主义行为形成限制，减少多元主体在价值共创中进行合作与共享的顾虑。

5.3.2.3　代理成本方面

网络治理会对节点企业的内部治理产生影响，从而作用于企业委托－代理成本。在不同的网络组织中，网络关系及治理影响企业代理成本的作用机制会存在一定差异。有可能通过网络治理形成企业间有效的信息传递和模仿学习，影响企业内部的治理，对代理成本产生影响；也有可能通过使企业中关键的治理主体从网络获取资源、信息等，从而影响治理的相关决策，对代理成本产生影响。除此之外，也存在其他影响代理成本的方式，其实也体现了企业外部治理与内部治理之间的紧密联系。本书第 6 章以董事网络为例，探讨了企业的董事网络关系对双重代理成本的影响机理，基于资源依赖理论、信息不对称理论等进行阐释，并运用中国上市公司数据进行了实证检验。

5.3.2.4　网络及成员企业绩效方面

网络治理的绩效表现为网络整体与节点企业两个层次。对于整体网络的绩效，大量文献进行了相关研究。例如，李浩和胡海青（2016）探讨了契约机制和关系机制两种治理机制对网络绩效的促进作用，以及技术波动和竞争强度在其中起到的调节作用。温晓敏和郭丽芳（2020）将网络治理机制解构为契约、信任、学习治理机制，基于共生理论视角，探讨了网络治理机制对网络绩效的正向影响。对于节点企业的绩效，在良好的治理情境中，企业可以更有效地从网络中获取资源、建立合作关系，从而实现经营绩效的提升。

除了网络治理带来的正面效应，网络治理机制设计和策略制定的不合理也会产生负面影响。不合理的网络治理会导致目标差异化、关系冲突恶化、多方利益相关者的压力增大、绩效不均衡增长等问题（O'Toole，2015）。实践中网络成员的退出、网络关系的破裂、网络组织无法持续生存，往往是因为缺少有效的网络治理。

整体而言，网络治理的有效性需要从网络、企业以及企业间关系三个层次进行整合评价。从网络整体层次来看，网络目标是否实现，网络成员数量是否增加，网络是否具有稳定性，整体的网络能力是否提升，网络成员之间是否激励相容、网络对环境的适应能力是否加强，网络是否具有更强的创新性等都是衡量网络治理有效性的重要指标。从企业层次而言，构建或融入网络是否可以为企业带来比不在网络中更多的经济收益和经营绩效，是评价网络治理有效性的依据。具体而言，企业能否通过网络获取更多的资源，是否有效构建了自身合法性，是否通过网络合作关系降低了交易成本，是否在顾客满意度、市场占有率等方面有所提升都可以作为衡量网络治理有效性的不同方面。从企业间关系层次而言，网络中成员企业之间能否减少机会主义行为，是否可以建立信任合作关系，能否发挥多元主体的协同效应是衡量网络治理有效性的重要指标。

5.4　不同类型网络组织的治理

随着原子型企业向网络型企业的演进，企业的边界逐渐模糊化，与外部主体构建关系联结，网络组织成为普遍存在的组织形态，并呈现出差异化类型。对不同类型的网络组织而言，治理目标、治理机制、治理侧重点等网络治理要素都存在着显著差异。本章以平台网络、创新网络和创业网络为例，对不同网络组织的治理问题进行类型化分析。

5.4.1 平台网络的治理

随着平台经济的发展，平台组织逐渐成为常见的组织形态并受到学者们越来越多的关注。由于企业构建的平台组织具有连接的作用与功能，能够将多元化的个体与组织联结在一起形成网络组织（Hall and Martin，2005；Kane et al.，2014）。

对于以平台为主导的网络组织，麦金太尔、斯里尼瓦森和钦塔坎那达（McIntyre，Srinivasan and Chintakananda，2020）探讨了平台和互补者在网络中的角色与作用，平台在其中发挥着推动者的作用，平台网络治理需要对网络中的关系强度以及主体间的相互依赖性进行治理。由于平台的连接作用，将不同的主体聚集在一起，有可能实现不同经营领域之间的跨界。对于跨界网络，李东红、陈昱蓉和周平录（2021）以百度 Apollo 自动驾驶开放平台为案例，探讨了平台以跨界网络治理驱动颠覆性技术创新的演进过程及其内在机制，在传统网络治理的基础上，进一步提出了价值治理与内容治理，价值治理是对价值创造与价值获取过程中的价值导向进行治理，而内容治理主要围绕网络的资源价值进行治理，平台治理中的内容治理与价值治理是跨界网络治理的硬实力，而关系治理是跨界网络治理的软实力，软硬实力的组合共同促进颠覆性技术的技术突破与市场突破。

按照平台功能的不同，平台主导的网络组织可以分为不同类型，例如，社交平台网络、电商平台网络、共享平台网络等。不同类型的平台网络治理又因平台发挥作用的不同而在治理目标与导向方面存在着差异。按照治理内容和侧重点的不同，平台网络治理包括知识产权治理、内容治理、数据治理等。魏江等（2019）基于合法性理论探讨平台网络知识资产治理机制及作用机理，研究发现平台领导者通过构建公众集体意义、建立协调冲突矛盾和建立基于新型平台身份三种治理机制，赋予平台伙伴合法性，激励平台伙伴或潜在伙伴创新意愿，从而实现平台网络知识资产治理。

平台主导型网络的治理可以以跨层次理论视角进行分析，从平台层、企业层等不同层次探讨网络治理的主客体及侧重点。对平台整体层次而言，网络的稳定性、利益分配的合理性等是网络治理的重点；对企业层次而言，平台企业的治理与入驻企业的治理又存在着较大不同。平台企业的治理应着重考虑平台垄断、平台对入驻企业利益侵占等问题，而入驻企业的治理主要侧重于企业是否能够遵守平台规范等问题。

5.4.2 创新网络的治理

创新网络是由企业之间创新合作关系而形成的网络架构以及相应的制度安排，包括在合作研发协议、技术交流协议、合资企业和研究公司、生产分工和供应商网络、政府资助的联合研究项目、研究协会等基础上形成的网络组织形态（Freeman，1991）。

对于创新网络，格雷夫和萨拉夫（Greve and Salaff，2003）认为在运用经济手段进行网络治理时，可以依据契约来约束、引导和协调网络中的合作行为。已有研究表明，创新网络治理需要关注网络成员之间的信任以及承诺关系，促进网络成员之间的良好的沟通与合作，减少网络成员损害网络的机会主义行为，构建与维护有效的创新网络（Karttinen，Jarvensivu and Tuominen，2008）。除了网络稳定性，创新网络治理的目标还会考虑到维持并推动网络中的知识流动以及创新的成果产出（Dhanaraj and Parkhe，2006）。

在创新网络治理中，不同节点发挥着差异化作用，其中核心企业是治理中的关键节点，起到主导作用。创新网络的治理是以核心企业的形成为转折点的，在核心企业形成之前，成员企业基于自身所拥有的资源而与其他企业自发进行竞争与合作的关系治理，在核心企业形成之后，是由核心企业基于网络化设计而主导的互动与协同的网络治理（谢永平、党兴华和张浩森，2012）。党兴华和肖瑶（2015）以跨层级视角分析创新网络治理，将创新网络分为网络层级、二元合作层级和企业层级，对不同层级的结构机制、关系机制及学习机制进行了分析。白鸥和魏江（2016）通过对技术型服务企业和专业型服务企业两个案例的对比分析，识别了基于制度的关系治理和基于情感的关系治理两种不同的创新网络治理机制，并区分了网络治理机制对服务创新作用的两条不同路径。

与一般网络组织相比，创新网络构建的主要目的在于充分利用各个成员企业在创新方面的优势，形成优势互补，建立有效的创新合作关系，实现更高质量和更多数量的创新成果与产出。因此，创新网络治理机制设计需要更多关注创新合作机制以及创新产出。创新合作机制关键在于网络组织成员之间分工与合作的合理性与沟通交流的有效性，创新产出反映在创新成果的产出能力及扩散水平。

5.4.3 创业网络的治理

从企业层次而言，由于新进入缺陷，新创企业面临着资源约束的困境，需要从企业外部挖掘可以利用的资源，与其他主体建立合作关系，从而逐渐形成创业网络关系。从更宏观的层次而言，为了推动创新创业，各地区涌现了孵化器、创业园、众创空间等，这些推动创业的载体涵盖了创业企业、创业者及其团队、科研机构等不同主体，形成了创业网络及孵化网络。

创业网络是关系、资源、契约、结构等要素的集合，涵盖新创企业缔结的战略联盟、联合投资等（Bruyat and Julien，2000）。与以成熟企业为节点的网络组织不同，创业网络是包含企业间直接联结或双边关系的，以创业者和新创企业为节点的自我中心形式的网络（Larson，1992）。对于这种特殊的网络组织，除了运用经济手段进行治理，还需要运用社会手段，通过个体的自我约束和共同参与进行治理，构建信任和互惠机制实现对成员企业的约束作用（Greve and Salaff，2003）。王世权和王丹（2011）对创业网络的本质进行了解构，发现创业网络的本质是基于价值创造的利益相关者之间的关系契约，其形成的逻辑起点是网络合作剩余分配，在此基础上认为创业网络治理的重点为信任机制、沟通机制与联合制裁机制。韩炜、杨俊和张玉利（2014）认为在具有高度不确定性和资源不对等关系的创业网络中，选择合适的网络治理机制可以促进创业网络的高效运行，进而以交易对象隶属性、资产的关系专用性以及新进入缺陷的互动为切入点，探索其组合情境下创业网络治理机制的权变选择。

纵观已有研究，有些文献强调以新创企业为节点的创业网络，也有文献侧重以创业者为节点的创业网络。在创业实践中，创业者与新创企业的社会关系网络往往是交织在一起的，新创企业的关系联结很可能正是通过创业者个人社会关系的中介作用而建立的。因此，创业者社会关系网络与新创企业社会关系网络之间的关系，以及如何有效利用创业者社会关系，构建创业网络成为值得深入探讨的问题。另外，创业网络相较于其他网络组织，存在着一定的特殊性。一方面，由于创业活动的资源约束困境，创业网络治理需要着力于资源共享机制的构建，通过有效的资源共享机制设计，促进创业资源在网络成员间的共享，在一定程度上克服资源匮乏的问题。另一方面，与成熟企业相比而言，新创企业存在新进入劣势，在各方面经验不足使创业学习成为新创企业是否能持续生存和发展的重要方面。有效学习机制的构建可以促进创业网络中不同主体之间的知识流动与共享，营造良好的学习氛围，形成学习型网络组织，从而在创业学习方面弥补创业者及其团队面临的新进入缺陷。

除了平台网络、创新网络、创业网络，已有研究还对其他网络组织形态，例如，研发网络（Moliterno，2017）、知识网络（Cappellin，2010）、供应链网络（黄聿舟和裴旭东，2016）的治理问题进行了探讨。不同类型网络的治理既有共性，也存在显著差异，应针对不同网络组织的特征，在差异化网络目标导向下进行网络治理的模式选择与机制设计。

5.5 本章小结

本章对网络组织及治理的相关理论和研究进行了回顾，对网络治理的内涵与维度、网络治理机制设计、网络治理的前因与绩效，以及不同类型网络组织的治理进行了分析。作为在网络组织情境中通过显性或隐性契约实现网络协同效应，促进成员间关系协调的制度安排，网络治理可以按照不同依据进行维度解构。基于市场契约与企业契约相结合、正式契约与非正式契约相结合、显性契约与隐性契约相结合的契约属性与特征，网络治理既包括合约治理也包括关系治理，涵盖合作信任机制、决策机制、冲突协调机制、监控约束机制、利益分配机制和文化塑造机制等多重治理机制。网络治理会受到网络组织的类型与目标、核心企业能力、成员企业之间的关系、网络整体结构的影响，会在网络关系、价值创造、代理成本、网络及成员企业绩效等方面产生效应。不同类型的网络组织，由于在运作机理、节点关系的差异，在网络治理目标、治理机制等方面需要不一样的侧重点，应针对性地进行治理模式选择与机制设计。

未来研究可以运用案例分析法、博弈分析法对相关内容进行进一步分析，得到更有可行性的管理建议。后续研究可选取具有典型性的平台网络、创新网络、创业网络，收集相关数据与资料，运用单案例或多案例研究对某一种类型网络的治理问题进行深入分析。对于网络组织的多重治理机制，本章仅通过理论分析进行了初步探讨，未来研究可运用信号博弈和演化博弈等方法对网络治理机制进行博弈分析和机制设计。

第 6 章

网络组织对代理成本的影响：
以董事网络为例

网络组织具有"双刃剑"效应，既有可能给企业带来丰富的网络资源和合作关系，对企业绩效产生正面影响，也有可能为企业带来负面效应。本章重点考虑网络组织在治理方面产生的影响，以董事网络这一普遍存在的企业间网络形式为例，分析董事网络对委托－代理成本产生的影响。通过对董事网络带来第一类和第二类代理成本增加的实证检验与分析，阐释了网络组织的负面效应。在此基础上，对机构投资者持股，以及产权性质、审计质量的调节作用进行了分析，探讨了如何通过有效的治理策略和制度设计以抑制连锁董事网络导致的代理成本增加。

6.1　问题的提出

作为由在两家或多家企业任职的董事联结而成的企业间网络（Kilduff and Tsai，2003），连锁董事网络已成为我国普遍存在的经济社会现象。连锁董事网络的重要节点为连锁董事，是在两家或多家企业公司董事会担任职位的董事会成员（Mizruchi，1996）。连锁董事具有独特的个人属性和社会属性，因其在企业间的交叉任职关系将多家企业联结在一起，由连锁董事联结而成的企业间网络是董事网络（陈运森和谢德仁，2011）。连锁董事网络是企业获取信息和资源的重要载体，有益于企业获取和积累相应的社会资本。已有文献探讨了董事网络为企业带来的正面效应，认为董事网络对企业间信息流通与共享（Geoffrey Remzi and Manuel，2015）、内部资源约束缓解（Zona，Gomez-Mejia and Withers，2018）、管理层监督增强（彭正银和廖天野，2008）、社会规范塑造与同构压力增大（李燕、原东良和周建，2021）等方面均有促进作用。但是如果缺少相应的治理和监管，连锁董事网络也可能在带来丰富资源的同时，成为管理层和控股股东攫取个人私利的渠道。已有文献开始关注连锁董事网络对双重委托–代理问题的影响（陈运森，2012；刘新民、傅晓晖和王垒，2018），例如，刘新民、傅晓晖和王垒（2018）在连锁董事网络研究中考虑以管理层的机会主义行为而引发的第一类代理成本和以大股东的利己主义行为而引发的第二类代理成本的增加，以创业板上市公司为样本进行实证检验，探讨了董事网络的"资源诅咒"[①] 效应。然而，相关结论仍有分歧，有关连锁董事网络影响代理成本的情境因素还需要进一步探索。连锁董事网络会对双重代理成本产生怎样的影响，其作用边界是怎样的？如何抑制连锁董事网络带来的负面效应？应采取怎样的治理策略与制度安排？

　　基于以上考虑，本书基于董事网络理论、代理成本相关理论，运用我国上市公司数据探讨连锁董事网络对企业双重代理成本的影响，以及机构投资者持股对连锁董事网络和双重代理成本间关系的调节作用。本章可能的贡献在于：第一，探讨中国情境下连锁董事网络对双重代理成本的影响，进一步厘清二者间的作用关系；第二，从更细化的连锁董事网络指标展开分析，分别从程度中心度、接近中心度、中介中心度以及结构洞四个维度探讨对代理成本的影响，并对机构投资者持股的调节效应进行进一步探索，明确机构投资者持股这一特殊情境下连锁董事网络对双重代理成本的影响机理；第三，丰富了连锁董事网络和双重代理成本领域的相关理论研究，并为降低企业的双重代理成本、规范管理层和大股东行为提供借鉴和参考。

---

　　① 资源诅咒（resource curse）的概念由奥蒂（Auty，1993）在矿产资源丰富的国家经济发展问题时提出，用以阐述丰富的资源对一些国家的经济发展有可能不是有利条件，反而有可能是一种限制。之后，丰富的资源反而会限制经济发展的悖论逐渐引入其他相关研究中。

6.2　理论分析与研究假设

6.2.1　连锁董事网络中心度对双重代理成本的影响

委托－代理关系以及由此带来的代理成本，是公司制企业普遍面临的实践问题。代理成本存在于不同层面的委托－代理关系中，对于管理者与股东之间存在第一类代理成本，表现为信息不对称导致管理者偏离委托人利益行事的程度与频度（Jensen and Meckling，1976）；第二类代理成本则存在于控股股东与其他股东之间，是控股股东对中小股东的利益侵占（Shleifer and Vishny，1997）。企业的内部治理结构和外部治理环境都会对代理成本产生影响（高雷和宋顺林，2007）。

作为衡量企业在网络中位置和企业网络能力的关键指标，连锁董事网络中心度越高直接体现为所联结的企业数量越多。根据资源依赖理论，当企业处于网络的中心位置时，可以依据此位置获取更多的信息和资源（Burt，2015），且更有能力吸收与积累更多的社会资本。连锁董事网络为企业带来的社会资本可使企业间的信息沟通和交流得到促进，进而以相对较低成本获取更多的资源。因此，连锁董事网络资源获取和社会资本积累具有相互促进的作用。当企业拥有较高的连锁董事网络中心度时，便可拥有更强的资源获取能力与更多资源，从而提高企业的业绩表现（例如：Uzzi and Gillespie，2002；Larcker，So and Wang，2010）。当企业业绩提升时，为高管在职消费、资金占用等自利性行为提供了空间。除此之外，当企业连锁董事网络中心度较高时，企业内部易产生"管理层合谋"和"忙碌董事"等现象（曲亮和任国良，2014；Fich and Shivdasani，2006）。一方面，企业内部的连锁董事由于其过高的中心位置掌握了更多的社会资本和关系资源，不会仅满足于履职所能得到回报，从而转于寻求更多的个人利益，可能会采取与管理层进行合谋的行为，弱化了对管理层的监督；另一方面，由于董事拥有有限的时间和精力，当其在多家企业同时任职时，容易为繁复超额的工作量所累，从而一定程度上降低履行监督职责的积极性。因此当企业的连锁董事网络中心度越高时，越会提高企业的第一类代理成本。

基于信息不对称理论，大股东相对于中小股东拥有更多的内部信息，大股东往往会利用信息优势和不对称性对中小股东的利益进行侵占，实施"掏空"行为。当企业处于网络中心位置时，可获取更多的资源和信息，更准确地把握相关联企业的一些内部信息以及外部市场动向，从而增加了大股东的机会主义动机和攫取私利倾向。大股东们处于同一个阶层，相互之间可能会达成某种默契，借助连锁董事网络提供的丰富资源进行合谋、谋取私利、侵占公司财产（刘新民、傅晓晖和王垒，2018）。尤其在连锁董事监督职能弱化时，更会加剧大股东的谋取个人私利的行为。因此当企业的网络中心度越高时，越会增加企业的第二类代理成本。基于以上分析，本书提出如下假设：

假设 1：连锁董事网络中心度对双重代理成本有显著正向影响。

假设 1a：连锁董事网络中心度（程度中心度、接近中心度、中介中心度）对第一类代理成本有显著正向影响。

假设 1b：连锁董事网络中心度（程度中心度、接近中心度、中介中心度）对第二类代理成本有显著正向影响。

6.2.2 连锁董事网络结构洞对双重代理成本的影响

结构洞指的是两个节点之间的非重复关系，是对非重复节点之间断裂的描述，可以带来信息利益和控制利益（Burt，1992）。当企业在连锁董事网络中占据结构洞位置时，其获取的信息和资源相比于其位于中心位置时也具有独特的一些特征。作为网络中心度之外另一个重要的网络位置指标，结构洞主要体现为节点的中介与通路作用。在连锁董事网络中占据结构洞位置的企业在网络中承担着桥梁作用，为网络中其他无直接连锁董事的企业提供信息传递的渠道。企业所占据的结构洞数目越多，所联结的企业类型越多样化，因此可以获得更多的具有异质性和非冗余性的信息和资源（Burt，1992）。企业借助其占据结构洞这一位置优势不仅可以获取大量的异质性资源,而且还可以控制资源的流动,对连锁董事网络中信息和资源的流向具有关键性影响。结构洞可以带来的控制权力,使得企业在隐性信息和资源方面也拥有优先权,从而增强资源优势。当企业处于结构洞位置时,依据独有的控制力和影响力所获取的资源优势以及可预先获取异质性信息的优势,为管理层实施机会主义行为创造了更大的平台和空间,因而会导致企业第一类代理成本的提高。

结构洞不只是网络中由社会关系结构形成的指标,其变化也会对网络结构与权力产生影响。结构洞数量的增加可能会使发展内聚力强的网络关系变得更加困难,不利于隐性知识交流以及资源在网络中迅速协调调动(黄海昕,李玲和高翰,2019)。由于位于结构洞位置的企业拥有对资源流动的控制力和对稀缺隐性资源的提前获取力,其他主体对资源的协调调动能力又受到限制,企业大股东凭借其权力和地位优势可以更有条件进行利益输送与侵占,从而使得第二类代理成本增加。因此,本书提出如下假设:

假设2:连锁董事网络结构洞对双重代理成本有显著正向影响。

假设2a:连锁董事网络结构洞对第一类代理成本有显著正向影响。

假设2b:连锁董事网络结构洞对第二类代理成本有显著正向影响。

6.2.3 机构投资者的调节作用

随着我国资本市场的发展和开放力度的不断增大,机构投资者作为介于企业内部人和外部人之间的一个特殊角色,其持股比例呈逐渐上升态势,在企业和市场中的重要性逐步显现。国内外对于机构投资者已进行了许多研究,主要围绕机构投资者在企业治理中具体扮演角色展开,分为有效监督假说、无效监督假说及利益合谋假说(薛坤坤和王凯,2021)。由于当下机构投资者在我国上市公司中已普遍占据重要地位,往往会积极参与企业治理,因此本书主要从有效监督假说和利益合谋假说两个方面进行探讨。

6.2.3.1 有效监督假说

有效监督假说是指机构投资者相比于其他个人投资者来说具备一定的规

模优势和专业能力，往往能够对管理层的机会主义行为进行识别并加以约束和监督。由于机构投资者拥有许多专业化的技术和人才，可以对资本市场中的各类信息进行敏锐感知并加以捕捉，通过进一步处理和分析缔造资源和信息优势（Attig et al. ，2013）。当企业管理层和大股东利用连锁董事网络中心度和结构洞位置所带来的信息实施自利性行为时，机构投资者通过利用其收集的相关信息可以对涉及操纵股价套利等资本操纵行为进行判别和分析，从而采取相应措施降低对企业价值和其他利益相关者利益的损害。机构投资者具有的专业和信息优势可以降低对企业管理层的监督成本，从而降低第一类代理成本（Shleifer and Vishny，1986）。由于机构投资者在上市企业中往往持有较高的股权比例，相较于短期利益来说更注重企业的长远利益，因此机构投资者更有动力监督管理层的行为，减少管理层由于短视主义和机会主义倾向导致损害企业价值行为的发生。除此之外，当企业召开股东大会时，机构投资者也会进行参与，并针对企业战略决策和内部治理等发表意见（梁上坤，2018），进一步监督企业大股东的行为。当大股东经由其获取的信息和资源优势做出损害企业长期价值和利益的行为时，机构投资者便可行使投票权对其相关决策发表意见并进行监督。机构投资者对大股东利益侵占行为具有抑制作用（刘志远和花贵如，2009），从而一定程度上降低企业的第二类代理成本。因此，本书提出如下假设：

假设 3：机构投资者削弱了连锁董事网络对双重代理成本的影响。

假设 3a：机构投资者持股削弱了连锁董事网络中心度（程度中心度、接近中心度、中介中心度）对第一类代理成本的影响。

假设 3b：机构投资者持股削弱了连锁董事网络中心度（程度中心度、接近中心度、中介中心度）对第二类代理成本的影响。

假设 3c：机构投资者持股削弱了连锁董事网络结构洞对第一类代理成本的影响。

假设 3d：机构投资者持股削弱了连锁董事网络结构洞对第二类代理成本的影响。

6.2.3.2 利益合谋假说

利益合谋假说主要认为机构投资者会采取与管理层或大股东的合谋行为

实施利益侵占。根据"经济人"假设，机构投资者作为独立的"经济人"同样也具有天然的逐利性动机，其在参与公司治理的过程中难以保证具备完全的客观性。大部分机构投资者对企业进行投资倾向于以金融市场为导向，相较于企业长期价值来说其更关注其短期效益，具有短期性和流动性的特点（王旭，2013）。当管理者通过利用连锁董事网络获取的资源进行盈余管理、机会主义减持等提高企业短期经营效益的自利性行为时，机构投资者往往会降低对其的监管。机构投资者通过与管理者的利益交换等行为，甚至会与其达成"合谋"（Pound，1988），增加了企业的第一类代理成本。

大股东在企业当中的控制权优势使其在企业的许多经营决策中处于主导地位。当大股东通过连锁董事网络获取各类信息和资源优势，会在其"硬实力"的基础上又增添了"软实力"。由于我国外部监管体系相对不健全，对于大股东一些隐蔽的利益侵占与掏空行为难以进行识别和监管，同时企业的中小投资者持股比例较低，对于大股东相关决策的反对意见难以真正起到作用。一方面，由于机构投资者可能具有一定程度的短视倾向，在此情况下，机构投资者对于大股东利益侵占行为的监督成本要远高于其监督收益。另一方面，根据社会阶层理论和凝聚理论，机构投资者与大股东之间可能会经由股权纽带实现某种关系联结或默契，呈现"抱团"现象。因此，机构投资者会与大股东产生"合谋"行为，共同攫取利益以满足其逐利性的目标，侵害了中小股东的利益，使得企业第二类代理成本提升。因此，本书提出如下假设：

假设4：机构投资者持股促进了连锁董事网络对双重代理成本的影响。

假设4a：机构投资者持股促进了连锁董事网络中心度（程度中心度、接近中心度、中介中心度）对第一类代理成本的影响。

假设4b：机构投资者持股促进了连锁董事网络中心度（程度中心度、接近中心度、中介中心度）对第二类代理成本的影响。

假设4c：机构投资者持股促进了连锁董事网络结构洞对第一类代理成本的影响。

假设4d：机构投资者持股促进了连锁董事网络结构洞对第二类代理成本的影响。

6.3 研究设计

6.3.1 样本选取与数据来源

选取 2012～2019 年沪、深两市 A 股上市公司为研究样本。根据以下标准对数据进行筛选处理：第一，按照证监会行业分类标准（2012 年版本）剔除金融行业公司样本；第二，剔除 2012～2019 年期间 ST、*ST 以及已退市公司样本；第三，剔除包含极端值数据的公司样本。经处理后得到含 18582 个有效观测值的非平衡面板数据。本书的主要数据来源为 CSMAR 数据库，个别缺失数据通过手工收集进行获取。连锁董事网络中心度和结构洞数据通过 Pajek 计算而得，分别取每个指标的平均值作为衡量企业网络位置的指标。出于避免奇异值干扰的考虑，通过 1% 和 99% 的缩尾处理方法对样本中连续变量进行处理。

6.3.2 变量定义

6.3.2.1 被解释变量

第一类代理成本（FAC）主要借鉴昂、科尔和林（Ang, Cole and Lin, 2000）、辛格和戴维森（Singh and Davidson, 2003）的研究，通过管理费用率进行衡量。第二类代理成本（SAC）问题为控股股东和中小股东间的利益冲突，由于控股股东通过其他应收款占用企业资金的行为逐渐成为证监会的重点关注目标，控股股东难以通过直接的资金占用行为实施利益侵占（Jiang, Rao and Yue, 2014）。因此，本研究对于第二类代理成本的度量主要借鉴姜付秀、马云飙和王运通（2015）的研究，采用关联交易总额和资产总额之比进行测度。

6.3.2.2　解释变量

（1）连锁董事网络中心度。借鉴弗里曼（Freeman，1979）、陈运森和谢德仁（2011）的研究，以程度中心度（degree centrality）、接近中心度（closeness centrality）和中介中心度（betweenness centrality）三个量化指标描述董事网络的中心度。其中，程度中心度表示个体与网络中其他个体直接联结的总数；接近中心度表示个体到网络中其他个体的路径距离；中介中心度表示个体作为中间人从而联系网络中其他个体的重要程度，反映作为媒介能力的强弱。以上指标的具体计算公式如下：

①程度中心度：$Degree_i = \dfrac{\sum\limits_j X_{ji}}{(g-1)}$。其中，$i$ 为某个董事，j 为除了 i 之外的其他董事。如果董事 i 与董事 j 至少在一个公司董事会共事，表示具有联结关系，则 X_{ij} 为 1，否则为 0；g 为公司担任董事的总人数，用 $(g-1)$ 消除不同年份董事人数不同带来的规模差异。

②接近中心度：$Closeness_i = \dfrac{(g-1)}{\sum\limits_{j=1}^{g} d(i,j)}$。其中，$d(i,j)$ 为董事 i 与 j 的距离。

③中介中心度：$Betweenness_i = \dfrac{\sum\limits_{j<k} g_{jk(ni)}/g_{jk}}{(g-1)(g-2)/2}$。其中，$g_{jk}$ 是董事 j 与董事 k 相联结必须经过的捷径数，$g_{jk(ni)}$ 表示董事 j 与董事 k 捷径路径中有董事 i 的数量，$(g-1)(g-2)/2$ 用来消除不同年份的规模差异。

（2）连锁董事网络结构洞。参照伯特（Burt，1992）、扎希尔和贝尔（Zaheer and Bell，2005）的方法，结构洞 Ci_i 以 $1-C_{ij}$ 进行计算，用以呈现结构洞的丰富程度。其中，限制度 C_{ij} 指的是个体 i 与个体 j 相联系所需关系投资的约束程度，其计算公式为：

$$C_{ij} = \left(p_{ij} + \sum_q p_{iq}p_{qj}\right)^2$$

其中，p_{ij} 表示董事 i 到董事 j 的直接关系强度，$\sum\limits_q p_{iq}p_{qj}$ 表示董事 i 到董事 j 所

有通过 q 的路径中间接关系的强度之和。二者加总后的平方项即为董事 i 与董事 j 相联系而受到的总限制，代表了结构洞的匮乏程度。

6.3.2.3 调节变量

机构投资者持股（IO）主要借鉴严若森和郭钧益（2022）的研究，将各类机构投资者（涵盖保险公司、信托公司、证券公司、合格境外投资者、保险公司、基金管理公司、银行及非金融类上市公司）的持股比例予以合并后进行测度。

6.3.2.4 控制变量

通过参考借鉴已有的相关研究，本书分别从四个层面选取了控制变量。其中董事会层面，选取董事会规模（$BDSize$）、独立董事比例（Ind）作为控制变量；管理层层面选取两职合一（$Dual$）、管理层持股（$MHold$）作为控制变量；股东层面选取股权集中度（$Top1$）作为控制变量；公司层面选取公司成长性（$Growth$）、公司规模（$Size$）及财务杠杆（Lev）作为控制变量。除此之外，本研究还对年份虚拟变量和行业虚拟变量进行了控制。主要变量的名称、符号及计算方法如表 6-1 所示。

表 6-1　　　　　　　　　　变量定义及度量

变量类别	变量名称	变量符号	计算方法
被解释变量	第一类代理成本	FAC	管理费用率
	第二类代理成本	SAC	关联交易总额/期末总资产
解释变量	董事网络中心度	$Degree$	程度中心度，具体公式见上文
		$Closeness$	接近中心度，具体公式见上文
		$Betweenness$	中介中心度，具体公式见上文
	董事网络结构洞	Ci	结构洞，具体公式见上文
调节变量	机构投资者持股	IO	各类机构投资者持股比例之和

变量类别	变量名称	变量符号	计算方法
控制变量	两职合一	*Dual*	若董事长与总经理两职兼任取1；反之则取0
	董事会规模	*BDSize*	董事会总人数
	独立董事比例	*Ind*	独立董事人数/董事会总人数
	股权集中度	*Top*1	第一大股东持股比例
	管理层持股	*MHold*	管理层持股数量的公司总股数比值
	公司成长性	*Growth*	营业收入增长率
	公司规模	*Size*	年末总资产取对数
	财务杠杆	*Lev*	资产负债率
	年份	*Year*	年份虚拟变量
	行业	*Industry*	行业虚拟变量

6.3.3　研究模型

为了检验连锁董事网络能力对第一类代理成本和第二类代理成本的影响以及机构投资者持股的调节作用，本研究构建的模型如下：

模型Ⅰ：

$$FAC/SAC = \alpha_0 + \alpha_1 Degree/Closeness/Betweenness/Ci + \alpha_2 \sum Control + \varepsilon$$

模型Ⅱ：

$$FAC/SAC = \alpha_0 + \alpha_1 Degree/Closeness/Betweenness/Ci + \alpha_2 IO + \alpha_3 Degree/Closeness/Betweenness/Ci \times IO + \alpha_4 \sum Control + \varepsilon$$

其中，*Control* 为控制变量，包括两职合一（*Dual*）、董事会规模（*BDSize*）、独立董事比例（*Ind*）、股权集中度（*Top*1）、管理层持股（*MHold*）、公司成长性（*Growth*）、公司规模（*Size*）、财务杠杆（*Lev*）、行业（*Industry*）虚拟变量以及年度（*Year*）虚拟变量。模型Ⅰ用于检验假设1a、假设1b、假设2a、假设2b，模型Ⅱ用于检验假设3a至假设3d以及假设4a至假设4d。

6.4 实证结果分析

6.4.1 描述性统计

对各变量进行描述性统计分析，结果如表 6 - 2 所示。第一类代理成本（FAC）的均值为 0.0933，最小值为 0.0090，最大值为 0.4394，表明不同公司的第一类代理成本存在较明显差距；第二类代理成本（SAC）的均值为 0.3422，最小值为 0.0008，最大值为 2.3671，不同公司的第二类代理成本同样呈现出较大差距。董事网络程度中心度（Degree）、接近中心度（Closeness）、中介中心度（Betweenness）、结构洞（Ci）的最大值分别为 0.0011、0.1746、0.0025、0.8564，最小值分别为 0.0003、0.0002、0.0000、0.4398，体现出董事网络能力在不同公司间也存在明显差异。机构投资者持股（IO）的均值为 0.4390、最小值为 0.0035、最大值为 0.9035，说明机构投资者在我国上市公司中已占据比较重要的地位，且不同公司对于机构投资者引入的程度不一。独立董事比例（Ind）的均值为 0.3756、最小值为 0.3333、最大值为 0.5714，根据相关规定上市公司独立董事比例至少为 1/3，说明我国还存在部分上市公司独立董事比例较低的情况，可能由此会影响企业内部治理效果。公司成长性（Growth）的平均值为 0.1777、最小值为 - 0.5224、最大值为 2.9233，体现出上市公司整体具有较好的成长性。

表 6 - 2　　　　　　　　　　　　　变量的描述性统计

变量	样本量	均值	标准差	最小值	最大值
FAC	18582	0.0933	0.0725	0.0090	0.4394
SAC	18582	0.3422	0.4227	0.0008	2.3671
Degree	18582	0.0006	0.0002	0.0003	0.0011
Closeness	18582	0.1326	0.0404	0.0002	0.1746

续表

变量	样本量	均值	标准差	最小值	最大值
Betweenness	18582	0.0005	0.0005	0.0000	0.0025
Ci	18582	0.7086	0.0866	0.4398	0.8564
IO	18582	0.4390	0.2433	0.0035	0.9035
Dual	18582	0.2637	0.4407	0.0000	1.0000
BDSize	18582	8.5838	1.7051	3.0000	20.0000
Ind	18582	0.3756	0.0534	0.3333	0.5714
*Top*1	18582	0.3451	0.1477	0.0877	0.7445
MHold	18582	0.0664	0.1325	0.0000	0.5942
Growth	18582	0.1777	0.4391	− 0.5224	2.9233
Size	18582	22.2351	1.2796	19.9711	26.2371
Lev	18582	0.4303	0.2064	0.0593	0.9117

6.4.2 主效应回归分析

对连锁董事网络与双重代理成本间的主效应进行检验，通过 Huasman 检验判定应采用固定效应模型进行回归分析，回归结果如表 6-3 所示。根据表 6-3 中的回归结果，当被解释变量为第一类代理成本（FAC）时，列（1）至列（4）中连锁董事网络程度中心度（*Degree*）、接近中心度（*Closeness*）、中介中心度（*Betweenness*）及结构洞（*Ci*）的回归系数分别为 13.8533、0.0352、3.4190、0.0282，均在 0.01 的显著性水平上与第一类代理成本（FAC）呈正相关，假设 1a、2a 得到验证，说明连锁董事网络中心度和结构洞均会促进第一类代理成本的提高。当以第二类代理成本（SAC）为解释变量时，连锁董事网络程度中心度（*Degree*）与结构洞（*Ci*）的相关系数分别为 68.9550、0.1101，均与第二类代理成本（SAC）显著正相关，假设 2b 得到验证。而接近中心度（*Closeness*）和中介中心度（*Betweenness*）与第二类代理成本（SAC）间的关系均不显著，假设 1b 未得到完全验证。当企业的程度中心度和结构洞越高时，企业越处于信息网络中的优势地位，进而为大股东谋取私利创造了更大的空间，导致第二类代理成本的提高。

表6-3 主效应回归结果

变量	FAC				SAC			
	（1）	（2）	（3）	（4）	（5）	（6）	（7）	（8）
Degree	13.8853 ***				68.9550 ***			
Closeness		0.0352 **				0.1221		
Betweenness			3.4190 ***				11.3325	
Ci				0.0282 ***				0.1101 **
Dual	0.0020	0.0020	0.0020	0.0020	0.0015	0.0014	0.0016	0.0016
BDSize	-0.0003	0.0000	0.0001	-0.0004	0.0006	0.0022	0.0023	0.0007
Ind	-0.0070	-0.0044	-0.0053	-0.0061	0.0073	0.0213	0.0185	0.0142
Top1	-0.0110	-0.0120	-0.0119	-0.0110	-0.0361	-0.0410	-0.0409	-0.0372
MHold	-0.0132	-0.0142	-0.0139	-0.0135	-0.0682	-0.0728	-0.0719	-0.0702
Growth	-0.0209 ***	-0.0208 ***	-0.0208 ***	-0.0209 ***	0.0318 ***	0.0326 ***	0.0326 ***	0.0321 ***
Size	-0.0186 ***	-0.0185 ***	-0.0186 ***	-0.0186 ***	-0.0970 ***	-0.0964 ***	-0.0965 ***	-0.0967 ***
Lev	0.0088	0.0089	0.0088	0.0088	0.6203 ***	0.6211 ***	0.6209 ***	0.6208 ***
常数项	0.4612 ***	0.4610 ***	0.4646 ***	0.4518 ***	1.9308 ***	1.9301 ***	1.9422 ***	1.8943 ***
Year	控制	控制	控制	控制	控制	控制	控制	控制
Industry	控制	控制	控制	控制	控制	控制	控制	控制
样本数	18582	18582	18582	18582	18582	18582	18582	18582
F	45.45 ***	45.24 ***	45.03 ***	45.66 ***	13.56 ***	13.38 ***	13.39 ***	13.47 ***
Adjusted R^2	0.2075	0.2067	0.2069	0.2076	0.0631	0.0625	0.0625	0.0628

注：*** $p < 0.01$，** $p < 0.05$，* $p < 0.1$。

接近中心度和中介中心度主要表示企业在网络中的自主性和控制能力。接近中心度更为侧重与其他企业联系的紧密程度，当企业所接近的节点数目越多，企业越可快速获取相关信息，更体现企业自身不被控制的一种能力。而中介中心度指企业作为中间人的角色联结其他企业的重要程度，更

体现企业作为"桥梁"对信息资源的控制能力和所处位置的重要性。程度
中心度和结构洞都可以在一定程度上体现出企业的信息获取能力，位于程
度中心度的企业可获取大量的信息，其中可能混杂着冗余的、重复的信息；
而处于结构洞位置的企业往往获取的信息为异质性信息，二者都会为企业
直接带来更多的信息和资源。大股东主要是依托经由外部获取的信息优势
从而采取一系列措施满足自身谋取私利的需求，并不过多利用控制信息资
源的速度和流向来实现对中小股东利益的侵占。因此当企业的程度中心度
和结构洞越高时，第二类代理成本会相应增加。对于管理层而言，往往会
通过信息的知晓速度和资源流向使其实现相比于股东更早获取信息和资源
的优势进而实施自利行为，因此接近中心度和中介中心度会促进第一类代
理成本的提升。

6.4.3 调节效应回归分析

根据模型Ⅱ对机构投资者持股对连锁董事网络与双重代理成本间关系的
调节作用进行实证检验，回归结果如表 6-4 所示。当以第一类代理成本
（FAC）为被解释变量时，机构投资者持股（IO）与程度中心度（Degree）、
接近中心度（Closeness）交互项的系数分别为 -56.1170、-0.0848，并分别
在0.01、0.1 的显著性水平上显著。说明机构投资者持股负向调节程度中心
度、接近中心度二者单独与第一类代理成本间的关系。当以中介中心度（Be-
tweenness）和结构洞（Ci）为解释变量时，其与机构投资者持股的交互项系
数均不显著，机构投资者持股对于中介中心度、结构洞分别与第一类代理成
本间关系的无显著的调节作用。由于中介中心度和结构洞相比于程度中心度
和接近中心度来说，更为强调企业处于中介位置的优势，使得企业经由这种
位置优势获取独特的信息资源。机构投资者虽然可通过在资本市场中收集大
量信息以识别和监督管理者的机会主义行为，但对于企业所处重要独特地位
所获取的信息和资源可能较难被机构投资者通过外部市场信息加以获取，因
此机构投资者持股对于中介中心度和结构洞对第一类代理成本的影响的抑制
作用并不显著。

表 6 – 4 调节效应回归结果

变量	FAC				SAC	
	（1）	（2）	（3）	（4）	（5）	（6）
Degree	15. 2670 ***				64. 2306 ***	
Closeness		0. 0330 **				
Betweenness			3. 6317 ***			
Ci				0. 0280 ***		0. 1076 **
IO	0. 0006	− 0. 0003	− 0. 0005	− 0. 0009	0. 0815 *	0. 0840 *
IO × Degree	− 56. 1170 ***				135. 8986 *	
IO × Closeness		− 0. 0848 *				
IO × Betweenness			− 6. 7454			
IO × Ci				− 0. 0088		0. 0578
Dual	0. 0023	0. 0020	0. 0021	0. 0020	− 0. 0003	0. 0004
BDSize	− 0. 0002	0. 0000	0. 0001	− 0. 0003	0. 0001	0. 0003
Ind	− 0. 0059	− 0. 0040	− 0. 0050	− 0. 0060	0. 0107	0. 0191
*Top*1	− 0. 0108	− 0. 0118	− 0. 0117	− 0. 0105	− 0. 0823	− 0. 0834
MHold	− 0. 0169 *	− 0. 0141	− 0. 0141	− 0. 0136	− 0. 0400	− 0. 0511
Growth	− 0. 0207 ***	− 0. 0208 ***	− 0. 0208 ***	− 0. 0209 ***	0. 0299 ***	0. 0306 ***
Size	− 0. 0186 ***	− 0. 0185 ***	− 0. 0185 ***	− 0. 0185 ***	− 0. 1018 ***	− 0. 1016 ***
Lev	0. 0099	0. 0088	0. 0089	0. 0087	0. 6302 ***	0. 6338 ***
常数项	0. 4682 ***	0. 4643 ***	0. 4659 ***	0. 4701 ***	2. 0936 ***	2. 0927 ***
Year	控制	控制	控制	控制	控制	控制
Industry	控制	控制	控制	控制	控制	控制
样本数	18582	18582	18582	18582	18582	18582
F	43. 56 ***	43. 07 ***	42. 81 ***	43. 25 ***	12. 82 ***	12. 71 ***
Adjusted R^2	0. 2096	0. 2069	0. 2071	0. 2076	0. 0638	0. 0633

注： *** $p < 0.01$ ， ** $p < 0.05$ ， * $p < 0.1$ 。

由于对主效应进行实证检验时连锁董事网络接近中心度（*Closeness*）以及中介中心度（*Betweenness*）对第二类代理成本（SAC）的影响并不显著，因此本书在检验机构投资者持股的调节效应时，仅针对解释变量为程度中心度（*Degree*）和结构洞（*Ci*）时的模型进行分析。程度中心度与机构投资者持股的交互项系数为 135.8986，在 0.01 的显著性水平上显著，说明机构投资者持股可以促进程度中心度对第二类代理成本的正向影响，并未呈现出削弱作用。当解释变量为结构洞时，其与机构投资者持股的交互项系数并不显著。机构投资者持股对结构洞与第二类代理成本间关系并未造成显著影响。由于结构洞这一位置的优越性，使得大股东基本可以依靠企业在连锁董事网络中获得的异质性资源，实施利益侵占等自利性行为，与机构投资者进行合谋以获取更多信息的动机可能并不强烈，因此机构投资者持股并未在结构洞对第二类代理成本的正向影响中起到显著调节作用。

6.4.4　稳健性检验

首先，进行共线性检验。本研究通过运用 Stata 对变量进行了多重共线性检验，据以考察是否存在多重共线性的问题。根据分析结果，各变量中方差膨胀因子 VIF 的最小值为 1.02，最大值为 2.88，平均值为 1.70，VIF 值均远远低于 10，说明变量间不存在多重共线性这一问题。其次，替换被解释变量进行检验。借鉴罗劲博和李小荣（2021）的研究，将第一类代理成本的测度方式由管理费用率替换为经营费用率 [（销售费用＋管理费用）/营业收入] 进行稳健性检验。并采用企业其他应收款和资产总额的比值衡量第二类代理成本。检验结果如表 6-5 所示，与前文回归结果基本保持一致。最后，替换解释变量进行检验。根据已有相关研究，将连锁董事网络中心度和结构洞指标数据按照年份和企业分别取中间值作为企业层面的网络位置数据进行回归分析，结果如表 6-6 所示，与前文基本保持一致。

表 6 – 5 替换被解释变量回归结果

变量	FAC				SAC			
	（1）	（2）	（3）	（4）	（5）	（6）	（7）	（8）
Degree	23. 5810 ***				3. 0728 **			
Closeness		0. 0510 **				0. 0054		
Betweenness			5. 3542 ***				0. 3852	
Ci				0. 0489 ***				0. 0057 **
常数项	0. 6051 ***	0. 6048 ***	0. 6105 ***	0. 5889 ***	0. 0749 ***	0. 0749 ***	0. 0753 ***	0. 0730 ***
Controls	控制	控制	控制	控制	控制	控制	控制	控制
Year	控制	控制	控制	控制	控制	控制	控制	控制
Industry	控制	控制	控制	控制	控制	控制	控制	控制
样本数	18582	18582	18582	18582	18582	18582	18582	18582
F	22. 63 ***	22. 03 ***	22. 01 ***	23. 04 ***	5. 00 ***	4. 87 ***	4. 87 ***	4. 94 ***
Adjusted R^2	0. 1264	0. 1249	0. 1253	0. 1266	0. 0250	0. 0247	0. 0247	0. 0250

注： *** $p < 0.01$， ** $p < 0.05$， * $p < 0.1$。

表 6 – 6 替换解释变量回归结果

变量	FAC				SAC			
	（1）	（2）	（3）	（4）	（5）	（6）	（7）	（8）
Degree	15. 4988 ***				82. 5598 ***			
Closeness		0. 0366 ***				0. 1276		
Betweenness			5. 6451				16. 5467	
Ci				0. 0262 ***				0. 0994 **
常数项	0. 4608 ***	0. 4610 ***	0. 4622 ***	0. 4539 ***	1. 9288 ***	1. 9303 ***	1. 9337 ***	1. 9032 ***
Controls	控制	控制	控制	控制	控制	控制	控制	控制
Year	控制	控制	控制	控制	控制	控制	控制	控制
Industry	控制	控制	控制	控制	控制	控制	控制	控制
样本数	18582	18582	18582	18582	18582	18582	18582	18582
F	45. 71 ***	45. 26 ***	44. 89 ***	45. 80 ***	13. 47 ***	13. 38 ***	13. 34 ***	13. 42 ***
Adjusted R^2	0. 2072	0. 2067	0. 2064	0. 2077	0. 0630	0. 0625	0. 0624	0. 0628

注： *** $p < 0.01$， ** $p < 0.05$， * $p < 0.1$。

6.5 进一步分析

6.5.1 产权性质的调节作用

在中国的特殊情境下，由于公司的产权性质不同会间接影响企业的内部治理效果，因此本书将样本公司按照产权性质划分为国有企业组和非国有企业组，进一步探究连锁董事网络中心度和结构洞对双重代理成本的影响。以第一类代理成本、第二类代理成本为被解释变量，按照国有企业和非国有企业的分组分别进行实证检验，结果如表6-7和表6-8所示。根据表6-7的回归结果，当以第一类代理成本为被解释变量时，国有企业组中的网络中心度和结构洞与第一类代理成本间的关系均不显著；而在非国有企业组中，网络中心度和结构洞均与第一类代理成本呈显著的正相关关系。一方面，相比于非国有企业来说，国有企业的管理层会更为注重谋取私利之外的其他方式，如政治晋升来满足自身逐利性动机。另一方面，国有企业比非国有企业面临的监管更为严格，管理层通过在职消费等方式增加第一类代理成本的行为会受到强度更大的监督和约束。因此连锁董事网络对第一类代理成本的促进作用在非国有企业中更为显著。

表6-7　　　　产权性质的调节作用（以第一类代理成本为被解释变量）

变量	国有企业				非国有企业			
	（1）	（2）	（3）	（4）	（5）	（6）	（7）	（8）
Degree	6.8853				17.1828 ***			
Closeness		0.0127				0.0406 **		
Betweenness			1.6282				4.3343 ***	
Ci				0.0150				0.0282 ***
常数项	0.5108 ***	0.5094 ***	0.5120 ***	0.5058 ***	0.3906 ***	0.3949 ***	0.3971 ***	0.3832 ***

续表

变量	国有企业				非国有企业			
	（1）	（2）	（3）	（4）	（5）	（6）	（7）	（8）
Controls	控制	控制	控制	控制	控制	控制	控制	控制
Year	控制	控制	控制	控制	控制	控制	控制	控制
Industry	控制	控制	控制	控制	控制	控制	控制	控制
样本数	6725	6725	6725	6725	11857	11857	11857	11857
Adjusted R^2	0.1810	0.1806	0.1808	0.1810	0.2366	0.2355	0.2358	0.2362

注：*** $p < 0.01$，** $p < 0.05$，* $p < 0.1$。

表 6 – 8　　　　产权性质的调节作用（以第二类代理成本为被解释变量）

变量	国有企业				非国有企业			
	（1）	（2）	（3）	（4）	（5）	（6）	（7）	（8）
Degree	94.9703 ***				31.9750			
Closeness		0.1303				0.0326		
Betweenness			18.5588				1.6099	
Ci				0.1831 **				0.0438
常数项	2.7213 ***	2.7025 ***	2.7319 ***	2.6589 ***	1.7671 ***	1.7755 ***	1.7766 ***	1.7570 ***
Controls	控制	控制	控制	控制	控制	控制	控制	控制
Year	控制	控制	控制	控制	控制	控制	控制	控制
Industry	控制	控制	控制	控制	控制	控制	控制	控制
样本数	6725	6725	6725	6725	11857	11857	11857	11857
Adjusted R^2	0.0614	0.0600	0.0604	0.0610	0.0742	0.0741	0.0741	0.0741

注：*** $p < 0.01$，** $p < 0.05$，* $p < 0.1$。

当被解释变量为第二类代理成本时，结果如表 6 – 8 所示。在国有企业组中，连锁董事网络程度中心度和结构洞均与第二类代理成本显著正相关，回归结果与前文整体样本主效应检验结果保持一致；而在非国有企业组中，网络中心度和结构洞指标均对第二类代理成本无显著影响。由于在国有企业中，政府会直接干预企业董事会的决策，并且国有控股股东对董事任命具有较大主导权，因此董事可能会作为国有控股股东的利益代表，在董事会决策过程中行使实际权力往往受到较大约束。董事对大股东私利行为的监督效应被削弱，又由于连锁董事网络带来的丰富资源优势，为大股东的自利性行为创造了更大的空间，因此国有企业相比于非国有企业而言，连锁董事网络对第二类代理成本的促进作用更为显著。

6.5.2 审计质量的调节作用

审计质量作为外部治理的一种重要方式，会对企业大股东和管理者行为产生重要影响。本书进一步探讨了审计质量对连锁董事网络与代理成本之间关系的调节作用。借鉴已有文献对审计质量的常见测量方法，采用公司是否聘请四大会计师事务所进行审计作为审计质量的替代变量。当公司经由四大会计师事务所进行审计时，则将其划定为高审计质量的公司，否则将其划分为低审计质量公司。将按照审计质量划分的高低两组分别进行固定效应回归，结果如表 6-9 和表 6-10 所示。

表 6-9　　审计质量的调节作用（以第一类代理成本为被解释变量）

变量	高审计质量				低审计质量			
	（1）	（2）	（3）	（4）	（5）	（6）	（7）	（8）
Degree	12.3973				14.6131***			
Closeness		−0.0093				0.0383***		
Betweenness			6.2239*				3.3489***	
Ci				0.0137				0.0299***
常数项	0.2284	0.2295	0.2310	0.2284	0.4643***	0.4642***	0.4680***	0.4541***
Controls	控制	控制	控制	控制	控制	控制	控制	控制
Year	控制	控制	控制	控制	控制	控制	控制	控制
Industry	控制	控制	控制	控制	控制	控制	控制	控制
样本数	1036	1036	1036	1036	17546	17546	17546	17546
Adjusted R²	0.1759	0.1732	0.1814	0.1739	0.2102	0.2093	0.2094	0.2103

注：***$p<0.01$，**$p<0.05$，*$p<0.1$。

表 6 - 10　　　　　审计质量的调节作用（以第二类代理成本为被解释变量）

变量	高审计质量				低审计质量			
	（1）	（2）	（3）	（4）	（5）	（6）	（7）	（8）
Degree	91.0444				67.2951 ***			
Closeness		- 0.4614				0.1497		
Betweenness			- 12.5233				12.8058	
Ci				0.1941				0.1031 **
常数项	2.6067 *	2.5714 *	2.6207 *	2.5924 *	1.8936 ***	1.8929 ***	1.9075 ***	1.8582 ***
Controls	控制	控制	控制	控制	控制	控制	控制	控制
Year	控制	控制	控制	控制	控制	控制	控制	控制
Industry	控制	控制	控制	控制	控制	控制	控制	控制
样本数	1036	1036	1036	1036	17546	17546	17546	17546
Adjusted R^2	0.0476	0.0479	0.0458	0.0475	0.0656	0.0652	0.0652	0.0654

注：*** $p < 0.01$，** $p < 0.05$，* $p < 0.1$。

其中，表 6 - 9 是以第一类代理成本为被解释变量。根据表 6 - 9 的回归结果，当公司具备高审计质量时，除中介中心度与第一类代理成本在 0.1 的显著性水平上显著之外，其他解释变量与第一类代理成本的关系均不显著。当公司属于低审计质量组时，程度中心度、接近中心度、中介中心度以及结构洞均与第一类代理成本呈显著正相关关系（$p < 0.01$）。当被解释变量为第二类代理成本时，如表 6 - 10 所示，高审计质量的公司组中，网络中心度及结构洞均对第二类代理成本无显著影响。当在低审计质量的公司组别中，程度中心度、结构洞均与第二类代理成本呈显著正相关关系，而接近中心度和中介中心度与第二类代理成本间关系并不显著，与前文整体样本中主效应检验保持一致。当企业的审计质量较高时，说明企业面临外部审计的监管更为严格，对管理层和大股东的自利行为可进行更为细致的识别并加以约束。因此相较于高审计质量的企业来说，低审计质量的企业中连锁董事网络对双重代理成本的促进作用更为显著。

6.6　研究结论与政策建议

6.6.1　主要研究结论

本章立足于中国情境，在资源依赖理论、社会网络理论、委托－代理理论等理论的基础上，探讨了连锁董事网络对双重代理成本的影响。在调节变量的选取方面，着重考虑了机构投资者持股，以及产权性质、审计质量的影响。运用我国2012～2019年A股上市公司数据为研究样本，实证检验了连锁网络位置四个细分指标分别与第一类代理成本和第二类代理成本间的关系，以及机构投资者持股对以上关系的调节作用。

研究结果表明：双重代理成本均会受到连锁董事网络位置的影响。其中，连锁董事网络中心度和结构洞均与第一类代理成本呈显著正相关关系；程度中心度和结构洞对第二类代理成本有显著正向影响，而接近中心度和中介中心度对第二类代理成本的影响并不显著。机构投资者持股对网络中心度和结构洞与第一类代理成本之间的关系均有显著的抑制作用，而对程度中心度与第二类代理成本之间的关系具有显著的促进作用。通过进一步分析研究发现：连锁董事网络对第一类代理成本的影响在非国有企业中更为显著，而连锁董事网络对第二类代理成本的影响在国有企业中较为显著；当企业的审计质量较低时，连锁董事网络对双重代理成本的影响较为显著。

6.6.2　政策建议

本书的相关结论为连锁董事网络相关政策制定提供了现实依据，为通过有效的治理策略和制度设计以抑制代理成本的增加提供了思路。基于本章的研究结论，可以得出以下政策建议：

（1）相关监管部门应加强对企业信息披露质量的监管，降低大股东与中小股东、股东与管理者之间的信息不对称。企业通过连锁董事网络可获取大量的信息和资源，为了确保企业的信息和资源能够得到充分有效利用，而不是沦为谋取个人私利的工具，可以通过加大信息披露力度、规范信息披露行为、提高信息披露质量对管理层和大股东的行为进行规范和约束。尽量引导连锁董事网络的正面效应，减弱负面作用与"资源诅咒"效应。

（2）通过引入外部机构投资者，使其更多参与公司治理，发挥监督作用。在我国上市企业中，机构投资者持股比例越来越大，扮演着越来越重要的角色。除了引入机构投资者发挥市场扩容、企业定价等资本运作功能之外，可以引导机构投资者参与企业治理，使其利用其外部信息优势和专业能力对于企业内部不合规行为进行监督，充分发挥在降低第一类代理成本方面的治理作用。另外，要对外部机构投资者的行为进行规范，避免与大股东"合谋"行为的产生，削弱机构投资者在第二类代理成本方面的负面作用。

（3）在发挥连锁董事获取资源和信息能力的同时，应注重对监督职能的履行。董事会具有多元化职能，不仅在战略资源获取、战略决策制定等关键环节发挥作用，也承担着监督职能。《中华人民共和国公司法》赋予了董事对公司的委任托管责任，董事会承担着聘用与解雇高级管理层和监督重大经营决策的职责。连锁董事应勤勉尽责并规范自身行为，在任职的企业中对管理层的行为进行监督，从而起到降低企业代理成本的作用。

6.7　本章小结

本章运用2012～2019年我国A股上市公司数据，探讨连锁董事网络对双重代理成本的影响。研究发现，连锁董事网络中心度和结构洞均与第一类代理成本呈显著正相关关系，机构投资者持股对以上关系均有明显抑制作用；程度中心度和结构洞对第二类代理成本有显著正向影响，而接近中心度和中介中心度与第二类代理成本间并无显著关系，机构投资者持股对程度中心度与第二类代理成本间关系有正向调节作用。进一步分析发现，连锁董事网络对第一类代理成本的影响在非国有企业和低审计质量企业中更为显著；对第二类代理成本影响在国有企业和低审计质量企业中更为显著。本研究结论丰富了连锁董事网络与双重代理成本相关研究，拓展了连锁董事网络对代理成本影响的作用边界，可以丰富相关政策建议，为企业降低双重代理成本提供参考和借鉴。

第 7 章

董事网络治理的创新效应：实证研究

在中国经济转型背景下，连锁董事网络作为非正式制度的体现和社会资本的载体，是企业获取外部资源的重要途径。连锁董事网络位置体现了网络权力，会通过机会感知、资源整合和知识吸收效应进而影响企业创新能力。本章拓展了创新能力的动态维度，运用社会网络分析方法，在连锁董事理论、社会网络理论、组织控制理论等理论整合的基础上，探讨了连锁董事网络位置对动态创新能力的影响机理，以中国沪深两市 A 股上市公司为样本，实证检验了连锁董事网络中心度、结构洞对动态创新能力的差异化作用机制，以及多重治理因素对二者关系的调节作用。与第 6 章探讨连锁董事网络负面效应，以及如何通过有效治理抑制负面效应相对应，本章则是探讨连锁董事网络治理带来的正面效应。以期拓展连锁董事网络和动态创新能力的相关研究，为中国企业动态创新、公司治理制度安排和连锁董事网络构建提供借鉴。

7.1 引　　言

随着国内外经济水平的提高和金融资本市场的不断完善，连锁董事网络作为一种企业间组织形式在国内外普遍存在。网络关系竞争时代，连锁董事网络作用凸显，对企业创新的影响分析成为连锁董事网络效应研究的热点问题。已有文献大多探讨连锁董事网络对创新投入及绩效的影响（严若森、华小丽和钱晶晶，2018；Huang and Zhang，2020），从资源依赖理论视角分析连锁董事网络资源获取对创新投入的促进作用。然而，企业创新不仅指对创新资源的投入，还包括创新成果产出、创新绩效转化等一系列活动（徐宁、徐鹏和吴创，2014），是一个动态演化的过程。作为社会资本载体和非正式制度体现的连锁董事网络（郑方，2011），如何影响企业动态创新过程中的各个阶段，又会受到哪些情境因素的影响，是现有文献无法充分阐释也是值得深入探索的课题，本章力图对这些问题进行讨论与分析。

相较于已有文献，本章可能的贡献在于：第一，以动态视角阐释企业创新的内涵与维度，将动态创新能力解构为创新投入能力、创新转化能力、创新产出能力三个阶段性维度，综合运用动态能力理论、创新理论、组织学习理论等对各维度进行了动态解析；第二，探讨连锁董事网络位置对动态创新能力的差异化作用机制，识别了动态创新能力不同维度的关键性影响因素，深化了连锁董事网络创新效应的相关研究；第三，分析连锁董事网络作用于动态创新能力的多重治理情境，厘清了社会网络影响企业创新的作用条件与边界，为企业创新、公司治理实践和连锁董事网络构建提供经验证据。

7.2　相关文献回顾

7.2.1　企业创新能力研究：从静态视角到动态视角演进

作为一种突破路径依赖、打破桎梏约束的能力，创新既是知识经济时代的主旋律，也一直是学者们研究的热点问题，大量文献围绕创新能力的前因维度和结果维度而展开。前因维度方面，学者们从多个层次探讨了创新能力的影响因素，如企业间网络层次的功能整合和知识整合（魏江和徐蕾，2014），企业层次的组织惯例（Huang et al.，2013）、双层股权制度（石晓军和王骜然，2017），个体层次的高管社会背景和行政背景多元化（王性玉和邢韵，2020）等，充分体现出创新不是某一主体孤立的离散实践，而是根植于一定创新情境中不同层次主体之间交互作用的复杂过程。结果维度方面，大量文献讨论了创新能力提升的正面效应，如对企业经营过程中的并购行为与过程（Bena and Li，2014）、战略外包中的组织学习和知识获取（王永贵和刘菲，2018）等产生的积极作用，从而使企业能够更有效地应对外界市场和竞争模式的变革（Dougherty and Hardy，1996）。

然而，这些研究大多以静态视角探讨创新能力的前因与结果，忽略了企业创新能力的复杂性和动态性。新时代的创新研究应该更加关注创新的演化过程以及其中行为主体间的互动（杨俊，2018），创新的动态能力作为组织变革并重新配置资源和责任的能力，被认为是企业可持续竞争优势的重要源泉（Eisenhardt and Martion，2000）。在此理论和实践背景下，创新能力相关研究已呈现出从静态视角向动态视角的演进。有学者将动态能力理论的思想观点和理论视阈引入创新研究中，更加关注创新能力的过程性内涵和阶段性演化。程和陈（Cheng and Chen，2013）提出动态创新能力的概念，在吸收能力理论、组织惯例理论和开放式创新理论的基础上，探讨了动态创新能力对突破式创新的影响。徐宁、徐鹏和吴创（2014）运用我国中小上市公司平衡面板数据，对技术创新动态能力的构成维度及其价值创造效应进行了实证分析。王旭（2015）基于动态能力理论，将企业技术创新能力结构为创新资源吸收能力、创新资源利用能力和创新成果转化能力三个维度。从整体来看，对于创新的动态能力研究尚处于起步阶段，本章延续这一思路，进一步深化动态创新能力的内涵，将企业动态创新能力理解为动态能力理论、创新理论，以及相关的组织学习理论、价值创造理论交叉整合的多维度聚合构念。并借鉴劳森和萨姆森（Lawson and Samson，2001），徐宁、徐鹏和吴创（2014）的相关研究，将动态创新能力解构为创新投入能力、创新转化能力和创新产出能力。

通过文献的梳理，感知（Teece，2007）、整合（董保宝、葛宝山和王侃，2011）、吸收（Wang，Senaratne and Rafiq，2015）是动态能力内涵中体现不同阶段的关键词，机会（Lichtenthaler and Muethel，2012）、资源（Cheng and Chen，2013）、知识（魏江和徐蕾，2014）是以不同视角进行创新能力研究的关键词，本章融合动态能力理论和创新能力理论，将这些关键词的交叉整合，即机会感知、资源整合、知识吸收分别作为创新投入能力、创新转化能力和创新产出能力维度中的要素（如图7-1所示）。具体而言，创新投入能力是动态创新能力链条的前端，指的是识别创新机会、预控创新风险、获取创新资源的能力，重在机会感知；创新产出能力体现为动态创新能力的结果，指的是配置创新资源、涌现创新成果、提升创新绩效的能力，重在资源整合；创新转化能力是实现创新延续性的环节，指的是内化创新知识、持续创新成长、拓展创新价值的能力，重在知识吸收。三个阶段链接在一起形成闭环，通过动态循环与改进形成企业动态创新能力的螺旋式提升。

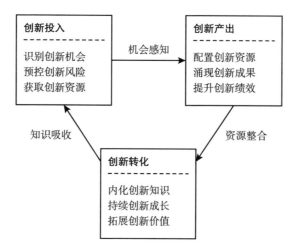

图7-1 企业动态创新能力的维度解构

7.2.2 连锁董事网络效应研究：从整体效应到差异化作用机制演进

7.2.2.1 董事网络差异化效应的相关研究

自连锁董事的概念提出后，大量文献运用阶层凝聚理论、资源依赖理论、金融控制理论等解释连锁董事的形成动因（Sonquist and Koenig, 1975；Hillman and Dalziel, 2003；Byrd and Mizruchi, 2005），并对连锁董事及董事网络产生的效应进行了相关研究。早期董事网络效应的研究，主要围绕董事网络对企业绩效正负效应的分歧而展开，学者们从不同角度分析得出了正相关（Pennings，1980；Keister，1998；彭正银和廖天野，2008）、负相关（Fligstein and Brantley，1992；任兵、区玉辉和彭维刚，2007）的不同研究结论。

综观国内外文献，对董事网络效应的研究呈现出从整体上分析效应的产生到更细致地探讨差异化作用机制的演进，从简单分析与企业绩效相关关系逐渐深入到对不同方面产生效应的探讨。已有文献认为连锁董事网络在企业间具有信息传递（Davis，1991）、提供借鉴（Useem，1979）以及合法性体现（Podolny，2001）等作用，成为网络成员企业间交流互通以及相互模仿的重要载体。学者们从不同视角分别讨论了董事网络对股价同步性（Khanna and Thomas，2009）、债务融资成本（Chuluun et al.，2010）、并购目标公司选择（陈仕华、姜广省和卢昌崇，2013）和并购绩效（Bruslerie，2012；Thiago et al.，2020）等方面的影响。

近年来，随着对社会网络对企业创新影响的研究（Powell，1996；魏江和徐蕾，2014），有学者开始关注董事网络的创新效应。例如，段海艳（2012）基于资源依赖理论，运用社会网络和社会统计分析方法等，探索了连锁董事对企业创新绩效影响以及组织冗余的中介效应。严若森、华小丽和钱晶晶（2018）结合资源依赖理论与代理理论，实证研究了连锁董事网络对企业创新投入的影响，并分析了组织冗余和产权性质在其中起到的调节作用。黄和张（Huang and Zhang，2020）实证检验了董事联结形成的社会网络特征对技术多元化及创新绩效的正向影响。

7.2.2.2 不同网络位置的相关研究

除了从结果维度讨论对不同方面产生的影响，连锁董事网络效应的研究还从前因维度呈现出从整体数量分析到关注不同网络位置产生差异化效应的演进。已有研究逐渐摒弃以连锁董事人数和连锁企业数量对董事网络的衡量，选择以社会网络分析中的指标对连锁董事网络进行更深入的刻画。中心度作为社会网络分析中的重要指标，可以用来研究网络中个体的行为与影响，网络中心度高的独立董事具有信息优势和知识获取、传递优势，越能发挥治理作用，其所在公司的投资效率越高（陈运森和谢德仁，2011）。中心度还会影响到企业经营过程中的很多其他方面，比如网络中心度越高，未来的公司股票回报越大（Larcker，So and Wang，2010）。除了中心度，结构洞也是社会网络分析中的常用指标，已有研究表明连锁董事网络的结构洞位置可以通过信息优势和控制优势对企业创新投入等方面产生促进作用（严若森、华小丽和钱晶晶，2018），进而对企业绩效产生正向影响（Martin，Gzubuyuk and Becerra，2015）。

通过对文献的梳理，已有研究在创新能力和连锁董事网络的研究领域取得了丰富的成果，然而仍存在以下局限性：第一，已有文献更多地关注连锁董事网络对创新投入和创新绩效的影响，忽略了创新的多维性和过程性，尚未打开董事网络影响企业创新的"黑箱"；第二，创新能力的动态性已得到普遍认同，有待进一步对动态创新能力的多重内涵、构成维度和影响因素进行探索；第三，对连锁董事网络产生效应的情境性因素关注较少，忽略了社会网络影响企业创新的作用条件与边界。

7.3　理论分析与研究假设

7.3.1　网络中心度与动态创新能力

通过文献回顾对创新能力前因研究的梳理，企业间关系及其网络是其中不可忽略的因素，连锁董事网络作为普遍存在的企业间网络形式，也是影响企业动态创新能力的重要方面，主要表现为中心度、结构洞等不同网络位置的差异化作用机制。中心度是社会网络研究中的重要指标，体现了节点在网络中的核心地位。从动态创新的三个阶段来看，连锁董事网络中心度对企业动态创新能力的影响具体表现为：

（1）创新投入方面，连锁董事网络中心位置可以给企业带来丰富的创新资源和相关信息。从社会资本理论视角来看，相比处于网络边缘的企业，网络中心位置的占据可以通过更高程度的关系嵌入和结构嵌入构建更丰富的社会资本。连锁董事网络效应的发挥实质上在于连锁董事个人社会资本到企业社会资本的跨层次转化（郑方，2011）。通过中心位置带来的强联结，可以使企业获得科尔曼租金，降低企业间机会主义行为，从而获得动态创新所需要的资源。另外，社会网络中的网络中心度越高，知识和信息的获取、传递渠道就越快、越丰富（Freeman，1979），董事网络的中心位置可以使董事拥有更好地获取信息的渠道和比较优势（Larcker，So and Wang，2013）。而这些资源和信息正是企业动态创新投入时识别创新机会所必需的前提条件。

（2）创新产出方面，处于中心位置的企业能够更及时地了解创新技术前沿与趋势，从而更好地实施创新战略。董事网络中心位置可以使企业接触到更多的节点，为企业动态创新提供借鉴，比如企业动态创新思路的形成很有可能受益于联结企业创新战略的实施。由于连锁董事的企业间联系可以促进连锁企业间战略决策的模仿（Carpenter and Westphal，2001），中心度高的企业可以在连锁网络中与更多实施创新战略的企业联结并因此形成借鉴思路。并通过与自身特定技术的结合，完成模仿者向创新者的转变（Block，1997），更合理地配置创新资源并提升创新绩效。

（3）创新转化方面，连锁董事网络中心位置可以通过对其他节点的影响力带来创业知识和价值的拓展。网络位置是衡量节点结构位置的重要因素，网络中心位置直接影响到声誉、非正式影响力的获取（Krackhardt，1992）。依据信号理论，通过中心位置的信号属性及信号传递作用，处于中心位置的企业可以获得较高的声誉与权力。作为对权力的量化指标，中心度的高低代表了网络权力的大小。节点在网络中所处优势网络位置为其带来的权力，会影响其控制稀缺资源流动的能力，并会影响其他组织对其形成的权力依赖（Peter and Noshir，2009）。在连锁董事网络中，具备较高网络影响力的中心位置企业，拥有更高的知识挖掘和传递能力，而这正是进行动态创新价值拓展所必需的。

基于以上分析，本书提出如下假设：

假设1：连锁董事网络中心度与企业动态创新能力呈正相关关系。

7.3.2　结构洞与动态创新能力

作为社会网络中空隙的联结桥梁，结构洞也是社会网络研究中的重要指标。连锁董事网络结构洞对动态创新能力的影响机理与中心度不同，主要表现为"桥"位置所带来的优势，主要表现为以下几个方面：

（1）连锁董事网络结构洞位置可以带来机会感知优势。创新机会的识别与感知是以不确定情境中对创新风险的预判和控制为基础而进行的，而结构洞位置可以使企业具备更强的控制力，用以抵制交易活动过程中无法控制的不确定性（陈运森，2015），从而为动态创新提供了更适宜的情境。连锁董事网络结构洞带来的控制力实质上体现为伯特（Burt，1992）指出的攫取、举荐和时效性三个方面。首先，结构洞可以使企业具备在不相连的节点间，利用信息不对称进行信息的操纵和控制，实现对创新活动关键性资源的攫取；其次，"中间人"的角色使结构洞可以拥有关系传递的控制力，通过举荐进行关系投资，提升社会关系质量；最后，处于"桥"位置的结构洞既决定了信息流动的时机，又能够最早地获取有用资源，体现了时效性。基于攫取、举荐和时效性带来的控制力，处于结构洞位置的企业可以更准确地预测创新风险，权衡不同创新机会的利弊，从而在创新投入的机会感知维度具备优势。

（2）连锁董事网络结构洞位置可以带来资源整合优势。连锁董事网络结构洞可以减少企业不必要冗余联结的比重，通过与差异化节点的联结，为企业动态创新带来非冗余的社会资本。按照弱联结理论，连锁董事网络结构洞为企业带来的资源优势，体现了弱联结的力量（Kilduff and Tsai，2003）。相比较而言，强联结会形成同质性群体，在带来较强凝聚力的同时，有可能因同质化社会资本会带来过度嵌入问题，表现为禁锢战略思维的嵌入惰性和降低治理公正的嵌入寻租两方面（郑方，2011），对企业创新产生负效应。而结构洞位置的占据可以使企业成为弱联结的桥梁，克服关系黏滞性，带来创新活动所需要的异质性资源配置，从而在动态创新产出的资源整合维度具备优势。

（3）连锁董事网络结构洞位置可以带来知识吸收优势。一方面，动态创新过程中的知识吸收及相关决策是以知识信息的获取和内化为基础的，连锁董事网络结构洞可以为企业动态创新带来异质化的信息。信息优势是结构洞效应中非常重要的一个方面（Burt，1992），由于非冗余联结，结构洞位置的占据可以使董事及企业获得异质化的信息。占据结构洞的企业可以获得更多新信息，尤其是有关行业内机会或威胁的关键性信息（Zaheer and Bell，2005），可以提升多样化知识的供给，通过异质性信息的传播渠道，打破封闭式专业化网络过度嵌入的束缚（魏龙和党兴华，2017）。另一方面，知识资源会向占据结构洞位置的节点逐渐汇集（Broekel and Mueller，2018），节点企业吸收和整合隐性知识资源的能力可以得到提升（Liu and Zhu，2020）。可见，结构洞带来的差异化信息与知识可以使企业具备更开阔的创新视野和创新理念，从而使企业在动态创新转化的知识吸收维度具备优势。

基于以上分析，本书提出如下假设：

假设 2：连锁董事网络结构洞与企业动态创新能力呈正相关关系。

7.3.3 多重治理情境的调节作用

连锁董事网络对企业动态创新能力的影响是一个多层次主体互动的复杂过程。按照社会嵌入理论，经济主体的动机与行为嵌入于所在的社会情境中，会受到相关情境因素的影响（Granovetter，1985）。治理情境是其中的重要维度，原因在于：一方面，就个体层次的连锁董事而言，在董事网络对企业产生影响的过程中，连锁董事是联结企业与其他节点的纽带，能够以个人人际互动带动企业间互动，通过社会资本的跨层次转化使连锁董事网络社会关系转化为企业层次上的创新资源（郑方，2011）。董事作为联结股东与经理人员的主体，担负着委托与代理的双重角色，处于公司治理结构的核心位置，其行为必然受到所在企业治理情境的影响。另一方面，就企业层次的创新能力而言，动态创新是企业高不确定性、高风险和高预期回报的战略选择，创新过程中的各项战略选择取决于具有决策权的个体或组织，而公司治理作为权责利配置的制度安排，会对各层次创新主体的决策动机与行为产生影响。基于创新经济学的组织控制理论认为，公司治理的核心问题在于通过资源的合理配置和有序协调，实现对创新的支持作用（O'Sullivan，2000）。

具体而言，治理情境作为情境的调节作用主要体现为以下多重因素的影响：高管激励方面，高管薪酬和激励情况会影响高管工作的积极性，进而影响到企业对创新资源的获取和配置方式；产权性质方面，国有企业比非国有企业更具备获取外部资源的能力，往往会依靠网络位置优势在董事网络中得到更多创新资源；两职合一方面，当董事长或董事兼任总经理时，董事网络更能发挥获取资源、边界拓展和战略决策的作用，从而对企业动态创新能力产生影响。

基于以上分析，本书提出如下假设：

假设 3：连锁董事网络与企业动态创新能力之间的关系会受到多重治理情境的影响。

通过以上分析，可构建本研究的理论模型，如图 7 - 2 所示。

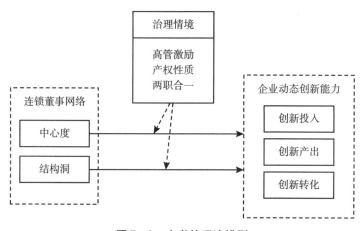

图 7 - 2　本书的理论模型

7.4　研 究 设 计

7.4.1　样本选取与数据来源

以中国沪深两市 A 股上市公司为初始样本，以 2009 ~ 2018 年作为时间窗口，通过连续 10 年的数据观测进行分析。对样本进行以下筛选：剔除 ST 公司、未连续经营公司、数据不完整公司；剔除期间公司治理数据、财务数据缺失或异常的公司；剔除上市时间不足 1 年的公司；剔除金融业上市公司。董事数据来自 CSMAR 数据库，基于董事名单识别在两家及两家以上企业任职的连锁董事，并对其中重名的现象进行了筛选剔除，以董事在网络位置中的平均值作为企业层次的网络位置数据。研发费用数据来自 WIND 数据库，其他公司治理数据、财务数据均来自 CSMAR 数据库，并基于公司年报、公司网站进行确认补充。

7.4.2　变量设计与测量

7.4.2.1　连锁董事网络中心度与结构洞

本章对于连锁董事网络位置指标测量方法与第 6 章一致，连锁董事网络中心度细化为程度中心度、接近中心度和中介中心度三个量化指标，这三个指标和结构洞指标的计算方法如下：

$$Degree_i = \frac{\sum_j X_{ji}}{g - 1}$$

$$Closeness_i = \frac{g - 1}{\sum_{j=1}^{g} d(i, j)}$$

$$Betweenness_i = \frac{\sum_{j<k} g_{jk(ni)} / g_{jk}}{(g - 1)(g - 2)/2}$$

$$C_{ij} = \left(p_{ij} + \sum_q p_{iq} p_{qj}\right)^2$$

公式的具体解释见第 6 章，在此不再详细展开。以上对于连锁董事网络中心度、结构洞指标的计算，需要通过 CSMAR 数据库搜集董事任职数据并进行整理，然后输入社会网络分析软件 Pajek 进行测量。

7.4.2.2　企业动态创新能力

摒弃已有大多数文献仅以研发支出作为企业创新操作变量的做法，将企业创新看作涵盖创新投入、创新产出和创新转化三个维度的动态过程，以研发支出、主营业务收入增长率、无形资产比率更全面地衡量企业创新能力。对于创新投入能力，参照已有文献的方法，以年末企业研发费用与年末总资产的比率来衡量；对于创新产出能力，借鉴段海艳（2012）的研究，以滞后一年的主营业务收入增长率来衡量；对于创新转化能力，考虑到无形资产是企业创新活动所形成的非物质形态的价值创造来源（茅宁，2011），以无形资产比率进行衡量。

7.4.2.3 治理情境和控制变量

以高管激励、产权性质、两职合一来衡量治理情境，具体变量释义见表7 –1。此外，将公司特征等变量纳入控制变量组，包括公司规模、成长性、财务杠杆、所在年份、所属行业。

表 7 –1 变量定义及计算方法

变量类别	变量名称	变量符号	计算方法
解释变量	董事网络中心度	Degree	程度中心度，具体公式见第 7.2.2.2 小节
		Closeness	接近中心度，具体公式见第 7.2.2.2 小节
		Betweenness	中介中心度，具体公式见第 7.2.2.2 小节
	董事网络结构洞	Ci	具体公式见第 7.2.2.2 小节
被解释变量	企业动态创新	DIC-i	创新投入，公司年末披露的研发费用/年末披露的总资产
		DIC-o	创新产出，（本期主营业务收入 – 上期主营业务收入）/上期主营业务收入
		DIC-t	创新转化，公司年末披露的无形资产/总资产
调节变量	治理情境	Inc	高管激励，高管持股数量与总股本的比值
		Property	产权性质，最终控制人为国有股东，取值为 1，否则为 0
		Dual	两职合一，董事长与总经理兼任则赋值 1，否则为 0

续表

变量类别	变量名称	变量符号	计算方法
控制变量	公司规模	*Size*	期末资产总额的自然对数
	成长性	*Growth*	总资产增长率 =（期末总资产 - 期初总资产）/期初总资产
	财务杠杆	*Lever*	公司年末披露的负债总额与资产总额的比值
	年度	*Year*	所在年度
	行业	*Industry*	所属行业

7.4.3　模型设计

在对样本公司数据进行纵向追踪的基础上，构建以下模型对连锁董事网络位置与动态创新能力之间的关系，以及多重治理情境的调节作用进行检验，实证检验运用 STATA 16.0。

$$DIC\text{-}i/DIC\text{-}o/DIC\text{-}t = \beta_0 + \beta_1 Degree/Betweenness/Closeness + \beta_2 Size$$
$$+ \beta_3 Growth + \beta_4 Lever + \varepsilon_i \quad (7-1)$$

$$DIC\text{-}i/DIC\text{-}o/DIC\text{-}t = \beta_0 + \beta_1 Ci + \beta_2 Size + \beta_3 Growth + \beta_4 Lever + \varepsilon_i \quad (7-2)$$

$$DIC\text{-}i/DIC\text{-}o/DIC\text{-}t = \beta_0 + \beta_1 Degree/Betweenness/Closeness/Ci + \beta_2 Size$$
$$+ \beta_3 Growth + \beta_4 Lever + \beta_4 (Degree/Betweenness/$$
$$Closeness/Ci) \times Inc/Property/Dual + \varepsilon_i$$

$$(7-3) \sim (7-5)$$

7.5　实证结果分析与讨论

7.5.1　描述性统计

表 7 - 2 是本书主要变量的描述性统计结果。其中，创新投入 *DIC-i* 最小

值为 0，最大值为 0.273；创新产出 *DIC-o* 最小值为 - 0.956，最大值为 53.08；创新转化 *DIC-t* 最小值为 0，最大值为 0.713。可见，动态创新的不同阶段均存在较大差异。连锁董事网络中心度的三个变量程度中心度（*Degree*）、中介中心度（*Betweenness*）和接近中心度（*Closeness*）的最小值分别为 0.0002、0.0002、0.0000，最大值分别为 0.185、0.176、0.023，表明不同企业的连锁董事网络中心度差异较大。董事网络结构洞（*Ci*）的最小值为 0.131，最大值为 0.916，表明企业之间董事网络位置的结构洞指标也存在较大差异。其他控制变量的数值基本与已有文献数据情况接近。

表 7 - 2　　　　　　　　　　主要变量的描述性统计

变量	样本数	均值	标准差	最小值	p25	p50	p75	最大值
Degree	13618	0.0332	0.0598	0.0002	0.0004	0.0005	0.002	0.185
Closeness	13618	0.0885	0.0641	0.0002	0.0007	0.119	0.140	0.176
Betweenness	13618	0.0006	0.0015	0	0	0	0.0005	0.023
Ci	13618	0.604	0.189	0.131	0.465	0.628	0.733	0.916
DIC-i	13618	0.0211	0.0196	0	0.0086	0.0177	0.0279	0.273
DIC-o	13618	0.184	0.621	- 0.956	0.0033	0.127	0.281	53.08
DIC-t	13618	0.0463	0.0507	0	0.0195	0.0352	0.0562	0.713
Inc	13618	0.0905	0.156	0	0	0.0047	0.113	0.843
Pro	13618	0.310	0.463	0	0	0	1	1
Du	13618	0.290	0.454	0	0	0	1	1
Size	13618	9.507	0.550	8.392	9.117	9.434	9.815	11.25
Growth	13618	0.251	0.466	- 0.237	0.0307	0.116	0.267	2.827
Lever	13618	0.39	0.199	0.0438	0.227	0.382	0.542	0.84

7.5.2　回归分析

表 7 - 3 显示了连锁董事网络与企业动态创新能力的三个指标的回归分析

结果。其中，表 7-3 的列（1）~列（4）显示的是连锁董事网络对创新投入能力（DIC-i）的回归结果，可以看出在控制了相关变量的情况下，网络位置的三个中心度指标以及结构洞指标对创新投入能力均呈现出显著正相关关系；表 7-3 的列（5）~列（8）显示的是连锁董事网络对创新产出能力（DIC-o）的回归结果，其中程度中心度（Degree）和接近中心度（Closeness）对创新产出能力呈现出显著正相关关系，但是中介中心度（Betweenness）与结构洞（Ci）结果不显著；表 7-3 的列（9）~列（12）显示的是连锁董事网络对企业创新转化能力（DIC-t）的回归结果，其中程度中心度（Degree）和接近中心度（Closeness）对创新转化能力呈现出显著正相关关系，但是中介中心度（Betweenness）与结构洞（Ci）结果不显著。

以上结果基本支持了假设 1、假设 2，验证了连锁董事网络中心度、结构洞对企业动态创新的正向影响关系，但是各个指标之间呈现出差异化。相比程度中心度和接近中心度，中介中心度和结构洞对动态创新能力的影响不够显著，仅对创新投入能力显著正相关。究其原因，中介中心度与结构洞这两个指标有相似之处，都在一定程度上表示对于其他节点联结关系的中间作用，而这种中介联结作用相较于程度和接近中心度体现出的直接联结而言，具有一定的潜在性和内隐性，需要有效识别才能充分发挥作用。其实，实证检验结果的差异性也体现出结构洞和中介中心度对动态创新能力的积极效应仍有较大空间。

进一步分析治理情境对连锁董事网络与动态创新能力之间关系的影响，表 7-4 列出了三个治理情境指标的调节效应。其中，表 7-4 Panel A 的列（1）~列（4）显示了高管激励（Inc）和接近中心度（Closeness）、中介中心度（Betweenness）、结构洞（Ci）之间的交乘项均分别与创新投入（DIC-i）呈现显著正相关；7-4 Panel A 的列（5）至列（8）显示了高管激励（Inc）和程度中心度（Degree）、接近中心度（Closeness）之间的交乘项分别与创新产出（DIC-o）呈现显著正相关；7-4 Panel A 的列（9）至列（12）显示了高管激励（Inc）和程度中心度（Degree）、中介中心度（Betweenness）之间的交乘项分别与创新转化（DIC-t）呈现显著正相关。

表7-3　连锁董事网络位置对动态创新能力的回归结果

变量	(1) DIC-i	(2) DIC-i	(3) DIC-i	(4) DIC-i	(5) DIC-o	(6) DIC-o	(7) DIC-o	(8) DIC-o	(9) DIC-t	(10) DIC-t	(11) DIC-t	(12) DIC-t
Degree	0.021** (2.05)				0.001* (1.92)				0.004** (2.38)			
Closeness		0.036*** (3.15)				0.001*** (2.70)				0.002* (1.77)		
Betweenness			0.287*** (2.88)				0.002 (0.77)				0.004 (0.12)	
Ci				0.005*** (4.29)				0.001 (0.88)				0.001 (1.14)
Size	0.004*** (10.56)	0.004*** (11.24)	0.004*** (11.98)	0.004*** (11.73)	0.001 (0.41)	0.001 (0.46)	0.001 (0.49)	0.001 (0.43)	0.001** (2.22)	0.001** (2.23)	0.001** (2.09)	0.001** (2.14)
Growth	-0.003*** (-9.87)	-0.003*** (-9.41)	-0.003*** (-9.19)	-0.003*** (-9.36)	0.001*** (2.90)	0.001*** (2.91)	0.001*** (2.92)	0.001*** (2.91)	-0.004*** (-4.11)	-0.004*** (-4.13)	-0.004*** (-4.11)	-0.004*** (-4.13)
Lever	-0.009*** (-9.40)	-0.009*** (-9.05)	-0.009*** (-9.11)	-0.009*** (-9.09)	-0.002** (-2.54)	-0.002*** (-2.63)	-0.002*** (-2.65)	-0.002*** (-2.60)	0.001*** (4.98)	0.001*** (4.99)	0.001*** (4.92)	0.001*** (4.87)

续表

变量	(1) DIC-i	(2) DIC-i	(3) DIC-i	(4) DIC-i	(5) DIC-o	(6) DIC-o	(7) DIC-o	(8) DIC-o	(9) DIC-t	(10) DIC-t	(11) DIC-t	(12) DIC-t
Year	控制	控制	控制	控制	控制	控制	控制	控制	控制	控制	控制	控制
Industry	控制	控制	控制	控制	控制	控制	控制	控制	控制	控制	控制	控制
常数项	0.045 *** (13.33)	0.044 *** (13.20)	0.043 *** (13.23)	0.042 *** (13.40)	−0.001 ** (−2.12)	−0.001 ** (−2.18)	−0.001 ** (−2.18)	−0.001 ** (−2.33)	0.002 ** (2.53)	0.002 *** (2.73)	0.002 *** (2.68)	0.002 *** (2.84)
样本数	13618	13618	13618	13618	13618	13618	13618	13618	13618	13618	13618	13618
Adjusted R²	0.234	0.235	0.230	0.231	0.167	0.168	0.165	0.162	0.11	0.12	0.11	0.12
F	287.87	284.96	286.40	288.28	21.103	20.164	20.141	20.230	36.060	36.855	36.025	36.869

注：括号内为 t 值；*** p<0.01，** p<0.05，* p<0.1。

表7-4 治理情境对连锁董事网络与动态创新能力的调节作用

部分	变量	(1) DIC-i	(2) DIC-i	(3) DIC-i	(4) DIC-i	(5) DIC-o	(6) DIC-o	(7) DIC-o	(8) DIC-o	(9) DIC-t	(10) DIC-t	(11) DIC-t	(12) DIC-t
Panel A	Degree × Inc	0.027 (1.53)				0.919* (1.86)				0.001** (2.54)			
	Closeness × Inc		0.030*** (3.04)				0.699*** (3.51)				0.023 (1.35)		
	Betweenness × Inc			2.866** (2.05)				4.26 (0.82)				1.832* (1.77)	
	Ci × Inc				0.007*** (4.19)				0.108 (1.46)				0.007 (1.21)
	样本数	13618	13618	13618	13618	13618	13618	13618	13618	13618	13618	13618	13618
	Adjusted R²	0.230	0.231	0.230	0.231	0.183	0.185	0.184	0.184	0.102	0.101	0.101	0.103
	F	28.778	27.816	28.097	28.133	20.131	20.264	20.135	20.654	35.125	35.234	35.214	35.214
Panel B	Degree × Pro	0.003** (2.54)				0.824*** (3.63)				0.017 (1.18)			
	Closeness × Pro		0.007** (2.24)				0.502*** (8.45)				0.019** (2.37)		
	Betweenness × Pro			0.53*** (3.04)				1.267*** (3.08)				0.737 (1.33)	

续表

部分	变量	(1) DIC-i	(2) DIC-i	(3) DIC-i	(4) DIC-i	(5) DIC-o	(6) DIC-o	(7) DIC-o	(8) DIC-o	(9) DIC-t	(10) DIC-t	(11) DIC-t	(12) DIC-t
Panel B	$Gi \times Pro$				0.001** (2.10)				0.104 (1.23)				0.004 (1.41)
	样本数	13618	13618	13618	13618	13618	13618	13618	13618	13618	13618	13618	13618
	Adjusted R^2	0.233	0.238	0.234	0.234	0.074	0.074	0.074	0.074	0.109	0.109	0.109	0.109
	F	27.74	28.42	28.24	28.47	20.159	28.328	20.284	28.143	35.718	35.517	35.413	35.856
	$Degree \times Du$	0.004 (0.95)				0.129 (1.56)				0.005* (1.75)			
	$Closeness \times Du$		0.008** (2.51)				0.084* (1.84)				0.022*** (3.27)		
	$Betweenness \times Du$			0.462* (1.67)				0.194 (0.89)				0.251 (1.47)	
Panel C	$Ci \times Du$				0.001*** (2.71)				0.011* (1.77)				0.004*** (3.61)
	样本数	13618	13618	13618	13618	13618	13618	13618	13618	13618	13618	13618	13618
	Adjusted R^2	0.223	0.225	0.237	0.224	0.172	0.168	0.170	0.173	0.112	0.111	0.110	0.111
	F	28.57	27.51	27.32	28.16	20.132	20.261	20.185	21.154	35.315	35.734	35.234	35.211

注：括号内为 t 值；*** $p < 0.01$，** $p < 0.05$，* $p < 0.1$。

表 7 - 4 Panel B 的列（1）至列（4）显示了产权性质（*Pro*）和程度中心度（*Degree*）、接近中心度（*Closeness*）、中介中心度（*Betweenness*）、结构洞（*Ci*）之间的交乘项分别与创新投入（*DIC-i*）呈现显著正相关；表 7 - 4 Panel B 的列（5）~ 列（8）显示了产权性质（*Pro*）与程度中心度（*Degree*）、接近中心度（*Closeness*）、中介中心度（*Betweenness*）之间的交乘项分别与创新产出（*DIC-o*）呈现显著正相关；表 7 - 4 Panel B 的列（9）至列（12）显示了产权性质（*Pro*）与接近中心度（*Closeness*）之间的交乘项与创新转化（*DIC-t*）呈现显著正相关。

表 7 - 4 Panel C 的列（1）至列（4）显示了两职合一（*Du*）和接近中心度（*Closeness*）、中介中心度（*Betweenness*）、结构洞（*Ci*）之间的交乘项分别与创新投入（*DIC-i*）呈现显著正相关；表 7 - 4 Panel C 的列（5）至列（8）显示了两职合一（*Du*）和接近中心度（*Closeness*）、结构洞（*Ci*）之间的交乘项分别与创新产出（*DIC-o*）呈现显著正相关；表 7 - 4 Panel C 的列（9）至列（12）显示了两职合一（*Du*）和程度中心度（*Degree*）、接近中心度（*Closeness*）、结构洞（*Ci*）之间的交乘项分别与创新转化（*DIC-t*）呈现显著正相关。以上实证结果表明，假设 3 基本得到支持。从三个治理因素调节效应的差异性来看，两职合一发挥边界作用的范围更宽，说明董事兼任总经理时，连锁董事网络更能发挥创新效应，在一定程度上验证了连锁董事网络作为二元节点网络，其作用的发挥需要董事发挥"边界人"作用，以个人人际互动带动企业间互动（郑方，2011）的观点。

7.5.3　稳健性检验

7.5.3.1　共线性检验

在对假设 1、假设 2 进行回归分析时，本章进行了多重共线性的检验，方差膨胀因子 VIF 的最大值为 4.68，平均值 2.37，明显小于 10，说明回归模型不存在多重共线性问题。

7.5.3.2 内生性问题

由于部分上市公司在披露高管信息时没有具体姓名，使得这部分数据无法进入样本参与计算，从而导致样本存在一定程度的选择偏误问题。为此，本章采用倾向得分匹配法（PSM）以缓解此问题。包括以下步骤：以代表董事网络位置的程度中心度（*Degree*）的中位数为标准将样本分为网络位置高组（处理组）、网络位置低组（控制组）；以上述控制变量为基础，采用 Logistic 回归模型估计董事网络位置高的概率，也就是倾向值；获得倾向值后，基于该值对处理组和控制组进行匹配（无放回一对一匹配，卡尺 0.0001）。表 7 – 5 呈现了匹配前后样本特征的对比结果，可以看出变量的标准化偏差（%）相比匹配前均大幅缩小，而且大多 T 检验结果不拒绝处理组与控制组无系统差异的原假设，基本排除了其他不可观测因素的影响；表 7 – 6 呈现了 PSM 的平均处理效应（ATT），匹配后董事网络位置与企业动态创新能力依然显著性正相关。

表 7 – 5 　　　　　　倾向得分匹配（PSM）、匹配前后样本特征对比

变量	样本	平均值		标准偏差（%）	T 值	p 值
		处理组	控制组			
Size	匹配前	9.5707	9.4423	23.5	14.36	0.00
	匹配后	9.4973	9.5019	− 0.8	− 0.36	0.716
Growth	匹配前	0.20542	0.29751	− 19.9	− 12.14	0.000
	匹配后	0.23591	0.23923	− 0.7	− 0.31	0.755
Lever	匹配前	0.41702	0.36348	27.2	16.59	0.000
	匹配后	0.38803	0.38656	0.7	0.3	0.764

表 7 – 6 　　　　　　倾向得分匹配的平均处理效应（ATT）

变量	样本	处理组	控制组	差异	T 值
DIC-i	匹配前	21637	12016	9621	2.18 **
	匹配后	13156	13468	− 312	2.49 **

注：*** p < 0.01，** p < 0.05，* p < 0.1。

7.5.3.3 其他稳健性检验

（1）滞后一期的检验。连锁董事网络对于动态创新能力的影响可能会具有一定的滞后性，为了减少样本期的干扰，对创新投入能力指标滞后一期，重新验证了连锁董事网络的影响。通过表7-7显示的检验结果，可以看出表示连锁董事网络位置的中心度和结构洞指标均与创新投入能力依然呈显著正相关关系。

表7-7 创新投入滞后一期检验

变量	（1）DIC-i	（2）DIC-i	（3）DIC-i	（4）DIC-i
DIC-i	0.017 * （1.73）			
DIC-o		0.038 *** （4.63）		
DIC-t			0.321 *** （2.71）	
Du				0.006 *** （4.39）
Size	0.003 *** （8.11）	0.003 *** （8.74）	0.003 *** （8.11）	0.003 *** （8.19）
Growth	0.006 *** （8.86）	0.006 *** （8.95）	0.006 *** （8.95）	0.006 *** （8.95）
Lever	0.009 *** （9.25）	0.009 *** （9.33）	0.009 *** （9.66）	0.009 *** （8.91）
常数项	0.036 *** （10.29）	0.035 *** （9.89）	0.036 *** （10.22）	0.033 *** （9.23）
样本数	11614	11614	11614	11614
Adjusted R²	0.232	0.235	0.231	0.233
F	255.34	255.90	255.83	255.04

注：括号内为T值；***p<0.01，**p<0.05，*p<0.1。

（2）更换主要变量的计算方法。以企业研发费用与主营业务收入的比值重新衡量创新投入能力，以企业当年专利申请数重新衡量创新产出能力，再次进行检验。

（3）将样本仅保留制造业上市公司，重新进行检验。

（4）按 2% 或 5% 对所有连续变量进行缩尾处理。

以上检验结果与前文结论基本保持一致。

7.6　研究结论与管理启示

7.6.1　主要研究结论

本章在连锁董事理论、社会网络理论、组织控制理论等理论整合的基础上，探讨了连锁董事网络位置对动态创新能力的影响机理，以 2009～2018 年中国沪深两市 A 股上市公司为样本，实证检验了中心度、结构洞对动态创新能力的差异化作用机制，以及多重治理情境的调节作用。

研究结果表明：动态创新能力的各个阶段维度会受到连锁董事网络位置不同因素的影响，其中创新投入能力会受到程度中心度、接近中心度、中介中心度和结构洞的影响，创新产出能力和创新转化能力会受到程度中心度、接近中心度的影响，中介中心度和结构洞对创新投入能力影响显著，而对创新产出能力和创新转化能力影响不显著；连锁董事网络对动态创新能力的作用边界存在差异，两职合一在连锁董事网络中心度、结构洞与动态创新能力三个阶段性维度之间的关系中起到正向调节作用，高管激励、产权性质对连锁董事网络中心度与动态创新能力三个阶段性维度之间的关系起到正向调节作用，而对连锁董事网络结构洞与创新产出能力、创新转化能力之间的关系没有明显调节作用。

7.6.2　管理启示

本章的理论分析拓展了连锁董事网络和动态创新能力的相关研究，实证研究结论可以为我国企业动态创新、公司治理制度安排和连锁董事网络构建的实践提供借鉴。通过对研究结论的分析，得出以下管理启示：第一，通过对连锁董事网络位置的识别和自主嵌入，发挥中心位置和结构洞位置的整合优势。依据不同网络位置创新效应的差异，处于中心位置的企业要积极发挥董事网络在动态创新各个阶段能力的作用，处于结构洞位置的企业要重点关注董事网络在创新投入能力方面的作用，并通过对隐性关系位置的识别进一步拓展连锁董事网络更宽范围的创新效应。由于网络位置不是既定的，企业可以通过嵌入自主性进行构建，基于董事连锁关系，主动占据连锁董事网络中的中心位置和结构洞位置，整合不同位置在机会感知、资源整合和知识吸收方面的优势，促进企业创新活动的有效开展。第二，以动态视角推进企业创新，从多个维度构建和提升企业动态创新能力。分别以机会感知、资源整合、知识吸收为重的创新投入、创新转化和创新产出都是动态创新能力的阶段性维度，仅关注其中某一方面会有失偏颇。应关注各维度创新能力的差异化影响因素，并发挥动态创新各维度间的协同效应，实现动态创新能力的螺旋式提升。第三，构建合理的公司治理情境，为企业创新提供有效的制度保障。不同阶段的创新能力需要差异化的制度情境，比如对于创新投入能力，要充分关注高管激励、产权性质、两职合一作为作用条件和边界的情境效应，从而发挥连锁董事网络在机会识别、风险预控、资源获取的创新投入方面的正面效应。从而通过合理的公司治理制度安排和优化设计，促进连锁董事网络正面效应最大化，为企业动态创新能力的提升提供有效的嵌入情境。

7.7 本章小结

本章以2009~2018年中国A股上市公司数据为样本，实证研究了连锁董事网络位置对企业动态创新能力的差异化作用机制，并探讨了治理情境对二者关系的调节作用。研究发现，连锁董事网络中心度对创新投入能力、创新产出能力、创新转化能力均有显著影响；结构洞对创新投入能力有显著影响，而对创新产出能力和创新转化能力的影响不显著；连锁董事网络位置与动态创新能力之间的关系会受到多重治理情境调节效应的差异化影响。本章的理论分析拓展了连锁董事网络和动态创新能力的相关研究，实证研究结论可以为中国企业动态创新、公司治理制度安排和连锁董事网络构建提供借鉴。

　　囿于数据的可获得性，本章仅依据上市公司董事任职情况进行连锁关系的分析，而非上市公司连锁董事网络也是普遍存在的，通过实地调研等形式获取更全面的连锁董事网络相关数据可以使研究结论更有说服力；对创新投入能力、创新产出能力和创新转化能力的衡量还有局限性，进一步的研究中可按照量表开发程序，构建动态创新能力的测度体系，为实证研究提供合理化量表；除了高管激励、产权性质和两职合一，未来研究可进一步拓展治理情境因素，为动态创新能力提升的相关制度安排提供更系统的政策建议。

第 3 篇
企业创新的跨层次涌现

　　基于网络理论和社会资本理论探讨企业创新问题，以新创企业为例实证分析社会资本对创新行为的跨层次影响机理。梳理与分析创新在个体、团队、企业等不同层次的定义，基于涌现理论的适用性将其引入创新研究中，阐释创新跨层次涌现的内涵与维度，对个体创新到企业创新涌现的驱动因素、跨层次涌现过程、作用路径与影响因素进行分析，构建个体到企业创新跨层次涌现的整体理论框架。

第 8 章

基于网络理论的创新研究

网络组织对企业创新的影响是研究中的热点问题，本章在对网络组织概念及不同视角下网络理论梳理的基础上，运用社会资本理论、结构洞理论、强弱关系理论、嵌入性理论等网络组织相关的工具性理论，构建了网络组织影响企业创新的理论框架，探讨网络嵌入对创新资源获取的影响机理，网络能力对创新优势提升的影响机理，以及动态视角下网络演化对创新方式选择的作用，形成网络理论视角下对企业创新的系统性认识。

8.1 网络理论的内涵与相关研究

8.1.1 网络组织的概念与工具性理论

8.1.1.1 网络组织的内涵

作为已经被广泛采用的组织形式，网络组织被不同研究领域所关注。学者们从多学科视角出发，基于不同研究关注点和侧重点，对网络组织进行了理论阐释，形成了彼此相通又存在差异的网络组织定义。

迪特里希（Dietrich，1994）基于半结合概念的提出对网络组织进行了阐释，认为与结合表示企业与市场之间在结构或功能方面的相互联系相对应，半结合可以看作是企业、市场、网络三者之间的联系，并提出在市场－网络－层级制三层次分析框架下，半结合是由各方对彼此资源相互依赖，以及对信任和合作的需求而形成的。阿尔斯丁（Alstyne，1997）认为网络组织具有边界可渗透性，除此之外，网络组织与科层组织、集中化组织、非正式联合体、无序市场和社团等的主要区别在于专业化资产、联合过程控制和共同的集体目标这三个特性。戈伊尔（Goyal，2010）以节点的集合与关系对网络进行了定义，假设 $N = \{1, 2, 3, \cdots, n\}$ 表示节点的集合，以 $g_{ij} \in \{0, 1\}$ 表示两个节点 i 和 j 之间的关系，如果 i 和 j 之间存在某种连接，g_{ij} 为 1，否则为 0，n 个节点的集合以及节点之间的关系共同构成了网络 g。

国内学者也对网络组织展开了大量研究，形成对网络组织的定义。林润辉和李维安（2000）将网络组织定义为一种适应知识社会、信息经济与组织创新要求的新型组织模式，是一个基于组织目标导引和信息流驱动，由活性决策节点构成的具有非线性联结机制的、动态演化的复杂系统。孙国强等（2015）认为网络组织是由两个及以上相互独立而又相互关联的活性节点构成，基于一定的目的，依据专业化分工与协作，以各种复杂多样的经济连接和社会连接建立起来的一种稳定的、持久的合作组织模式，具有复杂性、动态性、合作性、创造性、自组织性、自学习性特征。

国内外相关研究中，还有很多学者对网络组织进行了定义，基于不同知识结构和研究侧重点对网络组织的内涵进行了阐释。通过对学者们相关研究观点的梳理，本书认为网络组织是由两个及两个以上节点联结而形成的组织形式，从交易费用视角来看，作为介于市场组织和科层组织之间的组织形式，网络组织的构建目的在于成本更低的制度安排；从资源与能力视角来看，网络组织可以使企业获得对竞争优势起到重要作用的、单个企业所不具有的资源和核心能力；从专业化分工视角来看，网络组织体现了企业间分工，从而克服企业内分工和产业分工的弊端，形成单个企业和整个市场无法具备的优势；从生态系统视角来看，网络组织是企业与供应商、顾客、战略合作伙伴以及其他组织构建形成的动态演化的商业生态系统，使企业获得与其他主体之间共生共赢的关系。

8.1.1.2 企业网络的相关工具性理论

企业网络研究中常会用到一些相关的工具性理论（郑方，2016），借助这些理论可以更有效地对网络组织的资源、节点之间的关系、节点在网络中的位置等进行探讨与分析。

（1）社会资本理论。本书第 2 章对社会资本的概念、理论以及多层次性进行了详细的介绍。通过对社会资本相关定义的梳理，社会资本可以看作是蕴藏在社会网络中资本形式，是企业可以从与其他主体社会关系之中获取的社会资源。一方面，网络组织中的社会关系本身就是企业社会资本的体现，使企业可以撬动其中的关系资源；另一方面，网络组织的动态演化可以为企业构建和累积更多的社会资本，二者在动态演化中相辅相成。因此，对内、外部社会资本等社会资本不同维度的分析，可以使企业网络关系的分析更加细化，社会资本理论成为资源视角下企业网络研究的有效分析工具。

（2）结构洞理论。结构洞理论的代表学者伯特（Burt，1992）在《结构洞：竞争的社会结构》一书中，对结构洞的概念及其带来的竞争优势进行了阐释，带动了结构洞理论的相关研究与理论发展。结构洞理论关注的是企业所处结构洞位置对资源配置、信息获取、竞争优势等方面产生的影响，其实是对网络中特殊位置及其效应的深入分析。可见，结构洞理论阐释了企业网络组织中重要的结构洞位置及其对行动者的影响，可以成为从网络位置视角对企业网络组织进行研究的有力分析工具。

（3）强关系理论与弱关系理论。强关系理论强调经常发生的，持久和充满信任的关系对于企业获取资源、规避风险以及应对不确定情境的重要作用，而弱关系[①]理论主要关注偶尔发生的、相对疏远的关系对于企业获取异质性信息、非冗余资源的作用。强、弱关系联结在对企业产生影响的作用机理方面存在明显差异，会在不同情境下分别起到主导作用。强、弱关系理论都关注主体之间的关系联结强度，运用强、弱关系理论有助于从关系强度视角对

---

① 格兰诺维特（Granovetter，1973）在《弱联结的力量》一文中将联结分为强联结（strong tie）和弱联结（weak tie）两种，提出可以从互动频率、情感强度、亲密程度和互惠交换四个维度来对联结的强弱进行区分。

企业网络组织进行深入分析。

（4）嵌入性理论。从嵌入性理论的本质命题来看，嵌入性理论指的是经济行为嵌入于社会关系，社会关系实质是企业所处的网络关系，而经济行为是网络中节点企业的经济行为。从嵌入性理论的分析维度来看，格兰诺维特（Granovetter，1985，1992）提出并阐释了关系嵌入性和结构嵌入性的分析维度，成为嵌入性相关研究已普遍认同和使用的分析维度框架。关系嵌入性实际上关注的是企业网络关系对企业行为的影响，而结构嵌入性更为宏观，关注的是嵌入网络中所有关系集合在一起的整体性结构。从嵌入性悖论[①]来看，过度嵌入也会带来负面效应，企业应保持适度嵌入，这一理念与网络组织的双刃剑效应相一致，在网络组织中的适度嵌入才能使企业趋利避害。可见，无论从本质命题、分析维度还是悖论而言，嵌入性理论与企业网络组织的研究都有着高度的匹配性和适用性。

8.1.2　不同视角下的网络理论

学者们从不同视角阐释企业网络，形成了行动者网络理论、社会网络理论、复杂网络理论、价值网络理论等不同类型的网络理论。这些理论研究关注的侧重点不同，彼此之间又存在相通之处，从不同角度对网络以及网络中的节点关系进行了理论阐释，使网络理论发展成为具有系统性的成熟理论。

8.1.2.1　行动者网络理论

行动者网络理论（actor-network theory）主要围绕行动者的行动、行动者之间的相互作用以及如何形成网络而展开研究。哈肯森（Hakansson，1987）在对于网络涵盖三个基本要素的分析中，指出行动者、资源、行动者的行动是网络的要素。可以看出，行动者及其行动对网络而言的重要性。网络中的行动者可以是不同类型的组织，除了企业组织，还有可能是政府、中介组织、科研机构等。更宽泛地来看，只要是可以改变事物的状态和发展趋势，都可

---

① 对于嵌入性悖论，乌兹（Uzzi，1997）在企业间网络的社会结构与竞争研究中进行了阐释，认为过于紧密的网络关系会带来锁定效应，嵌入程度与效应呈现出倒 U 形关系。

以看作是网络行动者，行动者除了包括人，还可以包括物体、设备、程序、生物等非人类因素（Callon and Woolgar, 1986）。这些人类行动者和非人类行动者发挥各自的能动性，相关行动在管理实践中交织在一起相互作用，逐渐形成动态演化的行动者网络。

行动者网络理论强调联系（relations）的重要性，行动者网络理论的代表人物拉图尔（Latour, 2005）提出联结的社会学（sociology of associations）不同于社会的社会学（sociology of the society），社会的社会学认为行动者只是处于既定的社会存在与场景中，而联结的社会学认为行动者的实践及其相互联系塑造了社会，社会的本质是一种联结。行动者网络还理论强调不可简约性（irreduction），认为网络行动者之间的互动具有复杂性，不能将现象简单地归因为某一个方面，每个行动者也都不能简约为其他行动者。

行动者网络理论认为网络的构建需要进行"转译"（translation）的过程。卡伦（Callon, 1986）分析了"转译"过程需要以下几个主要步骤：第一，问题化（problematization），将网络中每个行动者的问题清晰地呈现出来，对这些问题进行说明，并界定网络行动者认可的共同问题，使行动者之间相互联系，并明确达到目标的必经之点（obligatory passage point，OPP）；第二，利益赋予（interessement），通过每个行动者的问题与特定状态，找到分别的利益关注点，并通过每个行动者在网络中需要担负的角色，将利益赋予相应的行动者，将行动者锁定在特定的角色中；第三，招募（enrollment），将相关的人类行动者和非人类行动者纳入网络中；第四，动员（mobilization），使整个网络成为行动者的代言，调动行动者按照之前设定的目标和角色使网络协调运转起来。

8.1.2.2 社会网络理论

社会网络理论更多强调网络关系的社会属性，关注社会关系结构对网络节点的影响。社会网络的概念较早地由英国人类学家布朗（Brown, 1940）在社会分配和社会支持领域的研究中提出，之后运用到很多相关研究领域。社会网络可以分为个体网（ego-networks）、局域网（partial networks）和整体网（whole networks）。个体网指的是个体以及与之直接相连的其他个体所构成的网络，主要关注相似性（similarity）、规模（size）、密度（density）、关系模式（pattern of ties）、同质性（homogeneity）、异质性（heterogeneity）等方面（刘军，2009）。局域网是在个体网的基础上加上与个体网络成员有关联的其他节点构成。整体网指的是所有成员之间关系构成的网络，主要关注图论性质（graph properties）、子图（sub-groups）、角色和位置（positions）等方面。

随着对社会网络研究的深入以及量化分析的需求，社会网络分析方法逐渐发展成为一种经典的研究方法，为社会网络的量化分析提供了合理的分析工具，也为其他各种不同类型网络理论研究的实证检验提供了可借鉴的有效方法。社会网络分析方法可以将微观与宏观相链接，可以探讨不同层次的分析单元，能够进行多层次分析（Kilduff and Tsai，2003）。一些学者对网络分析所涵盖要素的层次，以及具体方法进行了系统性归纳。例如，伯特（Burt，1982）对行动者的三个分析层次与两种分析方法进行交叉整合，探讨了六类网络分析模型。其中行动者的分析单元包括行动者、网络次群体的多个行动者、结构化系统的多个行动者三个层次；分析方法包括关系分析法和位置分析法，关系分析法主要关注行动者之间的关系，而位置分析法主要关注行动者在整体网络架构中的位置。

社会网络分析中有很多概念来自图论，运用图论中的点和线来表示社会网络分析需要考察的行动者及其联结关系，以单向或双向箭头表示互动关系的有向图可以用来反映行动者之间作用的方式以及程度（Kilduff and Tsai，2003）。除了本书第6章、第7章在实证研究中运用的程度中心度、接近中心度、中介中心度及结构洞指标。社会网络分析还可以运用密度、聚类分析、派系分析、块模型分析等指标对网络关系及整体结构进行探讨。斯科特（Scott，2000）对社会网络分析方法的发展历程、关系数据的处理，以及密度、聚类分析等具体的方法和指标进行了介绍。密度表示网络中节点之间的紧密程度，是网络中实际拥有的连线数与最多可能拥有的连线数之比；聚类由彼此之间相似的点组成，往往对应于散点图中密度相对较高的区域，可以通过单关联或完全关联的方法来进行分析，聚类的数量和规模取决于截限（Scott，2000）。在实际运用中，选取哪些具体方法和指标进行研究，取决于要通过社会网络分析解决的具体科学问题，以及要达到的研究目的。

8.1.2.3 复杂网络理论

复杂网络理论（complex network theory）强调相对于简单网络而言，由数量较多的节点构成网络关系结构的复杂性。随着计算机运算和存储功能的提升，现实世界中超大规模的网络可以借助相关技术进行拓扑分析，这些在节点及节点之间关系具有复杂性的网络与先前研究中的随机网络和规则网络不同，更是普遍存在于现实世界中，因此逐渐引起学者们的关注。小世界、无标度是复杂网络较为典型的特点，小世界网络（small-world network）由瓦茨和斯托加茨（Watts and Strogtz，1998）在《小世界网络的群体动力学》一文中提出，并构建了 WS 小世界网络模型。之后，为了进一步探讨网络的连通性，纽曼和瓦茨（Newman and Watts，1999）对 WS 小世界网络模型进行了调整，构建了 NW 小世界模型。WS 小世界网络和 NW 小世界模型介于规则网络和随机网络之间，是具有较短的平均路径长度和较高的聚类系数的网络。无标度网络（scale-free network）由巴纳巴斯和艾伯特（Barabasi and Albert，1999）提出，用以分析一种具有特殊度分布特性的网络结构，并构建了 BA 无标度网络模型。BA 无标度网络中极少数节点的度较大而大量节点的度较小，节点的度符合幂率分布且幂率函数具有标度不变性特征（Barabasi and Albert，1999）。

8.1.2.4 价值网络理论

价值网络理论（value network theory）是在价值链理论的基础上发展而来的，在价值链理论的基础上整合了网络视角及相关理论观点。价值网络理论主要关注网络中的企业如何通过合作，以应对不确定的环境并实现价值创造，是价值链理论在网络情境中的进一步发展，对单一线性的价值链理论进行了网络化、非线性、竞合思维的理论拓展。数字化也是价值网络理论发展的重要情境，帕德和吕兰德（Peppard and Rylander，2006）提出随着数字化技术的普遍应用，基于特定价值创造逻辑的价值链交织在一起，逐渐演化为基于网络视角进行价值创造的价值网络。

古拉蒂、罗利亚和扎西尔（Gulati，Nohria and Zaheer，2000）在发表在 *Strategic Management Journal* 中的经典文献《战略网络》中基于对传统战略理论的批判与思考，提出原子论式的研究方法（atomistic approach）呈现出向关系论方法（relational approach）发展的趋势，企业嵌入的网络成为获取绩效提升的重要来源，企业间构建战略网络目标是共享风险进而创造额外的价值增量。战略网络中每一个网络成员创造的价值都成为价值创造不可或缺的部分，这其实体现了网络的整体战略与价值创造功能。价值网络实质上是一个由企业、供应商、合作伙伴、客户构成的交换共联的动态体系，通过企业与其他主体之间的复杂动态交易完成价值的创造与传递，从而实现企业价值（Allee，2000）。罗珉（2006）阐释了价值星系的概念，认为价值星系是一种柔性契约网络，是整个社会各个行业价值链相互交织在一起，形成的结构更为复杂的和包含多个相关产业的多元价值网络。价值网络的概念及理论逐渐应用于有关价值传递、价值创造的相关研究中。例如，哈金和胡德赫卜勒（Harkin and Goedegebuure，2020）在组织间战略合作关系构建研究中以价值网络为研究工具，在探讨价值网络中竞争对手、客户、互补方、供应商四种角色的基础上，分析合作关系构建过程中组织之间附加价值的相互潜在影响。

除了行动者网络理论、社会网络理论、复杂网络理论、价值网络理论，还有其他一些不同研究视角下的网络理论，充分体现了网络理论在多个研究领域的运用和理论融合。这些不同视角的网络理论基于网络的行动者、网络的社会属性、网络的复杂性、网络的价值创造功能分别对网络理论进行了深入分析，也是对网络理论研究的进一步细化。通过对网络理论及已有研究的回顾与梳理，在相关研究中存在大量与创新研究相结合的文献，基于网络理论的创新研究是值得深入探讨的课题。

8.2　网络嵌入对创新资源获取的影响

资源是企业生存和发展的重要基础性因素，企业任何活动的开展，包括创新活动都离不开资源作为基础和保障。由于创新活动需要大量的资源投入，是否能够获取充足的创新资源成为企业创新能否顺利开展以及能否取得成功的前提与关键点。而网络组织可以为企业提供所需要的信息、技术、知识及市场渠道等，成为企业获取所需资源、克服资源约束的有效途径（例如：Hart，1995；Madhok，2015）。网络嵌入对创新资源获取的影响可以细分为关系嵌入、结构嵌入和认知嵌入三个方面。

8.2.1 关系嵌入与企业创新资源获取

8.2.1.1 创新资源的类型

创新资源是企业在开展创新活动过程中投入的，各种不同类型的有形资源和无形资源的总和。整体来看，创新资源主要涵盖以下类型：第一，物质资源，开展创新活动所需要的设备、厂房等物质资源。第二，人力资源，掌握有创新技术和知识的人员，是开展创新活动的关键性主体。第三，知识资源，创新活动开展所需要的显性和隐性知识，往往以人力资源作为载体，通过相关人员掌握或通过培训学习相应的知识。第四，资金资源，用于创新活动开展的必要资金投入。第五，信息资源，创新活动所需要了解的政策法规、市场环境、技术更新等方面的信息。除了以上五种类型的资源，市场资源、声誉资源、环境资源等也可能有助于创新活动的开展，共同构成了企业的创新资源。

网络中不同类型主体拥有的资源优势也各不相同，政府对创新驱动有权威性与政策支持性，高校与科研机构的优势资源是人才供给和丰富的知识资源，企业的优势资源是对市场的感知能力以及进行创新的活力，金融机构的优势资源在于资金的提供，而中介机构的优势资源是由中介和桥梁作用带来的信息资源。企业可以在网络组织中从政府、高校与科研机构、金融机构、中介机构、其他企业等主体获取不同的创新资源，投入企业创新活动的开展过程中。企业与大学、研究机构、供应商和顾客等其他主体之间的交织关系，会成为创新的源泉（Powell et al.，1996）。

8.2.1.2　关系嵌入对创新资源获取的影响

创新资源获取指的是个体或企业通过某种方式获取创新活动开展所需要的关键性资源，是在识别创新必要资源基础上进行资源获取的过程。在企业网络中，创新资源获取的主体有可能是个体或企业。以个体为主体，表现为企业管理者或员工从网络关系中获取资源，进而转化为企业创新资源，实际上可以理解为本书第 3 章、第 4 章所探讨将人际互动转化为企业层次资源，以及社会资本跨层次契合的过程。以企业为主体，表现为企业从网络组织中利用社会关系获取资源，这与通过支付费用获取资源是截然不同的资源获取方式（Starr and MacMillan，1990）。

关系嵌入表示网络中节点之间对需求或目标的重视程度、相互间信任及信息共享程度（Granovetter，1992）。已有文献通过实证分析检验了关系嵌入对资源获取的正向影响（例如，谭云清和翟森竞，2020）。从目标和需求的重视程度来看，关系嵌入使企业与其他主体更容易形成一致性的创新目标与创新需求，从而有利于通过资源共享使企业获取创新所需资源。从信任方面来看，信任提升了企业之间遵守承诺的水平，减少了信息不对称程度，可以使合作企业之间更有效地分享资源（McEvily and Marcus，2005）。从信息共享程度来看，关系嵌入促进了企业之间的信息共享，有助于企业获得开展创新活动的信息资源。

8.2.2　结构嵌入与企业创新资源获取

关系嵌入和结构嵌入是从不同层面对嵌入网络进行解构的变量，关系嵌入是对嵌入网络的微观解构，而结构嵌入是对嵌入网络的中观解构（黄中伟和王宇露，2007）。结构嵌入主要指网络中主体之间通过第三方进行间接联结，形成以系统为特点的关联结构（Granovetter，1992）。已有文献对结构嵌入大多通过网络密度、网络中心性、网络规模、网络稳定性等指标进行衡量（Swaminathan and Moorman，2009）。其中，中心性和结构洞两个表示网络位置的指标经常会在进行结构嵌入性分析时运用到研究中。

对于中心性和结构洞的内涵,本书第 6 章和第 7 章在董事网络效应的研究中进行了介绍。从网络中心性和结构洞对创新资源获取的影响来看,中心性越高,企业越处于网络中心位置,与之有联结关系的主体越多,越能利用特殊的网络位置获取更多的资源用于创新活动。企业越处于结构洞位置,越具有信息优势(Burt,1992),可以获取更多可以用于创新活动开展的非冗余信息资源。相比较中心位置而言,结构洞位置的占据可以为企业带来更多异质性资源,这对于企业开展探索式创新提供了更有力的资源支持。

8.2.3 认知嵌入与企业创新资源获取

祖金和迪马吉奥(Zukin and Dimaggio,1990)在关系嵌入性与结构嵌入性的基础上进一步探讨嵌入性分析框架,提出认知嵌入性。认知嵌入性指行为主体的认知与行为选择会受到所处环境及社会关系结构的引导、限制与影响,也是嵌入性相关研究中经常会运用的分析维度。相对于关系嵌入性关注的关系联结、结构嵌入性关注的网络位置而言,认知嵌入性更多地侧重思维理念、知识结构、社会认知等具有内隐性的方面,对创新资源获取的影响也呈现出相应的侧重点。

创新来源于相关知识的运用,而复杂的知识并非仅源自工作本身,也可能来自组织内部以及组织之间的社会互动(Brown and Duguid,2000)。创新活动的开展也是企业与其他主体之间进行知识交流与共享的过程,这实际上体现了认知嵌入性对创新的影响。通过网络组织中共享的显性和隐性知识,企业可以通过对创新活动相关知识的内化,获取和丰富创新的知识资源。另外,网络关系结构会影响企业认知,包括对开展创新活动的相关认知产生影响,从而影响到企业对创新机会的感知以及对创新资源获取的战略选择。

以上三个方面分析了关系嵌入性、结构嵌入性和认知嵌入性对创新资源获取的正面效应。然而由于嵌入性悖论的存在,如果企业在网络组织中的嵌入性程度过高,会导致关系的锁定效应和网络的封闭排他性,形成由惯例化和程序化导致的保持既定思维与行为方式的嵌入惰性。这会使企业失去应对外在环境变化的能力，冗余信息流增加、信息噪声化，难以从外部获取新信息，形成僵化的思维和认知，从而对企业创新产生负面效应。

8.3　网络能力对创新优势提升的影响

8.3.1　网络能力的内涵与维度

8.3.1.1　网络能力的内涵

网络能力（networking ability）由哈肯森（Hakansson，1987）较早提出并进行界定，被看作企业改善自身整体网络位置以及处理网络关系的能力。之后有关网络的相关研究中，国内外很多学者对网络能力的概念进行了进一步界定。帕拉达和奎斯特（Parida and Rtqvist，2015）认为网络能力是企业获取核心战略资源和维持长期竞争优势的重要能力，并将网络能力定义为企业开发和管理外部网络关系以及有效处理网络中矛盾的能力。邢小强和仝允桓（2006）将网络能力定义为企业基于内部知识和其他补充资源，通过识别网络价值和机会，塑造网络结构，开发、维持与利用各层次网络关系以获取稀缺资源和引导网络变化的动态能力。

随着网络能力研究的细化，也有学者从个体层次对网络能力进行界定，探讨企业中创业者等关键性主体的网络能力。例如，基于郭和米勒（Guo and Miller，2010）认为企业网络能力的概念可以运用到微观的个体层次；任胜钢和舒睿（2014）分析了创业者网络能力，将其定义为创业者通过识别自身的关系网络价值，开发、维护和利用网络关系以获取信息和资源的动态能力。

8.3.1.2　网络能力的维度解构

网络能力是一个具有复杂性和丰富内涵的概念，学者们从不同角度对网络能力进行了维度解构。从任务和资质的角度，里特（Ritter，1999）认为网络能力包括任务执行和资质条件，任务执行又分为特定关系任务执行和跨关系任务执行，资质条件包括专业资质和社交资质，任务执行是资质条件的基础，企业需要通过执行任务来提升相应的资质。从网络设置与伙伴选择的角度，哈格顿、里奥亚科斯和克莱宁伯格（Hagedoorn，Roijakkers and Kranenburg，2006）将网络能力划分为基于中央性的网络能力和基于效率的网络能力。从战略、网络、关系等不同层次的角度，邢小强和仝允桓（2006）将网络能力分解为网络愿景能力、网络管理能力、组合管理能力和关系管理能力，认为网络愿景能力是网络能力在战略层次上的体现，需要从网络演化和企业自身发展的角度进行战略思考与规划；网络管理能力是从网络整体角度对企业进行定位，通过制定和执行网络管理任务以推动网络变革；组合管理能力是企业对多重关系进行管理的能力；关系管理能力是企业针对与特定组织或群体的二元关系进行管理的能力。

本书认为网络能力是对自主嵌入性的体现，网络中的节点企业不是被动地嵌入网络和受到所处关系结构的影响，而是能够自主地构建和管理社会关系网络的主体。相对应地，节点企业从被动的价值提供者转化为主动的价值共创者。网络能力可以看作是一种与网络关系和结构相关的动态能力，是企业在不确定情境下，融入、构建和管理网络关系，并有效利用网络资源以提升竞争优势的动态能力，可以进一步解构为网络融入能力、网络构建能力、网络管理能力和网络学习能力。

8.3.2 网络能力不同维度对创新优势提升的影响

8.3.2.1 网络融入能力与企业创新优势提升

对于社会关系网络，无论大企业还是小企业都可以逐渐构建自身的关系网络，而对于以创新为导向、具有一定规模的网络组织，往往适合小企业的不是构建而是融入。网络融入能力指的是企业选择与自身目标相匹配的网络组织，有效融入既有网络组织的能力。

网络融入能力越强，企业越能抓住创新机会，及时融入与自身创新目标一致性程度较高的创新网络，基于关系嵌入、结构嵌入和认知嵌入获取需要的创新资源。通过融入创新网络，成为其中的一个节点，企业可以克服单独开展创新活动的弊端，规避独立创新的风险，建立与其他节点的创新合作关系。尤其是对创新资金不够充裕、规模有限的小企业而言，可以采取跟随型的创新战略，在网络中主导企业已开展创新活动的方向和基础上，采用模仿、合作等方式，选择适合本企业发展的技术进行调整、改进和开发，形成小企业的自身创新优势。

网络融入能力大多针对小企业而言，虽然小企业可以不具有构建创新网络以及在创新方面领先的能力，但是也需要具备某一方面的自身竞争优势。比如，专注于产业链条或创新流程中的某一个环节，聚焦于核心业务，能够在网络中发挥自身优势并贡献出相应的价值，从而获得在创新网络中的网络资质与合法性，才有可能被创新网络所接纳，真正融入网络中。

8.3.2.2 网络构建能力与企业创新优势提升

相比于小企业融入网络，大企业更有能力进行创新网络的构建，通过社会关系和经济关系的整合，形成初步的创新网络并吸引更多的企业融入网络，从而构建具有一定规模的创新网络结构。这种有影响力的企业往往位于创新网络的中心位置，是网络中的核心企业，也是创新网络的构建者和领导者。核心企业的网络构建能力越强，越能充分发挥创新网络的网络效应和创新效应，构建并拓宽多元创新渠道，将节点企业整合在一起，布局网络中的关系联结与节点位置，形成一个共生共创的创新生态系统，充分地调动各个生态位企业的创新资源，发挥各个节点企业的创新优势。

对于社会网络，无论大企业还是小企业都是自身社会关系网络的构建者。通过社会关系网络的构建，企业与外部组织之间逐渐从单一的二元关系发展成为多组织间相互依存的网络关系（Yang，Lin and Lin，2010）。网络构建能力越强，企业越能获得更丰富的社会资本，弥补内部创新资源的不足，降低开展创新活动的风险，从而在社会关系网络中获取相应的创新优势。

8.3.2.3　网络管理能力与企业创新优势提升

网络管理能力既涵盖整体创新网络的管理，也涵盖各企业对自身社会关系网络的管理。对于整体创新网络，核心企业不仅是创建者，也是网络的管理者。核心企业的网络管理能力越强，越能优化安排各个企业的创新分工与合作，引导创新网络实现整体的创新战略目标。随着创新网络逐渐演化为一个自组织的创新生态系统，以核心企业为主导的网络管理逐渐演进为各个节点的自我管理，在网络相关契约的激励和约束作用下，节点企业共同在创新活动中做出贡献并获取收益，网络整体创新优势和节点企业创新优势都可以得到提升。

对于各企业自身的社会关系网络，网络管理能力强调企业与整体网络的互动关系，通过执行发起、交换、协调与控制等各种网络管理任务，引导网络向有利于自身的方向发展，从而占据网络优势地位（邢小强和仝允桓，2006）。网络管理能力越强的企业，越能占据网络中的优势位置，可以持续地从社会关系网络中获取创新的相关信息与资源，与其他主体共同开展创新活动并发挥协同效应，实现不同创新要素的有机整合，从而形成多元主体互动的协同创新优势。

8.3.2.4　网络学习能力对创新优势的影响

创新离不开企业从外部网络中学习相关的知识、创意、技术等以丰富自身的无形资源，尤其是创新活动中存在大量具有复杂性和潜在性的隐性知识，更需要企业具备较强的网络学习能力。

网络学习能力越强，企业越能有效识别出对创新活动有益的潜在知识，从外部社会关系网络的知识源中筛选出非冗余的创新知识，通过外部知识的输入与内化，形成用于企业创新的完整知识体系，在创新知识的类型、数量和质量等方面进行调整和优化，从而在创新知识获取、积累与运用等方面提升企业创新优势。网络组织的整体学习能力越强，越能形成不同节点企业之间的知识流动与共享，通过探索式学习进行知识的更新与优化，或通过利用式学习进行知识的吸收和运用，从而形成整个网络组织的互动创新优势。

8.4 企业网络的动态演化对创新方式选择的影响

8.4.1 两类网络演变轨迹与双元性创新

奇达夫和蔡文彬（Kilduff and Tsai，2003）在考察网络演变轨迹时，对目标引导（goal-directedness）与偶得（serendipity）两种不同的过程进行了区分，将两类网络演变从隐含假设、网络成长路径、结构动力、冲突机制、对个体行动者意义等方面进行了全面的比较分析，如表 8 - 1 所示。

表 8 - 1   两类网络演变过程

项目	目标引导的网络演变	偶得的网络演变
隐含的假设	行动者有共享的目标，构建网络是为了这一目标的实现	无事先制定的目标，网络是在随机性的变异、选择和保留中演化的
网络成长路径	基于共同目标，网络构建速度快，新目标的形成会延长网络的生命周期	网络构建速度相对较慢，借助于对角联结而成长，网络具有稳健的生存能力
结构动力	具有中心领导者的集中化网络，存在核心－边缘结构；有紧密的联结、清晰的边界，结构洞现象少，不太容易形成次网络；基于成员加入的成长方式	不具有中心领导者的非集中化网络；松散的联结、模糊的边界，存在结构洞现象，可能形成次网络；基于两两对角匹配的成长方式
冲突机制	如果存在目标上的冲突，很容易导致网络的解体	网络中可能存在若干子群，每个子群相对都很团结
对个体行动者意义	相对同质的行动者，个体基于共享的目标加入网络，强调整体网络范围的信任	多样化、异质的行动者，个体基于共同的联结而加入网络，强调二元关系层次的人际信任
创新方式选择	利用式创新	探索式创新

注：表中隐含假设、网络成长路径、结构动力、冲突机制、对个体行动者意义的分析出自资料来源中的文献，最后一行有关创新方式选择的分析是本书在网络演变轨迹分析的基础上，结合两种不同类型创新方式特征进行的阐释。

资料来源：奇达夫，蔡文彬. 社会网络与组织 [M]. 王凤彬，朱超威，等译. 北京：中国人民大学出版社，2006。

基于两类不同的网络演变轨迹，网络中企业创新会呈现出不同的特点。相比较而言，目标引导的网络演变中，创新方式更倾向利用式创新，原因在于行动者之间的同质化，以及网络节点之间的紧密联结，使得网络缺少异质性的创新资源与信息，企业从网络中获取的资源主要用于现有产品和技术的改进，更多地进行基于现有知识、技术的利用式创新。偶得的网络演变中，创新方式更倾向于探索式创新，原因在于多样化、异质的行动者，相对松散的网络联结，使企业更有可能占据结构洞位置，从而发挥弱联结的优势，从网络关系中获得更多的非冗余信息，有利于探索式创新活动的开展。

对于利用式创新与探索式创新的平衡，可以通过以下两种方式实现。一方面，网络的演变轨迹不是一成不变的，在不同阶段、不同时点可能呈现出不同的演变轨迹特征，网络中的企业在不同的时间节点可以获得利用式或探索式创新的优势，从而在时间维度上实现双元性创新平衡。另一方面，企业可以同时嵌入于多重网络中，不同网络存在目标引导或偶得的演变轨迹，使企业可以从不同网络中获取利用式或探索式创新的不同知识、技术资源，从而通过多重嵌入实现双元性创新平衡。

8.4.2 网络特征变化与企业创新方式选择

随着网络的动态演化，网络规模、网络密度等网络特征也会出现相应的变化。网络规模越大，网络中蕴藏的创新机会、技术、信息就越多，越有可能促进企业突破传统的线性创新思路，颠覆固化模式，形成非线性创新。网络规模越大，企业在网络中可以建立联结的节点就越多，除了已经存在的联结关系，也可以通过已联结节点的关系传递作用与更多的主体建立联系，因此可以获得更丰富的创新资源，越有可能进行开放式创新。例如，越来越多的企业将用户作为参与产品和服务创新的主体，以开放式创新社区形成用户参与的创新网络。随着开放式创新社区的用户网络规模逐渐变大，更多的用户提出产品设计与创新的相关建议或参与互动表达观点，企业更能从中获得信息资源和创意方案，更有利于开放式创新活动的开展。

　　通过对已有文献的梳理，网络密度对创新影响的研究结论存在较大分歧。有的研究认为网络密度越高，越容易形成主体之间的强联结，可以促进复杂知识的共享与传递，从而有利于企业创新（Ahuja，2000）。也有的研究认为网络密度高会使主体产生惯性行为而不愿意从外部环境中搜索和获取新知识（Zheng and Yang，2015）。还有的研究提出网络密度对创新的影响需要考虑情境的影响，应在不同情境下，依据网络密度情况采取不同的对策（于飞、胡查平和刘明霞，2021）。本书认为网络密度的增高，有可能对创新产生两种不同的影响。一方面，网络密度增高，知识在网络中的流动性往往会加强，企业与网络中其他节点之间更能形成创新的合力，有利于合作创新的进行。另一方面，网络密度增高也会导致网络中冗余的知识和信息过多，减少了结构洞位置及其带来的优势，缺少有利于创新活动开展的异质性资源。这些正面或负面的影响会随着网络密度的变化而加强或减弱，企业开展创新活动的方式要依据密度的变化以及相关情境因素而进行调整和优化。

8.4.3　网络发展阶段与企业创新方式选择

　　社会网络的动态性特征导致了嵌入于个体网络本身的二元关系也处于不断的变化之中（Teece，Pisano and Shuen，1997）。以企业为中心的社会网络演化，往往是从较弱的二维联结发展为较强的网状结构（Nobeoka，2000），网络发展阶段呈现出从二元关系联结到多重关系组合的特点。随着与企业建立联结关系的主体越来越多，企业不断累积创新资源与优势，创新方式的可选择类型也更多元化。

　　从整体创新网络层次来看，创新网络大体会经历从初步形成—网络扩张—发展成熟或衰退的不同阶段。沿着网络阶段的延续，创新网络的规模和密度不断变化，相应的创新战略与方式也要进行调整，在不同发展阶段采取与之相匹配的开放式创新、非线性创新等方式。通过对网络嵌入、网络能力、网络演化三个方面创新效应的分析，本章构建了网络组织影响企业创新资源获取、创新优势提升和创新方式选择的分析框架，如图 8-1所示。

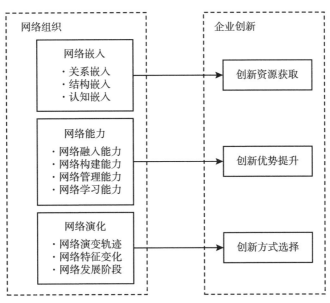

图 8 - 1　网络组织与企业创新

8.5　本 章 小 结

　　本章基于网络理论探讨企业创新，对网络组织的定义进行梳理，整合已有研究观点，认为网络组织是由两个及两个以上节点联结而形成的组织形式，并从交易费用视角、资源与能力视角、专业化分工视角对网络组织的内涵进行了分析。探讨了对企业网络进行分析时经常会用到的工具性理论，包括社会资本理论、结构洞理论、强弱关系理论、嵌入性理论，并对从不同视角阐释网络形成、演化与运行规律的行动者网络理论、社会网络理论、复杂网络理论、价值网络理论等不同类型网络理论进行了梳理与分析。在此基础上，构建了网络嵌入、网络能力、网络演化影响企业创新的整体分析框架，探讨了网络嵌入涵盖的关系嵌入、结构嵌入和认知嵌入维度对创新资源获取的影响，并立足嵌入性悖论分析过度嵌入和网络锁定带来的负面影响；将网络能力解构为网络融入能力、网络构建能力、网络管理能力、网络学习能力，分析网络能力对创新优势提升的影响；分析"目标引导"和"偶得"两种网络演变轨迹对探索式和利用式创新的作用机理，以及网络规模、网络密度等网络特征变化，网络发展阶段对创新方式选择的影响。在网络组织影响企业创新的分析过程中，运用了嵌入性理论、强弱关系理论等相关工具性理论，并着重从单个企业社会关系网络和整体创新网络两个层次进行分析。

　　未来研究可以在本章构建理论框架的基础上，运用网络层次网络嵌入、网络能力、网络演化和企业层次创新的相关数据进行实证检验，得出更有说服力的研究结论。本书第 7 章、第 9 章实际也是分别以董事网络和新创企业为例，实证分析了社会资本、董事网络对创新的影响机理，未来研究可以针对其他类型的网络和企业进行进一步拓展。后续研究还可以在本章分析框架的基础上，探寻网络组织影响企业创新的作用路径以及情境因素，运用案例分析方法对具有启示性和代表性的网络组织进行分析，丰富和深化基于网络理论的创新研究。

蕴藏在社会关系网络中的外部社会资本，是突破资源约束困境、推动创新行为的重要因素，而现有研究尚未充分阐释其内在作用机理。本章将这一问题置于创业情境中，以新创企业及其员工为研究样本，探讨了企业外部社会资本对员工创新行为的影响机理。运用跨层次理论及研究方法，将个体层次和企业层次的变量整合在同一个理论框架，探讨异质性知识资源和主动性人格在新创企业社会资本对员工创新行为影响中的差异化作用，对跨层次变量之间的作用机制进行了理论分析与实证检验。本章的相关观点与结论对新创企业构建外部社会资本、有效利用外部社会资源、发挥异质性知识资源的整合效应、激发员工创新行为的管理实践具有借鉴意义。

9.1 引　言

随着知识经济的兴起和市场竞争的日益激烈，创新对企业而言的重要性凸显，成为企业适应快速变化环境的重要方面。尤其对新创企业而言，面对环境的不确定性与自身的新进入缺陷，通过创新以开发和引入新的产品、流程及商业模式，成为新创企业的本质活动与成败关键（Anderson et al.，2014）。然而，创新具有多层次性，就作为创新表征的行为而言，既有新创企业层次上整体性的创新活动，也有个体层次上差异化的创新行为。新创企业员工创新行为作为创新理念与活动的微观体现，是影响新创企业创新能力与绩效的基础性因素。由于创新的复杂性和不确定性，需要大量资源投入（Tsai and Ghoshal，1998），而在中国转型经济背景下，新创企业面临着较严重的资源困境（蔡莉和单标安，2013）。如何突破创新创业的资源约束难题，是一直以来学者们关注的热点问题。企业关系网络中的社会资本，作为弥补不完善正式制度的重要途径（Li and Zhang，2007），成为新创企业破解创新创业资源约束难题、弥补新进入缺陷、激发创新行为的突破口。

通过文献梳理，有关社会资本对个体创新行为影响的研究主要有两类：一类研究主要关注内部社会资本对创新行为的影响，分析个体在组织内的关系网对其创新行为在知识利用、资源整合（Akram，Ghosh and Joseph，2021）等方面的支持作用。另一类研究聚焦个体层次探讨二者之间的关系，认为社会网络能够反映出个体的社交关系，个体社会网络带来的信息和资源有利于个体创新（Granovetter，1973），个体的社会关系可以带来大量的嵌入信息和新颖创意，有利于激发个体的创新行为（Bernard and Simonin，1999）。然而在新创企业中，员工创新行为不仅受到自身关系网络的影响，也与新创企业整体的社会关系结构紧密相关。关注创新过程中行为主体的互动机制，注重采用多主体相融合的跨层次研究已成为新时代创新研究的新方向（杨俊，2018）。以多层次视角探讨个体与企业之间的相互作用与影响是具有挑战性的研究（Hirst，Knippenberg and Zhou，2009），新创企业社会资本对员工创新行为的跨层次影响必然会涉及两个层次主体动机与行为之间的连接与互动，有必要对两个层次因素的交互作用进行整合性讨论与分析。

鉴于此，本书以外部社会资本为视角，运用跨层次理论与方法，探讨新创企业社会资本对员工创新行为的影响机理，以异质性知识资源获取为中介变量，主动性人格为调节变量构建理论模型，打开跨层次影响的"黑箱"。相关结论与观点可以丰富创新管理、社会资本的跨层次研究，并为新创企业管理实践中有效利用社会资本以及激发创新行为提供有益参考。

本章的理论贡献在于以下几个方面：首先，充分关注跨层次变量之间的交互关系，以跨层次理论与方法进行研究，为社会资本与创新行为相关研究提供了新的研究思路。已有研究大多从单一层次视角探讨社会资本对创新行为的影响，然而新创企业整体性外部资源的获取如何影响以个体行为为表征的创新，是一个涉及企业、个体两个层次变量交互作用的复杂过程，有必要运用跨层次理论视角和分析方法对层次间交互作用机理进行探索。其次，厘清了外部社会资本作用于员工创新行为的路径与边界，丰富了社会资本创新效应的相关研究。社会资本可以产生创新已得到普遍认同，但对于社会资本如何对创新行为产生作用？作用的中间路径和边界条件是怎样的？是现有研究尚未充分阐释的。尤其在跨层次研究视角下，这一作用机制更具有复杂性。本研究打开了新创企业外部社会资本作用于员工创新行为的"黑箱"，进一步整合和拓展了社会资本、新创企业、创新管理的相关理论。最后，探讨了主动性人格对异质性知识资源获取转化为员工创新行为的差异化作用机制，对现有相关理论进行了深化。摒弃已有多数文献将主动性人格简单作为促进创新的前因或调节变量的思维约束，深入探讨了主动性人格作为创新情境因素对显性和隐性知识资源获取在发挥创新效应时的差异化作用机制，从而通过理论的纵深发展更真实地刻画创新创业实践中的现象。

9.2 理论分析与研究假设

9.2.1 企业外部社会资本与员工创新行为

社会嵌入性理论认为个体的经济行为嵌入于社会关系结构，会受到所在情境的影响。沿着这一思路，员工的创新动机与行为亦嵌入于所在企业的社会关系结构中。新创企业外部社会资本对员工创新行为的影响，主要体现在关系维度、结构维度和认知维度三个方面。

关系维度方面，可以丰富员工创新所需的资源。关系是社会资本多个维度中基础性维度，结构维度是关系累积在一起的整体性体现，认知维度中的理念、思维等元素亦是蕴藏在主体之间的关系中。尤其在中国根深蒂固的关系主义导向文化情境中，倾向使用关系协调各种交易活动（Tsui and Farh，1997），关系社会资本成为创新创业活动获取资源的重要途径。而创新资源是保证创新活动可以开展的前提条件，由于创新活动的不确定性需要大量有利于创新的资源投入作为保障。已有研究表明，社会网络中的水平联结关系和垂直联结关系都会对企业创新产生显著影响（Tomlinson，2010）。垂直联结关系可以为企业带来来自上下游主体的资源，而水平联结关系可以为企业带来产业链条中同一环节层次主体的资源，与社会网络中其他这些主体的联结关系带来的资源都可以为有关创新活动的开展提供资源支持。信任是社会资本关系维度中的关键性内涵，基于彼此相互信任、尊重和友谊产生的关系资本可降低主体的投机行为，防止关键专业技术溢出，提升在合作中获得的学习效果（Kale，Singh and Perlmutter，2000）。通过信任关系的建立，可以使企业与外部主体建立合作，获取更多用于创新的社会资源。除了已有关系的创新效应，关系还具有传递性（胡雯和武常岐，2004）。通过主体之间的关系传递，可以实现经济关系与社会关系的互构，从而促进创新资源的共享（郑方和彭正银，2017）。已有的关系联结可以通过关系传递为企业带来更多的联结主体，这些联结主体有可能会为企业创新投入提供必要的资源。

结构维度方面，可以拓展员工创新的多元化渠道。结构社会资本表示网络节点间的联结方式（Nahapiet and Ghoshal，1998），关注社会关系的整体网络结构（Garcia-Villaverde，2018）。与关系维度相比，结构维度可理解为众多主体纵横交错关系的集束，提供了行为信息与声誉从直接交流转向间接的作用渠道（Gulati，1998）。中心度和结构洞是社会网络分析中常用到的结构性指标，结构社会资本作为企业在社会关系网络中处于不同位置的体现，会影响到新创企业员工创新的差异化路径与渠道。新创企业在社会关系结构中的中心度越高，表示与其相联结的节点数目越多，新创企业在社会网络中越具有重要性，越能够通过与其他主体的互动了解创新技术的前沿与趋势，有效识别可以进行合作创新的联结对象，从而为企业中个体创新提供丰富的合作渠道。新创企业在社会关系结构中越位于结构洞位置，越可以成为其他节点间联结的中介与桥梁，新创企业及其员工越具有异质性联结关系且从中获得并控制非冗余信息，越能为员工创新行为提供创新相关的技术及资金渠道。

认知维度方面，可以带来员工创新的思维与理念。社会资本的认知维度强调行为主体在进行行为选择时会受到周边环境以及思维意识的指引、影响与限制（Zukin and Dimaggio，1990），是基于共同目标和愿景（Tsai and Ghoshal，1998）而形成的资源。嵌入于社会关系网络的新创企业，不仅是经济理性还是社会理性的，企业及其员工的行为动机和心智模式必然会受到其所处的社会关系的影响。按照组织模仿理论，企业往往会与其他有联结关系的主体之间性形成相互模仿，因此会在创新相关的战略思维、理念等方面存在高度相似性。认知社会资本既会通过社会建构和社会认知对新创企业员工创新产生塑造作用，又会通过思维、意识、价值判断等心智模式的改变，对新创企业员工的创新行为潜移默化地产生重构作用。比如，与新创企业有联结关系的主体在技术创新、管理创新方面的具体措施，会为企业员工的创新提供思路，形成个体创新的思维与理念。

基于此，本书提出如下假设：

假设1：新创企业外部社会资本（关系维度、结构维度、认知维度）对员工创新行为具有正向影响。

9.2.2 异质性知识资源的中介作用

依据资源基础理论，具有价值性、稀缺性、难以替代性和不易模仿的知识资源是企业持久竞争优势的重要来源。知识资源作为智力劳动的产物，是进行创新的关键要素（张保仓，2020）。尤其对于资源匮乏的新创企业而言，知识资源除了发挥自身知识效应，还能带动其他创新资源的获取、整合和利用，成为克服新进入缺陷的有效途径。创新活动的开展有必要借鉴其他主体进行创新的经验和相关已有技术，这些经验与技术的学习大都需要对于相关知识的习得，实质上是对知识资源的获取，可以看出知识资源获取对于个体创新行为而言发挥着非常重要的作用。

按照知识传递的可获性以及易得性，可以将知识资源分为显性和隐性两类（Nonaka，1994）。相比较而言，显性知识可定义、可编码，易于获取和转移，而隐性知识高度个性化，难以学习和模仿（朱宏森、张生太和闫辛，2019）。无论显性还是隐性知识资源，外部社会关系网络都是获取资源的重要渠道。创业者及其团队所拥有的社会资本是影响创业相关知识资源获取的基础性因素（Inkpen and Tsang，2005）。新创企业与其他企业拥有良好的互动关系和高度的认同感时，更容易获得合作企业的支持，从而更利于知识资源的获取（芮正云、庄晋财和罗瑾琏，2016）。新创企业在社会网络中的关系联结，以及在关系结构中的位置，通过社会关系产生和调整的相关认知，都会对知识资源获取产生影响。

扎赫拉和博格纳（Zahra and Bogner，2000）研究发现从外部网络中有效获取的知识资源会对创新产生正向的影响。个体创新行为的产生正是基于知识的积累、转化、再创造而实现的，其实是知识资源发挥创造力和创新性的过程。一方面，显性的知识资源可以通过在新创企业内员工之间的相互交流与学习，实现有效的知识转移，进而促进创新行为的产生。另一方面，隐性知识的获取可以为新创企业带来技术诀窍，以及新颖的心智模式（Madhavan and Grover，1998），从而对创新起到显著的推动作用（Leonard and Sensiper，1998）。因此，本书提出如下假设：

假设2：异质性知识资源在外部社会资本与员工创新行为之间具有中介作用。

假设2a：显性知识资源获取在关系社会资本（结构社会资本、认知社会资本）与员工创新行为之间具有中介作用。

假设2b：隐性知识资源获取在关系社会资本（结构社会资本、认知社会资本）与员工创新行为之间具有中介作用。

9.2.3　主动性人格的调节作用

作为体现员工特质的概念，主动性人格指的是个体在工作中选择积极主动的方式而不是遵循惯例的方式来解决问题，实现主动发现和探索的心理倾向（Frese et al.，1997）。拥有主动性人格的个体会主动识别有用信息，快速抓住机遇将信息加以转化以期适应或创造环境；而缺乏主动性人格的个体则缺乏果断性，被动地接受或忍受环境，对外在环境更多地呈现出惰性。

在面对知识资源时，是否具有主动性人格的个体会在资源获取、资源整合、资源利用等方面都存在不同的处理方式。在资源获取方面，拥有主动性人格的员工与非主动性人格的员工相比，较少受到环境的制约，会不断寻求突破与创造环境（Bateman and Crant，1993），更乐于探索和挖掘现有环境中潜在资源，可以更主动积极地获取知识资源。在资源整合方面，主动性个体在工作中会更为积极主动地寻求实现个体和组织目标的信息、知识和技能，并通过对这些资源的整合形成创新驱动力（张振刚、余传鹏和李云健，2016）。在资源利用方面，拥有主动性人格的个体会更加主动地思考对资源的运用，从而可以实现对知识资源的有效利用。从对创新行为影响的角度而言，拥有高主动性人格的员工更具有冒险和竞争精神，敢于接受新鲜的新颖的事物，积极地开辟新的方式解决繁杂的问题。与此同时，也会更倾向于与他人进行信息交换与知识共享，降低创新行为产生的信息获取成本，加快知识储存速率（周愉凡等，2020）。拥有主动性人格的员工无论在知识资源获取还是个体创新，以及相关的行为表现中都呈现出与一般员工不同之处。在信息传递和交换过程中表现出更为强烈的意愿，同时也会进行一定的沟通和协调，能够保持良好的工作关系，这种良好的互动可以促进员工定期或不定期地开展相关活动，进而促进创新行为的产生（Gong et al.，2012）。基于此，本研究提出如下假设：

假设 3：主动性人格对知识资源获取与员工创新行为之间起正向调节作用。

假设 3a：主动性人格对显性知识资源获取与员工创新行为之间起正向调节作用。

假设 3b：主动性人格对隐性知识资源获取与员工创新行为之间起正向调节作用。

基于上述理论梳理与假设，本章构建理论模型（如图 9-1 所示）。在模型构建时充分考虑两个层次因素之间的相互作用，以知识资源获取作为跨层次中介变量，以主动性人格为调节变量，用以阐释新创企业外部社会资本对员工创新行为影响机理。

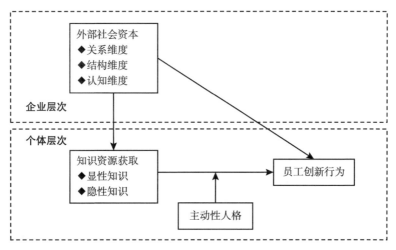

图 9-1   社会资本影响创新行为的理论模型

9.3   研 究 设 计

9.3.1   问卷设计与数据收集

本书模型包括新创企业层次（外部社会资本）和个体层次（知识资源获取、主动性人格、员工创新行为）两个层次的变量，呈现出明显的跨层次嵌套特征。因此，以"管理者-员工"匹配的方式进行问卷调研。由于管理者对企业整个社会关系状况，企业与外部环境中其他主体联结情况，以及外部资源获取情况更为了解，因此企业层次的外部社会资本由管理者填写问卷。对于个体层次的知识资源获取、主动性人格和员工创新行为由员工填写相关问卷。

采用现场调研、线上调研等多元形式进行问卷的发放与回收，由于本研究的研究对象是新创企业，按照已有研究的普遍做法，将企业的创立年限限定在 8 年以内。调研企业涉及电子通信、生产制造、生物科技、软件开发、批发零售等行业，问卷收集历时两个月，收集了 111 家新创企业的 111 份管理者问卷和 619 份员工问卷。剔除有缺失值、逻辑矛盾，以及企业员工填写数目不足 5 人的问卷，最终得到有效管理者问卷 81 份，有效员工问卷 422 份，平均每个管理者对应 5.21 个员工，符合马斯和霍克西（Maas and Hox，2005）提出的跨层次数据"50/5"原则，即每个高层次变量问卷至少需要匹配 5 个低层次变量问卷，才能更好地体现群组之间的差异。

9.3.2 变量测量

本研究变量测量量表均为经过已有文献验证具有较高信度的量表，并根据具体调研语境以及研究需要，对表述方式及部分题项进行了调整和修改，最终形成企业层次与个体层次的调研问卷。所有题项均采用 Likert-7 级量表进行测量，回答选项从"非常不同意"到"非常同意"分别由数字"1"到"7"表示。

对于外部社会资本，在纳哈皮耶特和戈沙尔（Nahapiet and Ghoshal，1998）研究的基础上形成量表，以关系维度、结构维度和认知维度进行测量，设计了"本企业与企业外部相关人员相信彼此的工作能力，尊重彼此的知识""外部相关主体会与本企业分享知识和工作经验""企业外部相关人员不会将本企业与其交流的知识随意泄漏给别人""当工作遇到困难时，企业外部相关人员能对本企业提供帮助""本企业与企业外部相关人员经常互相了解对方的情况""本企业与企业外部相关人员有定期的正式往来""本企业与企业外部相关人员经常进行多种形式的非正式交流""本企业与企业外部高校、科研单位的相关人员联系非常广泛""本企业与企业外部其他单位的相关人员联系非常广泛""本企业与企业外部相关人员对项目所涉及专业领域的符号、用语、词义都很清楚""本企业能很好理解外部相关人员说的专业术语""对于企业外部相关人员描述的项目问题，本企业能很快明白""对于合作项目所涉及的软件、工艺、流程等，本企业与企业外部相关人员都很熟悉"13 个题项。对于知识资源获取，借鉴泰兰格等（Tsange，Nguyen and Erramilli，2004）编制的量表，以显性知识和隐性知识两个维度进行测量，设计了"我可以获取市场需求方面的信息""我可以获取技术发展方面的知识"

"我可以获取政府政策方面的信息""我可以获取技术研发方面的知识""我可以获取创新管理方面的知识""我可以获取市场开发方面的知识"6个题项。对于主动性人格，借鉴贝特曼和克兰塔（Bateman and Crant，1993）开发的量表，以"如果我看到了自己不喜欢的事物，我会改变它""如果我坚信某件事情，无论成功概率大小，我都会尽力把它做好""我喜欢坚持自己的想法，即使别人反对""我善于捕捉机遇""我总是会寻找更好的做事方法""如果我坚信某个想法，没有什么障碍可以阻止我使之变成现实"6个题项进行测量。对于员工创新行为，参考了斯科特和布鲁斯（Scott and Bruce，1994）的研究，以"我总是寻求应用新的流程、技术和方法""我经常提出有创意的点子和想法""我经常与别人沟通并推销自己的新想法""为了实现新想法，我会想办法争取所需资源""为了实现新想法，我应该制定合适的计划和规划""总体而言，我是一个具有创新精神的人"6个题项进行测量。

9.4 跨层次数据分析与结果

本章运用 SPSS 23.0 与 HLM 6.08 进行数据统计与分析。SPSS 23.0 主要用于描述性统计、变量间相关性分析、信效度分析，HLM 6.08 主要用于对跨层次变量之间主效应、中介效应、调节效应的分析。选取 HLM 进行统计分析的原因在于本研究需要探讨企业层次和个体层次变量之间的关系，变量间存在明显的嵌套关系，无法用传统的回归分析来处理。多层线性模型（HLM）又称阶层线性模型，是一种将回归扩展到多层次数据结构，能够有效分析嵌套性质数据的统计分析软件。HLM 具有传统分析方法无法达到的数据处理功能，可以通过不平衡数据（unbalanced data）的交互式计算，提供变异共变因子（variance-covariance components）的有效估计数，除了可以同时估计不同层次变量对个体层次结果变量的影响，还可以将前因变量保持在合适的分析层次（Bryk and Raudenbush，1992）。因此，本研究选取 HLM，依据 HLM 的分析程序对跨层次变量之间的关系进行分析。

9.4.1 信度分析

运用 SPSS 23.0 进行分析，企业外部社会资本三个维度的 Cronbach's α 系数分别为 0.705、0.742、0.774，显性知识资源两个维度的 Cronbach's α 系数分别为 0.633、0.697，主动性人格的 Cronbach's α 系数为 0.671，员工创新行为的 Cronbach's α 系数为 0.749。

一般而言，Cronbach's α 系数大于 0.9，说明量表的可信度非常高；Cronbach's α 介于 0.7 和 0.9 之间，说明量表的可信度较高；Cronbach's α 介于 0.5 和 0.7 之间，说明量表信度可以接受；Cronbach's α 小于 0.5，说明测量结果不可信（吴明隆，2000）。通过将本研究各个变量量表的 Cronbach's α 与标准相对应，可以看出量表的信度水平较高。

9.4.2 验证性因子分析

为了检验变量之间的区别性，运用 SPSS 23.0 对知识资源获取、主动性人格及员工创新行为进行验证性因子分析。验证性因子分析（confirmatory factor analysis，CFA）可以用来检验各个因子与量表拟合程度以及模型的拟合程度。验证性因子分析主要观察 χ^2/df、拟合优度 GFI、近似误差均方根 RMSEA、残差均方根 RMR、比较拟合指数 CFI、赋范拟合指数 NFI、非范拟合指数 NNFI 等拟合指标。通过这些指标的大小，可以判断拟合是否良好。

本研究验证性因子分析的结果如表 9 - 1 所示。在基准模型（4 因子模型）的基础上，提出 3 因子模型：显性知识资源获取和隐性知识资源获取合并为 1 个因子，员工创新行为、主动性人格分别为 1 个因子；2 因子模型：显性知识资源获取、隐性知识资源获取和主动性人格合并为 1 个因子，员工创新行为为 1 个因子；1 因子模型：显性知识资源获取、隐性知识资源获取、主动性人格、员工创新行为合并为 1 个因子。4 因子的模型拟合效果最好（GFI = 0.92，RMSEA = 0.061，RMR = 0.05，CFI = 0.898，NFI = 0.845，

NNFI = 0. 879），模型拟合均达到判断标准，且好于其他几个模型，说明变量之间有较好的区分性。3 因子模型将显性知识资源与隐性知识资源进行合并，模型拟合效果较好（GFI = 0. 91，RMSEA = 0. 064，RMR = 0. 05，CFI = 0. 89，NFI = 0. 83，NNFI = 0. 87），2 因子模型和 1 因子模型拟合效果较差。

表 9 – 1 个体层次各变量验证性因子分析（N = 422）

模型	χ^2	df	χ^2/df	GFI	RMSEA	RMR	CFI	NFI	NNFI
模型 1：YGCX、ZSZYX、ZSZYY、ZDXRG	330. 74	129	2. 56	0. 92	0. 061	0. 05	0. 90	0. 85	0. 88
模型 2：YGCX、ZSZYX + ZSZYY、ZDXRG	359. 62	132	2. 72	0. 91	0. 064	0. 05	0. 89	0. 83	0. 87
模型 3：YGCX、ZSZYX + ZSZYY + ZDXRG	533. 347	134	3. 98	0. 86	0. 084	0. 07	0. 80	0. 75	0. 77
模型 4：YGCX + ZSZYX + ZSZYY + ZDXRG	537. 86	135	3. 98	0. 86	0. 084	0. 07	0. 80	0. 75	0. 77

注：YGCX 代表员工创新行为，ZSZYX 代表显性知识资源获取，ZSZYY 代表隐性知识资源获取，ZDXRG 代表主动性人格，" + "表示合并。

9. 4. 3 相关性分析

运用 SPSS 23. 0 对变量进行相关性分析，检验变量之间的相关性，对假设检验进行初步的验证。变量的均值、标准差、相关系数汇总情况如表 9 – 2 所示，可以看出，个体层次显性知识资源获取与员工创新行为存在正向相关性（r = 0. 583，p < 0. 01），隐性知识资源获取与员工创新行为存在正向相关性（r = 0. 518，p < 0. 01），主动性人格与员工创新行为存在正向相关性（r = 0. 664，p < 0. 01）。这些变量之间的相关系数均小于 0. 7，主要变量的相关关系为后续的假设检验奠定了基础，为验证本研究提出的理论假设提供了初步支持。

表 9 - 2   相关性分析

层次	项目	平均值	标准差	1	2	3	4	5	6
个体层次	1. 受教育程度	2.562	0.804	—					
	2. 年龄	1.374	0.545	0.159***	—				
	3. 主动性人格	4.748	0.686	0.090	0.044	0.783			
	4. 显性知识资源获取	4.951	0.722	0.192***	0.119**	0.329***	0.871		
	5. 隐性知识资源获取	5.004	0.797	0.128***	0.086	0.394***	0.628***	0.889	
	6. 员工创新行为	5.353	0.654	0.191***	0.085	0.664***	0.583***	0.518***	0.816
企业层次	1. 人数	2.198	1.317	—					
	2. 时间	2.519	0.868	0.270**	—				
	3. 结构维度社会资本	4.843	1.068	0.038	0.197	0.840			
	4. 关系维度社会资本	4.667	0.926	0.003	0.317***	0.516***	0.850		
	5. 认知维度社会资本	4.960	1.005	0.037	0.279**	0.529***	0.638***	0.890	

注：*** $p < 0.01$，** $p < 0.05$，* $p < 0.1$。

9.4.4　数据聚合检验

在本研究中，由于员工创新行为、知识资源获取都是由多个个体评价，收集的数据代表个体感知的水平，需要将个体层次聚合到企业层次。个体层次数据到企业层次数据的加总聚合，需要符合一定的聚合条件，一般会考虑统计指标 ICC（1）和 ICC（2）来评价数据从个体层向团队层聚合的可靠性。ICC（1）主要用来分析不同组别之间是否有显著的组间差异，ICC（2）指的是群体平均数的信度，也就是个体层次变量聚合为群体层次变量时的信度（如 Bartko，1976）。依据詹姆斯（James，1982）相关研究的判断标准，ICC（1）大于 0.05 与 ICC（2）大于 0.50 的情况下，可以看作达到可以接受的标准，符合加总聚合的基本要求。

按照跨层次检验步骤，需要先对个体层次变量进行零模型（null model）检验，验证个体层次变量的组内相关系数（ICC），以判断组间是否存在显著差异，是否达到数据聚合条件。通过以员工创新行为与知识资源获取作为结果变量，运用零模型进行分析，构建零模型如下：

个体层次：$Y_{ij} = \beta_{0j} + \gamma_{ij}$

企业层次：$\beta_{0j} = \gamma_{00} + \mu_{0j}$

完整模型：$Y_{ij} = \gamma_{00} + \mu_{0j} + \gamma_{ij}$

运用 HLM 6.08 计算可知，员工创新行为的 ICC（1）值为 0.343，ICC（2）值为 0.73；知识资源获取的 ICC（1）值为 0.33，ICC（2）值为 0.72；显性知识资源获取的 ICC（1）值为 0.33，ICC（2）值为 0.714；隐性知识资源获取的 ICC（1）值为 0.25，ICC（2）值为 0.637。个体层次各个变量的 ICC（1）和 ICC（2）均高于判断标准，ICC（1）都大于 0.05，ICC（2）都大于 0.50，说明员工创新行为与知识资源获取存在显著的组间差异，可以将个体层次的数据加总聚合到企业层次，证明了本书进行跨层次研究的可行性。

9.4.5 假设检验

9.4.5.1 主效应检验

构建截距模型，将新创企业外部社会资本、企业层次控制变量带入，用以检验自变量对因变量及中介变量的影响。构建模型如下：

个体层次：$Y = \beta_{0j} + \gamma_{ij}$

企业层次：$\beta_{0j} = \gamma_{00} + \gamma_{01}(RS_j) + \gamma_{02}(Tim_j) + \gamma_{03}(Wsc_j) + \mu$

完整模型：$Y = \gamma_{00} + \gamma_{01}(RS_j) + \gamma_{02}(Tim_j) + \gamma_{03}(Wsc_j) + \gamma_{ij} + \mu$

HLM 6.08 运行结果如表 9 – 3 和表 9 – 4 所示，在控制了员工的年龄和受教育程度、企业的成立时间以及人数之后，外部社会资本对员工创新行为（模型 12，$\gamma = 0.239$，$p < 0.01$），外部结构社会资本对员工创新行为（模型 13，$\gamma = 0.162$，$p < 0.01$），外部关系社会资本对员工创新行为（模型 14，$\gamma = 0.155$，$p < 0.01$），外部认知社会资本对员工创新行为（模型 15，$\gamma = 0.174$，$p < 0.01$）均有显著的正向影响，假设 1 得到了支持。

9.4.5.2 中介效应检验

按照跨层次中介效应检验程序，本书的中介效应检验分以下几个步骤进行：第一步，进行零模型检验以及外部社会资本对创新行为的主效应检验，已得到支持。第二步，构建随机系数模型（random coefficient model），将个体层次的知识资源获取、员工创新行为带入模型，检验知识资源获取及其两个维度与员工创新行为之间的正向相关关系。第三步，检验外部社会资本对知识资源获取两个维度的影响。通过 HLM 的运行结果，可以看出外部社会资本对知识资源获取（模型 2，$\gamma = 0.231$，$p < 0.01$），结构维度社会资本对显性知识资源获取（模型 4，$\gamma = 0.173$，$p < 0.01$），关系维度社会资本对显性知识资源获取（模型 5，$\gamma = 0.15$，$p < 0.01$），认知维度社会资本对显性知识资源获取（模型 6，$\gamma = 0.178$，$p < 0.01$），结构维度社会资本对隐性知识资源获取（模型 8，$\gamma = 0.158$，$p < 0.01$），关系维度社会资本对隐性知识资源获

表9-3　HL模型分析结果（一）

	变量	知识资源获取			显性知识资源获取			隐性知识资源获取			
		模型1	模型2	模型3	模型4	模型5	模型6	模型7	模型8	模型9	模型10
	常数项	4.98***	3.66***	4.95***	3.74***	3.77***	3.67***	5.00***	4.16***	4.25***	4.07***
个体层次	年龄		0.085		0.099	0.101	0.099		0.072	0.075	0.073
	受教育程度		0.11**		0.14***	0.14***	0.14***		0.078	0.077	0.076
	知识资源获取										
	显性知识资源获取										
	隐性知识资源获取										
	主动性人格										
	知识资源获取×主动性人格										
	显性知识资源获取×主动性人格										
	隐性知识资源获取×主动性人格										
企业层次	成立时间		-0.043		-0.019	0.008	-0.015		-0.041	-0.013	-0.039
	人数		-0.034		-0.022	-0.031	-0.027		-0.044	-0.052	-0.048
	外部社会资本		0.231***								
	结构维度社会资本				0.173***				0.158**		
	关系维度社会资本					0.15***				0.124**	
	认知维度社会资本						0.178***				0.17***
	组内方差（δ^2）	0.316	0.312	0.354	0.342	0.342	0.342	0.476	0.478	0.478	0.478
	组间方差（π_{00}）	0.157	0.117	0.171	0.144	0.143	0.137	0.16	0.136	0.138	0.128
	离异数	816.44	812.54	862.47	858.08	857.73	855.69	968.34	977.43	978.54	974.84

注：*** p<0.01，** p<0.05，* p<0.1。

表 9-4

HL 模型分析结果（二）

	变量	模型 11	模型 12	模型 13	模型 14	模型 15	模型 16	模型 17	模型 18	模型 19	模型 20	模型 21	模型 22	模型 23	模型 24	模型 25
									员工创新行为							
	常数项	5.35***	4.14***	4.49***	4.46***	4.39***	2.28***	2.75***	2.71***	2.7***	3.01***	2.95***	2.96***	5.21***	5.25***	5.15***
个体层次	年龄		0.046	0.045	0.048	0.045	0.005	0.002	0.004	0.002	0.022	0.025	0.023	0.002	-0.006	0.015
	受教育程度		0.093**	0.09**	0.093**	0.092**	0.053	0.046	0.046	0.045	0.076	0.075	0.074	0.054	0.044	0.07
	知识资源获取						0.50***							-0.705		
	显性知识资源获取							0.45***	0.45***	0.50***					-0.75	
	隐性知识资源获取										0.35***	0.35***	0.34***			-0.581
	主动性人格													-0.436	-0.439	-0.23
	知识资源获取×主动性人格													0.193**		
	显性知识资源获取×主动性人格														0.2	
	隐性知识资源获取×主动性人格															0.149**
企业层次	成立时间		-0.094	-0.078	-0.056	-0.077	-0.073	-0.069	-0.06	-0.069	-0.063	-0.051	-0.062			
	人数		-0.00004	0.0008	-0.007	-0.004	0.017	0.01	0.006	0.008	0.016	0.011	0.013			
	外部社会资本		0.239***				0.122**	0.083**								
	结构维度社会资本			0.162***					0.086***		0.107**					
	关系维度社会资本				0.155***					0.093**		0.111**				
	认知维度社会资本					0.174***							0.115**			
	组内方差（δ^2）	0.283	0.282	0.283	0.282	0.282	0.23	0.243	0.243	0.242	0.244	0.244	0.243	0.141	0.137	0.154
	组间方差（π_{00}）	0.148	0.105	0.121	0.115	0.113	0.033	0.038	0.035	0.036	0.063	0.058	0.06	0.169	0.171	0.164
	离异数	772.7	771.32	778.98	776.49	775.43	648.59	673.75	671.41	671.46	695.63	692.46	693.34	553.92	544.34	583.97

注：*** $p < 0.01$，** $p < 0.05$，* $p < 0.1$。

取（模型 9，$\gamma = 0.124$，$p < 0.01$），认知维度社会资本对显性知识资源获取（模型 10，$\gamma = 0.17$，$p < 0.01$），均具有显著的正向影响。第四步，将知识资源获取带入模型 12，并将显性知识资源获取与隐性知识资源获取分别带入模型 13、模型 14、模型 15。结果如表 9 - 4 中模型 16、模型 17、模型 18、模型 19 所示，各变量之间关系仍然显著，且较带入模型之前离异数都不同程度减小，说明中介作用成立。

更进一步地，对知识资源获取的中介效应进行 Sobel 检验，中介效应的显著性通过 Sobel 检验（Sobel Z = 4.08，$p < 0.01$），说明知识资源获取对外部社会资本与员工创新行为之间的关系起部分中介作用，假设 2 成立。显性知识资源获取的中介效应显著性同样通过 Sobel 检验（Sobel Z = 4.17，$p < 0.01$），说明显性知识资源获取对外部社会资本与员工创新行为之间的关系起部分中介作用，假设 2a 成立。隐性知识资源获取的中介效应显著性也通过 Sobel 检验（Sobel Z = 3.39，$p < 0.01$），说明隐性知识资源获取对外部社会资本与员工创新行为之间的关系起部分中介作用，假设 2b 成立。

9.4.5.3 调节效应检验

构建斜率模型，将主动性人格、知识资源获取（显性知识资源获取、隐性知识资源获取）及其交互项，进行组内中心化（group-centered）并代入模型，构建模型如下：

个体层次：

$$Y = \beta_{0j} + \beta_{1j} \times Age_{ij} + \beta_{2j} \times Edu_{ij} + \beta_{3j} \times W_{ij} + \beta_{4j} \times U_{ij} + \beta_{5j} \times W_{ij} \times U_{ij} + \gamma_{ij}$$

企业层次：

$$\beta_{0j} = \gamma_{00} + \mu_{00}, \; \beta_{1j} = \gamma_{10}, \; \beta_{2j} = \gamma_{20}, \; \beta_{3j} = \gamma_{30}, \; \beta_{4j} = \gamma_{40}, \; \beta_{5j} = \gamma_{50}$$

完整模型：

$$Y = \gamma_{00} + \gamma_{10} \times Age_{ij} + \gamma_{20} \times Edu_{ij} + \gamma_{30} \times W_{ij} + \gamma_{40} \times U_{ij} + \gamma_{50} \times W_{ij} \times U_{ij} + \gamma_{ij} + \mu_{00}$$

通过 HLM 的运行计算，结果如表 9 - 4 中模型 23 ~ 模型 25 所示，模型 23 的分析结果表明主动性人格与知识资源获取的交互项，与员工创新行为之间存在显著正相关（$\gamma = 0.193$，$p < 0.05$），即主动性人格能够在知识资源获取与员工创新行为之间起到正向调节作用，假设 3 得到了支持。模型 24 的分

析结果表明主动性人格与显性知识资源获取的交互项，对员工创新的影响不显著（$\gamma = 0.200$，$p = 0.059$），即主动性人格对显性知识资源获取与员工创新行为之间关系的调节作用不显著，假设 3a 没有得到支持。模型 25 的分析结果表明主动性人格与隐性知识资源获取的交互项，与员工创新之间存在显著正相关（$\gamma_{03} = 0.149$，$p < 0.05$），即主动性人格能够在隐性知识资源获取与员工创新行为之间起到正向调节作用，假设 3b 得到支持。

为了进一步表示主动性人格在显性知识资源获取与员工创新行为之间，以及在隐性知识资源获取与员工创新行为之间的调节效应，本研究按照艾肯和韦斯特（Aiken and West，1991）对于简单斜率检验（simple slope test）的研究，按照主动性人格高低分组，一组高于均值一个标准差，一组低于均值一个标准差，分别检验显性知识资源获取、隐性知识资源获取与员工创新行为之间的关系，绘制调节效应图，如图 9 - 2 和图 9 - 3 所示。可以看出，当主动性人格处于较高水平时，知识资源获取与员工创新行为之间的正向关系更显著，当员工拥有水平高的主动性人格时，更能正向调节隐性知识资源获取与员工创新行为之间的关系。

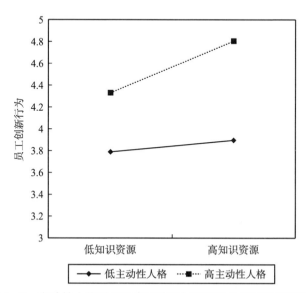

图 9 - 2　主动性人格对知识资源获取与创新行为关系的调节效应

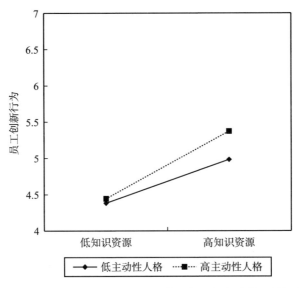

图 9 - 3 　主动性人格对隐性知识资源获取与创新行为关系的调节效应

9.5　研究结论与管理启示

9.5.1　主要研究结论

本章运用跨层次理论与方法，探讨新创企业外部社会资本对员工创新行为的作用机理，将跨层次数据整合在一个理论框架中。以 81 份企业层次问卷和 422 个个体层次问卷的配对数据，通过 HLM 6.08 进行跨层次实证检验，探讨了异质性知识资源和主动性人格在新创企业外部社会资本对员工创新行为影响中的差异化作用机制。本章的主要研究结论如下：

（1）新创企业外部社会资本的关系维度、结构维度和认知维度均对员工创新行为有显著正向作用。进一步通过从不同维度进行细分，验证了社会资本是创新的重要前因变量。

（2）知识资源获取在新创企业外部社会资本和员工创新行为之间起到中

介作用。显性知识资源获取和隐性知识资源获取都构成新创企业外部社会资本作用于员工创新行为的路径，形成双重中介效应。外部社会资本通过为新创企业带来显性和隐性知识资源的获取，进而影响员工创新行为。

（3）主动性人格在知识资源获取与员工创新行为之间的关系中发挥着差异化调节作用。员工的主动性人格正向调节了隐性知识资源获取与创新行为之间的关系，而对显性知识资源获取与创新行为之间的关系没有显著调节作用。这表明当员工具有较强的主动性人格时，更能促进隐性知识资源转化为员工创新行为。

9.5.2 管理启示

本章的相关结论和观点可以为新创企业有效利用社会资本、合理运用知识资源、激发员工创新行为提供借鉴，具体的管理启示包括以下几个方面：

（1）有意识地构建新创企业的社会关系网络，形成社会资本中关系、结构和认知维度的整合优势。通过关系互动、结构嵌入、认知内化，为员工创新带来必要的资源、渠道、思维和理念。充分利用科技孵化器、众创空间的协同效应，基于不同类型创业平台更紧密地连接创业供需方，建立创业者、新创企业、创业企业之间，以及多层次创业主体与高校、科研机构、创投机构等之间的有效互动。通过构建涵盖多元化创业主体的创业生态系统，从人才、资金、市场、政策等不同方面营造利于创业孵化和入驻创业企业成长的创业环境，形成创业生态系统要素间的相互依存、相互促进。为创业主体构建创业关系网络，获取创业资源提供平台，从而更有效地克服创业活动的新进入劣势，解决创业资源约束的困境，以创业推动经济社会发展。

（2）充分关注知识资源的多元性和内隐性，发挥显性和隐性知识资源的协同创新效应。从显性的社会关系结构中识别隐性的知识资源，并通过知识的累积、吸收和整合，推动并转化为员工创新行为。一方面，在现有知识资源的条件下，努力挖掘组织中隐含的隐性知识资源，提升组织吸收能力，加强企业员工对知识的整合与运用，构建新创企业独有的知识资源体系，将有限的知识发挥无限的创新价值。另一方面，积极拓展知识资源获取的多元化渠道，从外部网络中获取知识资源，努力汲取外部网络中隐含的异质性知识资源，补充现存知识资源，为员工创新行为提供坚实基础。从更宏观的视角而言，可以通过创业培训服务提高创业主体对于知识资源的获取和提升。以创业指导中心为载体聚集学者、企业家、金融人才等，进驻创业园区开展创业指导，通过开展形式多样的培训活动，提高创业知识的吸收率。营造创业园区、众创空间、科技孵化器的学习型组织氛围，由创业成功的企业发挥示范作用，通过创业学习使创业主体获取更丰富知识资源，提升识别和获取隐性知识资源的能力，以及多层次创业主体的创新能力。

（3）对企业员工特质进行有效识别，并作为分配差异化创新任务的重要依据。将需要进行探索性思考和隐性知识转化的创新任务分配给具有开创精神、主动意识的企业员工，并通过创新氛围的营造和相关激励机制的设计，为员工及企业创新提供有效的嵌入情境和制度保障。在人员配置过程中，选拔具有创新意识、冒险精神的员工，鼓励发散思维解决问题，营造具有创造力的组织内部环境，提升员工驱动力。进一步发挥创业教育在提升新创企业及其员工素质和能力方面的重要性，整合创业教育资源，发挥高校、大学科技园等主体的作用，通过创新创业沙龙等形式为创业主体提供交流学习平台，推动新创企业建立科学、合理、有效的人格塑造机制，提升员工的主动性，将内在动机转化为实际的主动行为，提高创新动力。

9.6　本章小结

本章构建了涵盖企业和个体跨层次变量的理论模型，通过 81 个新创企业及其 422 名员工有效问卷的配对数据，运用跨层次分析方法对新创企业外部社会资本影响员工创新行为的理论假设进行了实证检验。实证检验时运用了 SPSS 23.0 和适用于跨层次数据结构的 HLM 6.08，运用 SPSS 23.0 进行描述性统计、变量间相关性分析、信效度分析，运用 HLM 6.08 进行跨层次变量之间主效应、中介效应、调节效应的分析。跨层次数据实证检验的研究结果表明：新创企业外部社会资本的关系、结构和认知维度均对员工创新行为有显著正向作用；显性和隐性知识资源获取构成新创企业外部社会资本作用于员工创新行为的路径，形成双重中介效应；主动性人格正向调节了隐性知识资源获取与创新行为之间的关系，而对显性知识资源获取与创新行为之间的关系没有显著调节作用。研究结论对新创企业构建社会资本、整合异质性知识资源和激发创新行为的管理实践具有借鉴意义。

　　本章还存在一定的局限性，以截面数据进行实证检验存在固有弊端，可以在未来研究中通过动态追踪调研，在多个时点搜集新创企业及其员工的跨层次数据以更准确地刻画新创企业外部社会资本的创新效应；仅以资源获取和人格特质的视角来审视外部社会资本对员工创新行为的影响还不够全面，后续研究中可基于其他理论视角进一步挖掘影响社会资本创新效应的相关中介变量和调节变量，探索外部社会资本影响员工创新行为的作用路径与边界；本研究未对员工创新行为进行细化，在今后的研究中可以按照探索式创新和开发式创新的划分方法或其他方法，对个体创新进行分类，从而更细致地分析不同创新的差异化影响因素，探讨激发不同类型创新行为的战略选择。另外，本章的分析仅关注了外部社会资本在创新中起到的作用，那么内部社会资本如何影响企业创新？内部社会资源与外部社会资本在影响创新的过程中是否存在交互作用？在创新效应方面有什么不同的内在作用机制？未来研究可以借鉴本书第 4 章有关内外部社会资本相互影响的思路，进一步探索社会资本不同维度在企业创新中的整合效应，以及相关跨层次因素的影响，深化跨层次视角下的社会资本和创新管理的理论研究。

第 10 章
个体创新到企业创新的跨层次涌现机制

与前面章节探讨的多层次社会资本一样，创新也是一个具有多层次性的概念，存在国家、区域、企业、团队、部门、个体等不同层次的创新。对于企业组织而言，最基本的包括企业层次和个体层次的创新。如何通过个体层次创新的涌现，实现企业层次的创新，成为值得探讨的课题。本章在对创新多层次性认识的基础上，将涌现理论及跨层次理论引入创新研究领域，探讨个体创新到企业创新跨层次涌现的驱动因素、过程，以及作用路径与边界。

10.1 创新的多层次性

10.1.1 不同层次创新的定义

熊彼特（Schumpeter，1912）在《经济发展理论》中对于创新的论述成为创新的经典概念界定，认为创新是建立一种新的生产体系，这个生产体系把生产要素和生产条件重新组合，以获得潜在利润，并指出这种新组合包括引进新产品、采用新技术、开辟新市场、获取原材料的新供应来源、采用新的生产组织形式或管理等不同的方式。

创新概念应用于在经济学、社会学、管理学、心理学等多学科领域，取得了丰富的研究成果，也形成了创新在不同层次的定义。其中，国家创新是较为宏观层次的创新，经济合作与发展组织（OECD）将国家创新体系定义为由不同机构组成的集合，这些机构共同或单独致力于新技术的开发和扩散，并向政府提供制定、执行政策以影响创新过程的框架。国家创新体系直接影响到每个国家的经济状况，创新体系的僵化会导致国家经济发展速度减缓（Freeman，2008）。

随着创新研究的推进，区域创新逐渐引起学者们关注，原因在于仅关注国家层次的创新容易忽略技术进步与创新方面的互动行为往往发生在区域层次（Cooke，Uranga and Etxebarria，1997）。创新活动的开展往往受到所在区域内环境的直接影响，需要从当地的创新环境中汲取能量，具有一定的根植性特征。库克（Cooke，1992）较早地对区域创新进行了定义，认为区域创新是一定地理区间内生产并支持创新的组织体系，这个体系由相互关联并分工合作的生产企业、教育机构、中介组织等组成。在区域创新过程中，相关创新主体承担着不同的角色，相互作用形成创新网络，并在一定正式和非正式制度安排下进行协作创新。其中，生产企业是进行区域创新的主体，通过与区域内其他企业与机构之间的合作，在生产过程中进行技术创新与管理创新，将区域创新资源用于实际生产过程中；教育机构为区域创新提供相关专业人才，并通过科研部门的研发，为区域创新提供创新的技术支持；中介组织包括对上下游生产企业进行协调的公共机构，以及为区域创新的生产过程提供保障的生产服务部分等。

弗里曼（Freeman，1974）在《产业创新经济学》一书中对产业创新进行了系统的阐述，认为产业创新至少涵盖技术技能创新、产品创新、工艺流程创新、组织创新及市场创新五个方面，并认为技术创新是产品与工艺流程创新的基础，是新产品、新服务或新工艺市场化的过程。产业创新作为产业中各个企业之间开展合作与创新的活动，是产业结构调整与优化的关键，对提升产业竞争力而言有着非常重要的推动作用。产业创新的动力有可能来自技术创新的推动作用，以产业链条中某个环节的技术研发与进步带动产业整体的创新；也有可能来自政策环境的拉动作用，国家对于战略产业的相关政策，以及社会环境提供的有利条件，会对产业创新提供支持与保障。

无论是国家创新，还是区域创新、产业创新，企业都是其中的重要主体，企业层次的创新是创新研究中必不可少的重要方面。早在熊彼特（Schumpeter，1912）提出创新概念时，就明确地指出这是企业层次的创新概念。对于企业创新，学者们从不同视角和维度进行定义，形成了结果维度、能力维度和过程维度等概念界定。从结果维度来看，企业创新指的是创新活动带来的绩效，包括产品质量提升、服务效果优化、商业模式调整等不同方面。从能力维度来看，企业创新是持续地将知识和想法转化为新产品、新流程和新系统的能力（Lawson and Samson，2001），是企业相对于竞争对手，运用集体知识、技能和资源进行创新活动的能力（Hogan et al.，2011）。从过程维度来看，企业创新是一个出现创新想法，到投入创新资源、创新知识等，再到产生创新成果的动态过程。

作为以目标统一性、成员多元性、活动多样性为特征的组织（Kozlowski et al.，1999），团队具有高效性，逐渐受到创新、创业、知识管理等研究领域的重视，出现了创新团队、创业团队、知识团队，以及研发团队、产品开发团队、高管团队等相关概念。以团队形成进行合作，具有互补性知识且目标高度一致的团队成员共同解决创新过程中的难题，可以有效避免创新的高失败率。团队层次的创新可以定义为在团队内部推广和应用新的观点、工作程序或产品等的活动（De Dreu and West，2001），是团队成员有意识地产生新想法，采用新方法和程序，并将这些应用于团队工作的过程（West and Farr，1990）。

正如本书在第4章所述，个体行为贯穿于任何活动的全过程，是影响组织的基础性因素，对于创新活动而言也是如此。无论是国家层次、区域层次还是企业层次、团队层次的创新，都需要落脚于个体的行为与活动。在企业组织中，进行创新活动的最大数量的个体就是员工。员工与管理者相比较而言，处于和顾客接触的最前端，能迅速识别市场变化和信息（秦佳良和张玉臣，2020），因此员工个体创新是组织在具有不确定性的市场环境中获取竞争优势的重要来源（Anderson，Potočnik and Zhou，2014）。员工创新行为作为组织期望的积极行为，可以定义为员工在工作过程中产生创新构想和问题解决方案并付诸实践的行为（Shin，Yuan and Zhou，2017）。对员工创新行为的重视，其实也体现了对员工价值认识的演化。从古典管理理论将人等同于机器零部件,到人力资源管理理论把人看作重要的资源,再到知识经济时代对个体创造力、主动行为以及角色外行为的重视,员工定位已发生根本性变化。在创新方面,创新精神伴随着员工为用户提供优质服务的全流程,员工成为创新单元,以创新思维竞争资源、创造订单、实现目标(李海舰和朱芳芳,2017)。除了员工创新,用户创新也逐渐成为个体层次创新中的重要方面。在企业在与用户的合作关系中,用户被整合到部分或所有新产品开发活动中,如产品设计、业务评估、团队组建和概念筛选等(Fang, Palmatier and Evans, 2008)。希佩尔(Hippel,1988)在《创新之源》一书中较早地提出用户创新的概念,按照创新源的不同,区分了用户创新、制造商创新、供应商创新等类型,将用户创新定义为以用户为主体进行的创新,认为用户创新指用户对其使用的产品或体验的服务提出改进建议或修改意见,以个性化需求提出新产品创意或对现有产品进行改造。

通过对以上不同层次创新定义的分析,可以看出创新的多层次性主要表现为创新主体、创新活动范围、创新目标定位等方面。从创新主体来看,有个体、团队、企业、产业、区域、国家之分;从创新活动范围来看,有的微观至个体自身工作的相关行为,有的宏观至国家整体创新活动的开展;从创新目标定位来看,不同层次创新分别以各个层次创新能力和绩效的提升为目标。不同层次创新之间不是相互独立的,而是相互作用、紧密联系的关系,共同形成更为宏观的整体创新系统。例如,波特(Porter,1990)在《国家竞争优势》一书中指出,创新是企业的核心竞争力,企业创新能力的增强才能带来国家创新体系的绩效提升。这实际上是对企业创新与国家创新之间关系的阐述。对于员工创新与企业创新之间的关系,企业创新为员工创新提供了创新的氛围与环境,以及个体创新时的导向;而员工创新是企业创新的微观基础,个体创新为企业整体创新提供了组织内驱力,为企业创新绩效提供了保障。

10.1.2 创新的跨层次相关研究

通过对相关文献的梳理与分析,创新跨层次相关研究主要有两类研究,一类是对创新的跨层次结构进行理论解析；一类是对创新行为的跨层次影响因素进行实证分析。

10.1.2.1　多层次结构分析的相关研究

已有研究表明，国家创新系统、区域创新系统、行业创新系统跨边界整合形成共生的创新系统（温兴琦、黄起海和 David，2016），共生创新系统是一个涵盖多个层次的由创新组织在一定制度安排下构成的系统结构（Meuer，Rupietta and Backes-Gellner，2015）。学者们从不同视角探讨了创新的跨层次结构。任荣（2013）将合作技术创新的界面进行了层次划分，认为包括组织层界面、团队层界面和个体层界面三个层次，不同层次的主体需要采取积极的态度来配合界面活动中的参与方，使得各界面的交互活动得以顺畅进行，实现界面的有效性。马约尔、鲁皮埃塔和贝克斯 - 盖尔纳（Meuer，Rupietta and Backes-Gellner，2015）将共生创新系统划分为自给自足的创新系统、公共科学创新系统、知识内部化创新系统、受保护的层级创新系统、组织化学习创新系统五个层次。

随着数字技术的普遍应用，数字化创新也成为创新的重要形式。已有文献指出数字创新使企业组织模式呈现出边界模糊、不固定的网络化、层次化与模块化结合的特点（Yoo，Henfridsson and Lyytinen，2010），需要跨层次的创新投入，企业层投入因素是企业用于数字化创新的各种投入资源；生态层投入因素是指企业从其所在生态系统内获取的用于数字化创新的各种资源（孙忠娟、谢伟和舒曾宣，2021）。

10.1.2.2　跨层次影响因素的相关研究

已有文献主要对创新行为及创新绩效的影响因素进行探讨，在分析过程中考虑到跨层次因素的影响。如团队或企业层次的员工参与氛围可以为员工带来对工作场所和内容更深入的认知理解并拥有更多的工作自主性（Richardson and Vandenberg，2005），是影响员工个体创新的跨层次因素（秦佳良和张玉臣，2020）。王智宁、张姝和叶新凤（2020）基于社会交换理论，探讨了团队主管的服务型领导对员工创新行为的跨层次影响，组织内自我导航在团队服务型领导与员工创新行为之间起到的跨层次中介作用，以及团队反思的调节作用。

创新研究中有关跨层次影响因素的研究大多考虑高层次因素自上而下的影响，相对而言，自下而上的低层次因素对高层次创新影响的研究还有较大研究空间。

10.2　涌现理论及其在创新研究中的适用性

10.2.1　涌现概念的提出与内涵

涌现的概念较早地出现在复杂性科学和系统科学的研究中，之后逐渐引入组织管理等多个领域的研究中。

学者们从不同侧重点对涌现进行了定义，第一类着重考虑整体与部分之间的关系。图雷尔（Theurer，2014）阐释了涌现含义中有关整体与部分之间关系的内涵，认为整体不仅仅是各部分组成之和，整体特征要多于部分之和的特征。哈罗德（Haro，2019）认为涌现现象表示整体是在各部分相互作用的结果，其中各部分不是相互独立的。卡斯蒂（Casti，1997）将涌现定义为整体系统行为从多个参与部分相互中产生的现象，并强调涌现具有不可预测性。第二类侧重于对过程特征的探讨，例如，霍兰（Holland，2001）在《涌现——从混沌到有序》一书中指出涌现是由小生大、由简入繁的过程，是简单的局部产生复杂整体结构的过程。第三类在对涌现的阐释中关注了跨层次现象，例如，刘洪（2002）将涌现定义为复杂系统自组织过程中出现的新的、协同的结构、模式和性质，涌现使得低层次单元相互关联成为较高层次的单元，相对于单元所处的微观层次而言，涌现现象出现在系统的整体或宏观层次上。科兹洛夫斯基和克莱因（Kozlowski and Klein，2000）阐释了涌现现象是个体的认知、情感、行为或其他特质通过个体之间的互动作用而实现拓展，进而呈现为更高层次的集体性质。

整合学者们对于涌现的定义，本书结合跨层次理论，将涌现定义为由各部分相互作用、相互协同而在整体层次上表现出的多于各部分简单加总的新现象。在理解涌现的内涵时，需要关注涌现与跨层次理论、协同理论之间的关系。一方面，涌现所表现的整体与局部之间的关系，其实表现为低层次与高层次之间的转化，是低层次主体之间交互作用产生高层次现象的过程，因此可以和跨层次理论进行整合分析。另一方面，涌现过程中低层次主体之间的交互作用，而在高层次呈现出的新现象，在很大程度上是协同效应的表现。

10.2.2　涌现理论的相关研究

由于涌现概念及其理论内涵的普适性，涌现理论逐渐受到越来越多的关注，运用到相关学科领域的研究中。

通过对相关文献的梳理，国外研究涉及较多研究领域。不少学者（例如：Gabbai，Yin and Wright，2005）将涌现理论运用到自组织管理的研究中，认为涌现理论与自组织理论具有一定的关联性，可以在研究中相融合。安东尼（Anthony，2004）将涌现理论运用到对可扩展分布系统的分析中，探讨可扩展分布系统的鲁棒性。奇利斯和迈耶（Chiles and Meyer，2001）运用涌现理论对产业集群的战略问题进行了分析，认为产业集权作为一个由一定行为规范集合形成的复杂经济系统，其形成、发展、成熟的各个阶段都可以运用涌现及其相关理论进行解释。对于涌现在社会科学中的运用及其内涵，科兹洛夫斯基和克莱因（Kozlowski and Klein，2000）在涌现先前定义的基础上，结合社会科学的研究情境，认为涌现涵盖组合与合成两种不同类型，区别在于集体成员间是否具有相似的特征，以及涌现过程是否具有非线性特征等，两种涌现类型表现为同一连续体的两极。

国内相关研究也呈现出越来越多的趋势，较早关于涌现理论的研究主要是在不同研究领域引入涌现概念及理论。刘洪（2002）将涌现理论用于组织管理的研究中，认为组织管理中的涌现可以理解为发生于组织正式支持渠道之外的自发产生的事件、结构、过程、群体和领导，要关注全新类型的涌现，以及在这种全新的涌现中组织创造性的偶然性因素起到的重要作用。苗东升（2006）认为整体涌现性是系统的重要特征之一，并对整体涌现性的来源与产生机制、涌现理论的核心理念以及系统思维的把握进行了探讨。徐砥中和任佩瑜（2010）在复杂公共决策系统的研究中引入了涌现理论，提出基于涌现的复杂公共决策系统管理协同是决策系统在面临决策的状态时，运用涌现理论和协同论的基本思想和方法，分析复杂公共决策系统的协同规律并实施的理论体系。

随着研究的深入，涌现相关研究呈现出细化的趋势，表现为对不同类型组织的涌现进行研究，以及对管理实践中不同维度进行涌现研究。第一，对不同类型组织的涌现研究。刘媛华（2012）对企业集群的合作创新涌现进行研究，分析了集群合作创新涌现的发展过程，通过集群合作创新动力模型的构建，阐释了企业集群各阶段合作创新涌现的变化。王西华（2013）对社会有机系统的涌现问题进行了研究，认为社会有机体系统的涌现机制涵盖社会有机体系统合理化逻辑的虹吸效应、多层次有序的多元化协调的序化效应、多元利益和价值观的共价化勾连的公共理性和重叠共识聚焦效应，以及合法化逻辑的认可与同意效应。李超玲和李衡（2021）将涌现理论用于服务创新链的研究中，认为服务供应链是复杂且具有自适应能力的系统，其创新是一种系统涌现过程，并基于涌现理论将服务供应链创新能力的涌现分为服务供应链创新能力体系各组成系统的能力，以及服务供应链创新能力体系内各个组成系统之间相互作用产生的能力，构建了服务供应链创新能力评价体系，运用熵权法和模糊综合评价法对服务商进行评价。第二，对管理实践中不同维度进行涌现研究。王凤彬和陈建勋（2010）对组织知识涌现进行了跨层次分析，探讨了低层次到高层次知识涌现的组合与合成两种类型，通过对组织知识自下而上涌现的机理的分析认为组织知识的涌现是不同层次知识共享结构与知识生成结构的有机结合。张皓和肖邦明（2020）探讨了关系的涌现，对社会化商务社区关系涌现与维持机制进行了分析，认为在关系涌现阶段，信息性社会影响和状态同质性社会选择是用户选择关注卖家的主要驱动因素。可星、张琳玲和彭靖里（2020）对企业组织能力的涌现问题进行研究，根据系统涌现原理建构了企业组织能力系统涌现的概念模型，基于信息熵理论构建了企业组织能力系统涌现性度量模型和指标体系以测度企业组织能力系统的涌现强度，并运用相关数据进行了实证检验。王新新和张佳佳（2021）提出价值涌现的概念，作为平台生态系统价值创造的新逻辑，强调从复杂系统思维出发，探讨平台生态系统价值创造的复杂性和涌现性，认为平台复杂适应系统的涌现价值是由部分－部分相互作用、部分－整体相互作用以及整体－部分相互作用的迭代过程中生成的。

对于涌现产生的效应，也有学者认为涌现也有可能产生负效应，即系统整体等于或小于部分之和，在缺乏协调机制的情况下，系统结构无法承受越来越多的复杂性，对部分的约束、限制或剥夺，会压抑部分的优点和属性，使得一些部分独立的优势在系统中消失，进而使系统整体绩效与个体效用的配置呈现退化状态（施杨，2006）。

已有文献对于涌现理论的探讨与运用取得了丰富的成果，但仍存在较大研究空间。在前期研究在不同学科领域引入涌现思维的基础上，相关研究不断深入，呈现出在更细化的研究中逐渐开始关注涌现内在作用机制研究的趋势。但是研究中也存在较为明显的泛化研究趋势，将组织中相关现象和能力的出现都称为涌现，没有把握涌现的本质，对涌现的前因与结果，以及涌现过程和机制的研究有明显局限性。另外，对于涌现涉及的跨层次转化及整合研究关注还不够，将跨层次理论与涌现理论相整合，进一步探索跨层次涌现的科学规律也是有待进一步探索的研究方向。

10.2.3　涌现理论的适用性及在创新研究中的引入

涌现现象普遍存在于经济社会现象中，具有普适性。在蚁群、人体免疫系统、神经网络系统、互联网、全球经济系统等复杂自适应系统中，都存在着涌现现象（Holland，2001），涌现理论是一个适用性较强的理论。在创新研究中，已经有一些学者引入了涌现概念及理论，涌现理论在创新活动中的适用性主要表现为以下几个方面：

（1）创新主体具有多层次性。本章第10.1节对创新的多层次性进行了分析，企业组织中进行创新活动的主体，既有个体层次的员工，也有组织层次的企业，还包括部门、团队、任务小组等一些中间层次。创新活动主体及其进行创新活动的多层次性，为创新的跨层次涌现提供了组织情境。

（2）创新活动及其所在组织也有整体与部分之分。如果将进行创新活动的企业看作一个创新系统，其中会包括部门等子系统，最后落脚于从事创新活动的个体。创新活动及其所在组织既是一个整体，也涵盖不同的组成部分，形成了涌现理论研究所关注的整体与部分之间的关系。

（3）低层次创新行为相互作用会产生协同效应。高层次创新不是低层次创新的简单加总，因为低层次创新理念、思维和行为会通过相互启发、互动影响的方式产生"1 + 1 > 2"的协同效应。

以上三个方面与第 10.2.1 小节中有关涌现概念的理解相对应，创新活动中存在涌现现象。在企业组织中，个体层次与企业层次是最为清晰的两个层次，有必要对个体层次到企业层次创新的跨层次涌现机制进行深入分析。

10.3　个体创新到企业创新跨层次涌现的维度与过程

10.3.1　个体－企业创新跨层次涌现的维度

个体创新到企业创新的跨层次涌现是一个复杂的动态过程，主要涵盖以下几个方面的维度：

（1）创新资源的跨层次共享。个体将进行创新活动的资源，与其他成员共享，使创新资源成为企业层次的资源。这种资源除了创新投入的物质资源，也有可能是可以产生创新效应的社会关系资源。通过个体社会资本转化为企业社会资本，相应的创新资源也实现了跨层次共享。

（2）创新行为的跨层次转化。不同员工在创新活动中的表现和行为，可以相互启发与借鉴，从而对进一步创新行为产生影响，并通过个体创新行为之间的叠加，使企业层次出现相应的技术创新行为或管理创新行为，实现创新行为从个体层次到企业层次的涌现与转化。

（3）创新渠道的跨层次拓展。创新渠道的跨层次拓展，一方面表现为企业层次渠道对个体创新渠道的影响，另一方面表现为个体层次创新渠道对企业层次涌现新思路、新程序、新方法等渠道构建的反向作用。

10.3.2 个体 – 企业创新涌现的跨层次驱动因素

作为一个跨层次因素交互作用的复杂涌现过程，个体 – 企业创新涌现的驱动因素也存在于个体、企业，以及企业外部等不同层次。整体来看，包括以下三个方面的驱动力：

10.3.2.1 技术推动因素

科技的进步与发展，使各个行业相关技术都处于快速更新迭代中。正如摩尔定律所描述的相关技术每隔约 18 个月，性能就能提升 1 倍。这对企业开展创新活动起到了推动作用，除了从企业外部学习进行创新，也有可能在企业内部通过掌握有先进技术的少数员工对于相关技术创新经验的分享，推动组织整体层次的创新，从而实现个体 – 企业创新的跨层次涌现。

用户创新也会在技术推动下呈现个体层次到企业层次的涌现。随着信息技术的发展，以及用户创新意识的提升，企业为用户提供越来越有效的用户创新平台。例如，小米 MIUI 系统的研发和迭代升级是让"米粉"通过参与线上线下讨论，成为切实的产品功能设计者和参与者。小米还运用数字技术搭建用户创新平台，借助专业设计者的产品设计能力辅助用户参与产品设计与创新。这些用户在参与创新的过程中的交互作用，推动了创新在企业层次的复杂涌现。可见，技术不仅是个体 – 企业跨层次涌现的推动因素，也是复杂涌现过程的赋能因素。

10.3.2.2 需求拉动因素

无论是消费者个性化的实际需求，还是由社会热点、经济基础、时政新闻等环境因素带来的潜在需求，都具有不确定性和动态性特征。因此，需要企业依据用户需求的变化，对产品、服务，以及提供产品和服务的生产流程、原材料供给、组织结构等各方面进行创新和优化。相比较而言，从需求端获取创新的相关信息，进行需求拉动式的创新机会与创新活动，更能以消费者为中心，满足顾客对产品和服务的期待。例如，抖音正是基于对用户社交等需求的挖掘、分析，将其作为创新机会并通过具有可操作性的商业活动，使用户成为内容创造者，满足获取信息、获得认可的用户需求，从而推动了具有创新性的 UGC 模式的形成，将用户创新整合并涌现为企业层次运营模型的创新。

10.3.2.3 政策带动因素

金融、财政、税收等相关政策是企业创新的重要驱动因素，尤其对处于战略性新兴产业的企业而言，更需要政府的战略引导与扶持。中共十九大报告指出，"创新是引领发展的第一动力，是建设现代化经济体系的战略支撑"，"建立以企业为主体、市场为导向、产学研深度融合的技术创新体系，加强对中小企业创新的支持，促进科技成果转化"，明确了企业作为创新主体的角色，为企业开展创新活动提出了要求也提供了机遇。《国家创新驱动发展战略纲要》、各地区《"十四五"战略性新兴产业发展规划》，以及创新相关的财政补贴、税收优惠政策，对时间跨度长、高不确定性、高风险性的创新活动而言，可以起到有效的带动作用。政策导向下企业及其员工积极参与创新活动中，从而形成个体－企业创新跨层次涌现的有利条件和氛围。

10.3.3 个体－企业创新跨层次涌现过程

创新的跨层次涌现是一个涵盖多元化主体及其复杂心理与行为的动态演化过程，按照时间阶段的延续，这一过程主要包括以下几个阶段：

（1）创新互动。涌现的前提条件之一是需要有多个个体相互作用，个体之间的互动是实现向更高层次涌现的第一个阶段。创新互动既包括个体之间创新理念的启发，也包括创新思路的分享，以及相互间创新行为的了解与学习。个体之间有关创新活动的交互作用，既有可能是个体层次用户或员工自发形成的，也有可能是在企业的引导下进行的。比如，企业鼓励创新能力高的员工向其他员工分享开展创新活动的心得与经验。

经济合作与发展组织（OCED）曾指出，创新是由不同参与者和机构的共同体大量互动作用的结果，创新体系中的互动作用直接影响着企业创新绩效和整个经济系统。在跨层次涌现过程中，掌握有不同知识和技能、开展不同创新活动的个体之间的互动，可以提升知识技能和创新的多元化，以及不同知识要素和创新要素的新组合。跨层次涌现的创新互动是个体间相互学习的阶段，也是相互间灵感激发，以及知识转移的阶段。

（2）创新整合。创新互动之后的阶段为创新整合，即将碎片化的个体创新思维、理念、行为在互动的基础上进行整合。创新整合不是简单的加总，需要以个体创新之间的相似性、差异性以及互动关系为基础。依据组合式涌现和合成式涌现的不同，组合式涌现的创新整合相对简单，大多是将个体创新组合在一起，而合成式涌现的创新整合更加复杂，相互作用的个体创新又合成出现新的形式，更能体现出复杂性涌现的非线性、不确定性、不可预测性特征。

（3）创新扩散。作为创新在特定的时间通过特定的渠道在特定的社群中传播的过程（Rogers，2003），创新扩散本质上是大量个体采纳行为集中涌现出的宏观现象（何琦、艾蔚和潘宁利，2022）。跨层次涌现过程中，创新扩散在前期创新互动与整合的基础上进行，以技术、产品、行为、事件等为载体的创新信息在企业组织内部通过一定的渠道进行扩散，使相关创新活动从单一或少数个体的行为转化为企业整体行为。

（4）创新固化。简单来看，创新与固化是两个相对立的概念，固化是创新的反面，会阻碍创新。而本部分的创新固化指的是将新的思想、理念、行为制度化到企业层次，使其不只是单一或少数个体的表现。从个体层次学习、分享、转化而来的创新思维与行为，通过制度化才能真正固化在企业层次，从而实现个体创新到企业创新的涌现。这些制度化的创新活动也会形成对个体层次的反馈，影响企业中各个主体的创新活动的开展。

以上四个阶段之间不是截然分开的，而是有着紧密的内在联系，前面的阶段是后面阶段的基础，后面阶段会对前面阶段提供反馈，从而螺旋式上升，形成复杂性涌现的动态演化过程，如图 10 - 1 所示。

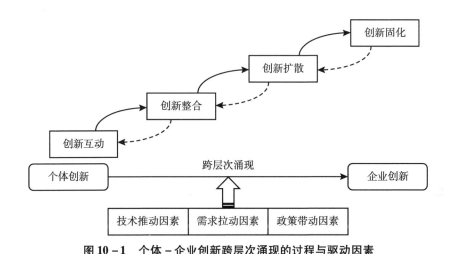

图 10 - 1 个体 - 企业创新跨层次涌现的过程与驱动因素

10.4 个体 - 企业创新涌现的作用
路径与跨层次影响因素

与社会资本的跨层次契合相类似，个体层次到企业层次创新的转化也是一个将个体的认知、情感、行为或其他特质通过个体之间的互动作用而发生拓展，并呈现为一种更高层次集体性质（Kozlowski and Klein，2000）的涌现现象。这一现象必然会涉及两个层次主体动机与行为之间的连接与互动，既有高层次对低层次行为与态度的情境因素作用（Johns，2006），也有低层次因素对形成高层次理论构念和现象的影响（Ployhart and Moliterno，2011），是一个涵盖复杂作用路径与边界的复杂动态过程。

10.4.1 个体 - 企业创新跨层次涌现的作用路径

依据企业组织结构的层级，个体层次与企业层次间有一些中间的层级结构，比如个体所在的部门层次、团队层次等。个体创新跨层次涌现为企业创新，往往不是直接的转化，而是会以中间层级作为作用路径。其中，部门层次的创新和团队层次的创新是较为常见的作用路径。

10.4.1.1 以部门创新为作用路径

部门是企业组织结构中普遍设置的中间层级，相较于跨部门沟通，部门内部员工的沟通与互动频率往往更高。这为员工层次创新到部门层次创新的涌现提供了有利条件，个体 - 企业创新的跨层次涌现可以以部门创新为中介而进行。先通过部门内个体创新的互动、整合与扩散，形成部门创新，再通过跨部门之间的沟通与交流，跨层次涌现为企业创新。

相较于部门内的涌现，由于部门本位主义的存在，跨部门涌现更需要企业有意识地构建有益于创新的组织文化与氛围，促进部门之间有关创新活动开展的分享与学习。因为部门内员工目标和工作内容一致性程度更高，个体 - 部门创新的涌现更可能是同质涌现，而部门 - 企业创新的涌现更可能是异质涌现。需要说明的是，跨越了部门创新，直接由员工创新涌现为企业创新的情况也是存在的。由于非正式社会关系和组织的存在，跨部门员工之间也可能存在工作之外有关创新心得的交流与互动，从而使得个体层次创新越过部门层次创新，较为直接涌现为企业层次创新。

10.4.1.2 以团队创新为作用路径

与一般部门相比较而言，团队更有一致性的目标，成员之间协作程度更高，这些特征为团队成员开展自主性、创新性工作提供了条件，也为团队成员之间通过有效互动和整合，实现创新扩散与涌现提供了有利情境。

无论是创新团队还是其他类型的团队，作为高效合作、注重分享的组织，都有助于个体 - 团队创新的涌现。对于创新团队而言，本身就以创新为导向，注重团队成员创新活动的开展，以及成员之间创新知识的共享。对于其他类型团队而言，也都注重团队成员之间的协作与互动。在个体创新转化为团队创新的基础上，不同团队，以及团队与企业中其他部门之间就创新经验交流沟通，从而实现以团队创新为中介的个体 - 企业创新跨层次涌现。

10.4.1.3 以社群创新为作用路径

以上对于部门创新和团队创新中介作用的讨论,主要针对员工创新的跨层次涌现。对于个体层次创新中的用户创新而言,用户-企业创新的跨层次涌现则更多以用户社群创新为中间的作用路径。随着平台经济的发展,很多企业构建了方便用户参与产品设计与创新的平台,形成相关产品和服务的用户社群。互联网的普及和数字技术的发展,有利于用户社群的构建,可以通过线上社群、虚拟社群的形式将用户聚集在一起,使用户从单纯的产品消费者发展成为资源提供者、产品设计者、价值创造者。作为使用某个产品、服务,或对该产品、服务感兴趣的用户形成的松散组织,用户社群为用户与企业、用户之间进行充分的双向沟通、知识转移、互动创新提供了平台。

通过用户个体创新到用户社群创新的涌现,用户社群、用户社区以及相关用户创新平台逐渐形成自身的知识转移模式与互动创新模式。以用户、消费者为导向的社群创新,与以员工、生产者为导向的部门创新、团队创新而言,更能充分体现消费者的个性化需求,相关创新思路被企业采纳用于产品的研发和服务的改进,逐渐将社群创新转化为企业创新,形成以社群创新为中介的个体-企业创新涌现。

10.4.2 个体-企业创新涌现的跨层次影响因素

个体创新到企业创新跨层次涌现的作用边界涵盖多层次因素,个体层次与企业层次的影响因素分别包括以下几个方面(见图 10-2)。

10.4.2.1 个体层次的影响因素

不同个体在创新跨层次涌现中的表现会呈现出较大差异,个体层次因素是影响跨层次涌现的重要方面。

(1)组织支持感。组织支持感指员工所感受到的来自组织方面的支持,是员工对组织如何看待他们的贡献并关心他们的利益的一种知觉和看法(凌文轾等，2006）。如果员工在工作过程中感受到较低的组织支持感，会缺少进行创新性工作的动力，也缺乏与其他员工沟通交流的动力。反之，如果员工可以感受到较高程度的组织支持感，会更有意愿与其他员工沟通创新活动开展的感受，更有利于企业层次相关创新理念和行为的构建。

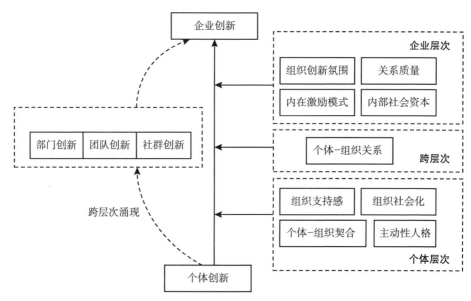

图 10 - 2　个体 - 企业创新跨层次涌现的作用路径与影响因素

（2）组织社会化。沙因（Schein，1968）将"社会化"的概念从社会学引入组织行为学研究中，提出组织社会化的概念，用以阐释新员工学习和适应一个组织的价值观、规范和所需要行为模式的过程。之后学者们对组织社会化内涵进行了进一步分析，可以看出，组织社会化表示员工从组织外部人向内部人的转变，代表员工对于组织的适应情况，可以反映出员工对组织的融入程度和认同程度。组织社会化并不只针对新员工，而是贯穿于员工职位晋升、岗位调换，以及在组织中工作的全过程。组织的内外部环境处于变化的状态中，组织所需要的知识、技能、工作风格等也都随之调整，员工需要进行不断的组织社会化以适应环境和组织需求的变化。组织社会化程度的高低，会影响到员工一系列的心理状态与行为表现。

一方面，员工的组织社会化程度越高，越有意愿将自身工作中的感受与组织中的其他成员分享，会有更多的合作行为；另一方面，员工的组织社会化程度越高，越愿意在角色内工作之外，更多地思考如何创新性地优化工作流程、改进工作方法，为企业创新做出更多努力。这两个方面都有利于员工分享个体创新思路，将个体创新转化为企业创新。

（3）员工 - 组织契合。员工 - 组织契合程度越高，员工与企业越具有一致性的目标、价值观。在面对创新问题时，越具有较为一致的认知与目标，更有利于将个体创新与企业创新更好地融合在一起。员工价值观与组织文化、价值观更加匹配时，员工也会更愿意为组织贡献个人努力，将工作中的新方法与其他成员分享，从而对创新扩散以及个体 - 企业创新的跨层次涌现起到推动作用。

（4）主动性人格。主动性人格的概念较早地由贝特曼和克兰塔（Bateman and Crant，1993）提出，将主动性人格定义为一种能够影响个体主动性行为的较为稳定的人格倾向。低主动性人格的个体，往往对环境变化是消极适应的态度，不愿意主动承担工作范围之外的任务，不会足够关注工作过程中的改进与创新。而具有高主动性人格的个体，大多以未来目标为导向，注重在工作过程中对自我的持续提升（Parker and Collins，2010）。已经有不少文献关注主动性人格与员工创新行为之间的关系，认为主动性人格会使员工更积极地开展创新活动。除了对自身创新活动开展的正向影响，主动性人格也会使员工更愿意与其他员工交流，就创新活动开展的思路进行沟通，从而有利于个体 - 企业创新的跨层次涌现。

需要说明的是，本书第 3 章在讨论社会资本跨层次契合时，将主动性人格作为个体层次的影响因素，认为主动性人格会对员工社会资本跨层次契合的动机与行为产生影响。在第 9 章有关社会资本对创新行为跨层次影响的分析中也将主动性人格作为个体层次的调节变量。在本章又探讨了主动性人格对跨层次涌现的影响，主动性人格在本书多次运用于理论分析，原因在于作为体现个体主动性特质与人格的概念，对于创新行为及其涌现、分享个人社会关系与创新经验等角色外行为都会起到相应的促进作用。

10.4.2.2 企业层次的影响因素

依据嵌入性理论，员工的心理与动机，个体－企业创新涌现的相关行为都嵌入于员工所在的组织情境中，会受到相关因素的情境效应。

（1）组织创新氛围。组织氛围是组织内部影响员工个体行为和组织绩效的客观环境因素以及组织内工作环境一系列特性的集合，是影响员工动机与行为的重要因素（Litwin and Stringer，1968）。创新氛围是组织氛围中的重要维度，是其中与创新开展紧密相关的部分。企业创新氛围既是一种客观存在，也是组织中个体的主观感受。王雁飞和朱瑜（2005）在回顾组织创新氛围相关文献与概念界定的基础上，将创新氛围定义为存在于组织内部，能够被组织成员体验并影响其创新行为的持久特性，是组织成员对组织环境是否具有创新特性的主观知觉与描述，会影响个体的态度、信念、动机、价值观和创新行为，以及整个组织的创新能力与创新绩效。

很多文献围绕创新氛围对员工创新行为与企业创新绩效的影响而展开。实际上，创新氛围不仅可以直接影响单一个体的创新行为，还能影响个体之间有关创新的共享行为；创新氛围不是直接作用于企业绩效，而是通过跨层次因素之间的转化与涌现对创新绩效产生影响。创新氛围对于个体－企业创新跨层次涌现的调节作用，主要表现为以下几个方面：第一，创新氛围可以为员工创造性工作的开展，企业或部门、团队从员工创新活动中汲取创新的思路提供诱因，使不同层次的主体有意识地开展创新活动，并通过不同层次主体之间的交互作用带来创新的跨层次涌现；第二，创新氛围可以形成跨层次主体间有关创新的相互启发与模仿，比如员工将自身工作中的创造性思路推广至整个组织为其带来的认同、赞扬，可以对其他员工分享个体创新经验形成有效激励；第三，创新氛围可以为员工之间以及跨部门、跨团队的创新沟通排除障碍，与封闭的组织氛围相比，开放式的组织创新氛围为跨层次主体之间的互动，以及创新在组织内不同层次的扩散克服了阻碍因素，可以形成跨层次创新涌现的有利情境。

（2）关系质量。关系质量的相关研究大多关注企业与顾客之间的关系质量，以及企业之间的关系质量。除了这两个方面，组织内员工之间的关系质量也是值得探讨的问题。企业整体上和谐、融洽的员工关系质量，能更好地满足马斯洛需求层次中的社交需求，可以有效促进员工之间的沟通交流与相互分享行为，从而有利于通过员工之间的人际互动实现创新的跨层次涌现。

（3）内在激励模式。本书在第 3 章、第 4 章都提到激励模式，阐释了内在激励对员工分享社会关系资源时起到的激励作用。相类似地，激励模式也会影响到创新行为及其涌现，是个体 - 企业创新跨层次涌现的情境因素。按照自我决定理论，当个体认为环境因素可以满足自身自主需求、胜任需求或归属需求时，就会激发内在动机，从而选择或采取相应的行为。采取内在激励模式的企业，更能使员工基于内在动机形成分享创新心得与体会的诱发力和驱动力。

（4）内部社会资本。本书第 2 章回顾了作为社会资本重要类型的内部社会资本的定义，通过学者们对于内部社会资本的定义，可以看出内部社会资本代表了组织内部的一种嵌入性资源，是蕴藏在组织内部社会关系网络中，可以为个体或组织所用的资源。

内部社会资本对个体 - 企业创新跨层次涌现的调节作用主要表现为以下几个方面：第一，内部社会资本"公共物品"的属性削弱了员工进行创新活动的竞争性和排他性，在一定程度上减少了员工分享新的工作思路和方法的顾虑。第二，信任是内部社会资本的重要维度，处于整体信任程度高的企业中，员工更有意愿从社会关系网络中获取创新资源并进行创新性想法的交流。第三，内部社会资本代表了一种聚合力，有利于在创新活动开展时形成不同员工之间，以及跨部门、跨团队的创新合力，增加开展创新活动的相关沟通与合作，从而有利于个体 - 企业创新的跨层次涌现。

除了个体层次、企业层次的影响因素，个体 - 企业创新的跨层次涌现还会受到员工与组织关系的影响。员工 - 组织关系是一个跨层次因素，从个体层次而言，可以表示单个员工与组织之间的关系，从企业层次而言，也有企业整体员工 - 组织关系的不同程度之分。对于员工和组织之间的关系，大多数文献基于社会交换理论而展开，将其看作员工和企业相互进行投资和获取收益的长期社会交换过程，而并不仅是经济交换（Shore and Coyle-Shapiro，2003；Hom，Tsui and Wu，2009）。因此，员工 - 组织关系不仅包括工具性的经济关系，表现为员工为企业创造的价值、带来的经济收益，企业为员工提供的工资和奖金等经济报酬；还包括情感性的社会关系，比如员工在维护组织和谐氛围方面做出的贡献，以及企业使员工获得的被组织认同、支持的情绪与感受。员工-组织关系会受到员工、企业两方面的影响，是在员工、企业互动中逐渐形成的。其紧密程度、优劣状况直接影响到员工在创新方面的主动性，将个体创新分享至更高层次的积极性，以及组织是否可以通过调动与员工之间的关系资源而促进个体-企业创新的跨层次涌现。

可以看出，创新跨层次涌现的影响因素很多都涉及企业中不同主体之间的关系，也正是在跨层次主体社会关系及复杂互动中才形成了不同层次创新之间的转化。以上有关跨层次影响因素分析是针对员工-企业创新的涌现而进行的，对于用户-企业创新的涌现，同样也会受到用户、企业，以及用户所在的用户社群、用户社区、用户创新平台等多个层次相关因素的影响，也是涉及多主体之间的复杂互动。

10.5　本章小结

本章梳理了已有文献对于不同层次创新的定义，探讨了创新的多层次性，对创新的跨层次研究进行了回顾，将创新的跨层次研究分为多层次结构分析的相关研究和跨层次影响因素的相关研究两类，认为自下而上的低层次因素对高层次创新影响的研究还有较大研究空间。在此基础上，引入涌现理论，对涌现的理论内涵进行阐释，将涌现定义为由各部分相互作用、相互协同而在整体层次上表现出的多于各部分简单加总的新现象，并对涌现理论在创新研究中的适用性进行了分析。基于对创新多层次性和涌现理论内涵的理解，对个体层次创新到企业层次创新的跨层次涌现机理进行探索，认为个体创新到企业创新的跨层次涌现是一个复杂的动态过程，主要涵盖创新资源的跨层次共享、创新行为的跨层次转化、创新渠道的跨层次拓展三个维度。对个体-企业创新涌现的跨层次驱动因素进行了探讨，并将跨层次涌现过程解构为创新互动、创新整合、创新扩散和创新固化四个阶段。整合考虑跨层次因素，分析个体创新到企业创新涌现的作用路径与边界，员工－企业创新的跨层次涌现可以以部门创新、团队创新为中介，用户－企业创新的跨层次涌现可以以社群创新为中介。个体创新到企业创新的涌现会受到跨层次因素的影响，个体层次的影响因素主要包括组织支持感、组织社会化、员工－组织契合、主动性人格，企业层次的影响因素主要包括组织创新氛围、关系质量、内在激励模式、内部社会资本。

本章仅对个体－企业创新跨层次涌现进行了初步的理论探索与阐释，在未来研究中，可以在理论分析的基础上，搜集个体创新和企业创新的相关数据，通过两个层次的配对数据，对本章构建的理论模型进行实证检验。也可以对个体－企业创新跨层次涌现进一步量化，构建跨层次涌现性的度量模型，进一步丰富跨层次视角下的创新研究。

第 11 章
研究结论与展望

本章对全书的研究内容与结论进行总结提炼，对研究观点与结论能够带来的管理启示和政策建议进行分析，并提出本研究存在的局限性，对未来研究中有待进一步探讨的问题进行了展望。

11.1 研 究 结 论

本书以跨层次视角分析网络组织、社会资本与企业创新，探讨了个体社会资本向企业社会资本转化的内在作用机制，对社会资本和董事网络的创新效应、董事网络对代理成本的影响进行了实证分析，并对网络组织视角下的企业创新以及创新的跨层次涌现进行了研究。主要研究结论、管理启示和政策建议包括以下几个方面：

（1）通过社会资本的跨层次转化，促进企业社会资本的形成与累积。相对于社会资本产生的影响，社会资本的形成与构建是研究相对较少与值得关注的问题。个体社会资本向企业社会资本的转化，是企业社会资本形成的重要途径。社会资本的跨层次转化是一个动态持续过程，应在不同阶段有针对性地采取相应策略，才能更好地促进企业社会资本的构建。在关系识别阶段，要识别企业在社会网络中的关系位，挖掘个体层次对企业有益的社会联结；在结构联结阶段，要发挥个体的结构洞效应，以个体为中介构建企业与联结对象之间的关系建构；在认知固化阶段，要通过关系的非人格化，通过共享个体认知，使个体社会资本真正转化为企业层次的资源。在此过程中，会受到不同层次因素的影响，企业层次的激励模式是其中重要的一个方面，内在激励与外在激励模式的不同会对社会资本的跨层次转化产生差异化影响。企业的网络能力和学习能力也是重要的情境因素，具有越高网络能力和学习能力的企业越能更好地将不同维度的个体社会资本转化为企业层次。其中网络能力更多地影响关系维度和结构维度社会资本的转化，而学习能力更多地影响认知维度社会资本的转化。个体层次的主动性人格与组织信任也会对社会资本的跨层次转化产生显著影响，主要表现为对个体分享社会关系动机的作用。因此，要从个体和企业两个层次营造有利于社会资本跨层次转化的情境，更多发挥内在激励模式的作用，提升企业的网络能力和学习能力，以及关注员工的主动性并强化员工与企业之间的信任。

（2）厘清社会资本不同维度之间的互动作用，发挥社会资本的整合优势。内部社会资本与外部社会资本是常见的社会资本维度划分，对于内外部社会资本之间的互动作用是已有文献无法充分阐释的。本研究通过探索性案例研究，分析了内部社会资本和外部社会资本在社会资本跨层次转化中发挥的整合效应。通过外部社会资本的传递效应，企业获取边界外收益；通过内部社会资本的聚合效应，企业获取边界内收益；在外部社会资本跨层次转化过程中，内部社会资本发挥着重要的情境作用，从而使企业在内外部社会资本的整合作用下从人际互动中获取跨边界收益。鉴于此，应摒弃将社会资本看作单一整体的思维，更多关注社会资本涵盖的各个维度，以及不同维度之间的相互作用，将不同层次社会资本之间的转化与不同维度社会资本之间的互动连接在一起，从而更有效地发挥社会资本的协同效应。

（3）充分发挥网络组织的创新效应，尽量避免过度嵌入陷阱。网络嵌入、网络能力、网络演化会对企业创新资源获取、创新优势提升和创新方式选择产生影响。企业应通过自主性嵌入为创新活动积累知识、技术、信息等不同类型的资源；通过网络的融入、构建、管理与学习，构建企业基于多元主体互动的协同创新优势等；依据网络演化的不同类型、特征变化和发展阶段，进行相匹配的创新方式选择。同时，企业应立足嵌入性悖论，避免因关系锁定和封闭排他性导致的嵌入惰性，克服过度嵌入形成的惯性思维与行为，尽可能弱化对企业创新产生的负面效应。

对于董事网络，企业应有效运用董事网络资源，提升企业动态创新能力。董事网络是企业常见的社会网络类型与社会资本载体，成为企业获取外部资源的有效途径。其中，对企业创新能力产生的作用是董事网络效应中的重要方面。而创新能力具有动态复杂性，可以解构为创新投入能力、创新转化能力和创新产出能力三个阶段的能力，连接在一起形成闭环，通过动态循环与改进形成企业动态创新能力的螺旋式提升。本研究探讨了董事网络对企业动态创新能力的影响机理，实证结果表明动态创新能力的阶段维度会受到董事网络不同位置的差异化影响，董事网络程度中心度、接近中心度、中介中心度和结构洞会对创新投入能力产生显著影响；董事网络程度中心度、接近中心度会对创新产出能力和创新转化能力产生显著影响；董事网络中介中心度和结构洞对创新投入能力影响显著，而对创新产出能力和创新转化能力影响不显著。因此，要依据不同网络位置创新效应的差异采取相应策略，对于处于中心位置的企业而言，应积极发挥董事网络在动态创新各个阶段能力的作用。对于处于结构洞位置的企业而言，应着重关注董事网络在创新投入能力方面的作用，并通过对隐性关系的位置识别进一步拓展董事网络潜在的创新效应。

（4）关注董事网络治理的情境因素，对相关制度安排进行优化。通过对董事网络影响双重代理成本的实证检验，可以得出双重代理成本均会受到连锁董事网络位置的影响，机构投资者持股对董事网络中心度和结构洞与第一类、第二类代理成本之间关系起到不同的调节作用。董事网络对第一类代理成本的影响在非国有企业中更为显著，对第二类代理成本的影响在国有企业中较为显著，审计质量较低时，董事网络对双重代理成本的影响较为显著。企业可以通过引入外部机构投资者，发挥机构投资者在降低第一类代理成本方面起到的监督作用，同时通过加大对外部机构投资者行为的规范，削弱在第二类代理成本方面的负面作用，避免与大股东的"合谋"行为。

通过对董事网络影响企业动态创新能力的治理情境的实证检验，可以得出多重治理情境对董事网络位置与动态创新能力之间关系的调节效应存在着差异性。两职合一在连锁董事网络中心度、结构洞与动态创新能力三个阶段性维度之间的关系中起到正向调节作用，高管激励、产权性质对连锁董事网络中心度与动态创新能力三个阶段性维度之间的关系起到正向调节作用，而对连锁董事网络结构洞与创新产出能力、创新转化能力之间的关系没有明显调节作用。依据董事网络对动态创新能力作用边界的差异，企业应有针对性地进行公司治理情境的构建，从而为企业动态创新能力的提升提供有效的治理情境与制度保障，通过合理的制度安排，促进董事网络在企业创新中的影响。在创新投入阶段，治理情境发挥作用的范围最大，应关注高管激励、产权性质、两职合一作为作用条件和边界的情境效应，发挥董事网络在机会识别、风险预控、资源获取的创新投入方面的作用；在创新产出阶段和创新转化阶段，高管激励、产权性质只在中心度与动态创新能力之间发挥调节作用，应厘清作用边界，进行有所侧重的制度设计。

（5）充分考虑社会资本影响企业创新的多层次因素，促进企业创新的跨层次涌现。通过对跨层次配对数据的分析，实证结果表明外部社会资本的关系维度、结构维度和认知维度均对个体创新行为有显著正向作用；知识资源获取在创业团队外部社会资本和成员创新行为之间起到中介作用；主动性人格正向调节隐性知识资源获取与创新行为之间的关系，对显性知识资源获取与创新行为之间的关系没有显著调节作用。因此，在运用社会资本促进企业创新的过程中，要充分考虑不同层次因素的作用。应对个体的主动性人格等特质进行识别，作为分配差异化创新任务的依据，将隐性知识转化的任务分配给具有开创精神、主动意识的个体；在显性知识资源获取的同时关注内隐性知识资源的作用，发挥显性和隐性知识资源的协同创新效应。

创新的跨层次涌现是一个复杂的动态过程，可以解构为创新互动、创新整合、创新扩散和创新固化四个阶段。应充分考虑跨层次涌现的影响因素，从营造企业创新氛围、构建有效激励模式、提升员工－组织契合度、提高组织支持感等方面促进创新的跨层次涌现。

11.2　研 究 局 限

通过对本研究过程中存在不足之处的梳理，对研究局限性进行了总结，主要表现为以下几个方面：

（1）在探讨董事网络治理问题时，主要集中于对多重治理情境的分析，尚未深入探讨如何对董事网络进行治理的问题。董事网络作为企业社会网络中的一种类型，也需要通过对董事网络关系位的识别，对其中的社会关系结构进行有效治理。尤其是董事网络还与公司治理问题紧密联系，有必要探讨其与一般社会网络治理相比较而言的特殊之处。

（2）对于社会资本跨层次契合的探讨，主要针对新创企业进行研究，尚未把握成熟企业社会资本跨层次契合的一般规律。新创企业与成熟企业相比较而言，在资源获取、人员结构、员工激励等方面存在很大不同。社会资本跨层次契合嵌入于企业情境中，有必要对成熟企业与新创企业在跨层次契合方面的异同进行比较分析。

（3）有关创业活动和创新能力的分析，尚未充分考虑新的数字平台情境。平台经济和数字经济的发展，重塑了创新创业的外部环境，改变了创新活动和创业活动中的传统假设，有必要对数字情境和平台情境中创业管理和创新管理呈现出的新规律进行探索。

11.3　研究展望

在未来的研究中，可以将社会资本与社会网络分析置于新的数字经济情境中，探讨数字技术对社会关系网络及社会资本产生的影响，如社会关系在互联网平台中呈现出怎样的特点？虚拟社会资本的构建与拓展较一般社会资本而言有何特殊之处？线上与线下社会资本怎样有效互动整合？通过对这些问题的回答，对传统的社会资本研究进行情境化探索。

新创企业和创业团队是本研究主要调研对象，未来研究中还可以进一步思考数字经济与平台经济对创业机会识别、资源获取等产生的影响，在数字平台、创业活动的组合情境中，创业主体间关系的特点以及由此带来的治理挑战，对嵌套式创业主体关系结构与跨层次治理机制进行分析。

参考文献

中文部分

[1] 埃莉诺·奥斯特罗姆. 公共事物的治理之道 [M]. 余逊达, 陈旭东, 译. 上海: 上海三联书店, 2000.

[2] 约翰·霍兰, 涌现——从混沌到有序 [M]. 陈禹, 等译. 上海: 上海科学技术出版社, 2001.

[3] 奇达夫, 蔡文彬. 社会网络与组织 [M]. 王凤彬, 朱超威, 等译. 北京: 中国人民大学出版社, 2006.

[4] 白鸥, 魏江. 技术型与专业型服务业创新网络治理机制研究 [J]. 科研管理, 2016, 37 (1): 11 –19.

[5] 边燕杰, 丘海雄. 企业的社会资本及其功效 [J]. 中国社会科学, 2000 (2): 87 –99.

[6] 蔡莉, 单标安. 中国情境下的创业研究: 回顾与展望 [J]. 管理世界, 2013 (12): 160 –169.

[7] 蔡莉, 汤淑琴, 马艳丽, 高祥. 创业学习、创业能力与新企业绩效的关系研究 [J]. 科学学研究, 2014 (8): 1189 –1197.

[8] 陈仕华, 姜广省, 卢昌崇. 董事联结、目标公司选择与并购绩效——基于并购双方之间信息不对称的研究视角 [J]. 管理世界, 2013 (12): 117 –132.

[9] 陈仕华, 卢昌崇. 企业间高管联结与并购溢价决策——基于组织间模仿理论的实证研究 [J]. 管理世界, 2013 (5): 144 –156.

[10] 陈晓萍, 徐淑英, 樊景立. 组织与管理研究的实证方法 [M]. 北京:

北京大学出版社，2008.

[11] 陈运森，谢德仁. 网络位置、独立董事治理与投资效率 [J]. 管理世界，2011（7）：113-127.

[12] 陈运森. 社会网络与企业效率：基于结构洞位置的证据 [J]. 会计研究，2015（1）：48-55.

[13] 戴维奇，魏江. 创业心智、战略创业与业务演化 [J]. 科学学研究，2015（8）：1215-1231.

[14] 党兴华，肖瑶. 基于跨层级视角的创新网络治理机理研究 [J]. 科学学研究，2015（12）：1894-1908.

[15] 董保宝，葛宝山，王侃. 资源整合过程，动态能力与竞争优势：机理与路径 [J]. 管理世界，2011（3）：92-101.

[16] 杜亚丽. 跨层次视角下项目社会资本对知识转移的影响——以工程咨询项目为例 [J]. 东北财经大学学报，2005（3）：16-19.

[17] 段海艳. 连锁董事、组织冗余与企业创新绩效的关系研究 [J]. 科学学研究，2012（4）：631-640.

[18] 费孝通. 乡土中国 [M]. 北京：生活·读书·新知三联书店，1985.

[19] 高闯，关鑫. 社会资本、网络连带与上市公司终极股东控制权 [J]. 中国工业经济，2008（9）：88-97.

[20] 葛保山，王侃. 个人特质和个人网络对创业意向的影响——基于网店创业者的调查 [J]. 管理学报，2010（12）：1819-1830.

[21] 耿新，张体勤. 企业家社会资本对组织动态能力的影响——以组织宽裕为调节变量 [J]. 管理世界，2010（6）：109-121.

[22] 顾群，翟淑萍. 融资约束、代理成本与企业创新效率——来自上市高新技术企业的经验证据 [J]. 经济与管理研究，2012（5）：73-80.

[23] 郭毅，朱扬帆，朱熹. 人际关系互动与社会结构网络化——社会资本理论的建构基础 [J]. 社会科学，2003（8）：64-74.

[24] 韩炜，彭正银. 关系视角下创业网络的形成过程研究 [J]. 中国软科学，2016（2）：89-104.

[25] 韩炜，杨俊，张玉利. 创业网络混合治理机制选择的案例研究 [J]. 管

理世界，2014（2）：118-136.

[26] 何琦，艾蔚，潘宁利. 数字转型背景下的创新扩散：理论演化、研究热点、创新方法研究——基于知识图谱视角 [J]. 科学学与科学技术管理，2022，43（6）：17-50.

[27] 侯楠，杨皎平，戴万亮. 团队异质性、外部社会资本对团队成员创新绩效影响的跨层次研究 [J]. 管理学报，2016（2）：212-220.

[28] 胡国栋，罗章保. 中国本土网络组织治理的信任耦合与默契机制——微观权力的视角 [J]. 经济管理，2021，43（10）：242-261.

[29] 胡海清，张宝建，张道宏. 网络能力、网络位置与创业绩效 [J]. 管理工程学报，2011（4）：67-74.

[30] 胡雯，武常岐. 关系网络开发利用的影响因素和结果：对中国民营企业的研究 [J]. 产业经济评论，2004（2）：35-64.

[31] 黄海昕，李玲，高翰. 网络嵌入视角下连锁董事网络与战略创业行为——吸收能力的调节作用 [J]. 科学学与科学技术管理，2019，40（12）：119-138.

[32] 黄聿舟，裴旭东. 供应商网络治理机制对企业技术创新性的影响 [J]. 系统工程，2016，34（2）：12-18.

[33] 黄中伟，王宇露. 关于经济行为的社会嵌入理论研究述评 [J]. 外国经济与管理，2007，29（12）：1-8.

[34] 姜付秀，马云飙，王运通. 退出威胁能抑制控股股东私利行为吗？[J]. 管理世界，2015（5）：147-159.

[35] 可星，张琳玲，彭靖里. 企业组织能力系统涌现性度量模型及实证研究 [J]. 科研管理，2020，41（8）：181-192.

[36] 黎穗卿，陈新玲，翟瑜竹，张怡洁，章植鑫，封春亮. 人际互动中社会学习的计算神经机制 [J]. 心理科学进展，2021，29（4）：677-696.

[37] 李超平，苏琴，宋照礼. 互动视角的组织社会化动态跟踪研究 [J]. 心理科学进展，2014，22（3）：409-417.

[38] 李海舰，朱芳芳. 重新定义员工——从员工1.0到员工4.0的演进 [J]. 中国工业经济，2017（10）：156-173.

[39] 李浩，胡海青．孵化网络治理机制对网络绩效的影响：环境动态性的调节作用 [J]．管理评论，2016，28（6）：100-116.

[40] 李维安，林润辉，范建红．网络治理研究前沿与述评 [J]．南开管理评论，2014，17（5）：42-53.

[41] 李维安，周建．作为企业竞争优势源泉的网络治理 [J]．南开管理评论，2004，7（2）：12-17.

[42] 李新春，梁强，宋丽红．外部关系-内部能力平衡与新创企业成长——基于创业者行为视角的实证研究 [J]．中国工业经济，2010（12）：97-107.

[43] 李雪灵，马文杰，白晓晓．转型经济背景下新创企业关系网络研究前沿探析与未来展望 [J]．外国经济与管理，2011（5）：9-16.

[44] 李燕，原东良，周建．区域社会资本与上市公司治理有效性 [J]．广东社会科学，2021（6）：32-40.

[45] 梁上坤．机构投资者持股会影响公司费用粘性吗？ [J]．管理世界，2018，34（12）：133-148.

[46] 梁上坤，金叶子，王宁，何泽稷．企业社会资本的断裂与重构——基于雷士照明控制权争夺案例的研究 [J]．中国工业经济，2015（4）：149-160.

[47] 林嵩．创业资源的获取与整合——创业过程的一个解读视角 [J]．经济问题研究，2007（6）：166-169.

[48] 刘海建．基于中国情境的"关系"研究——一个整合分析 [J]．南京师大学报，2014（3）：53-64.

[49] 刘洪，涌现与组织管理 [J]．研究与发展管理，2002，14（4）：40-45.

[50] 刘红云，张雷．追踪数据分析方法及其应用 [M]．北京：教育科学出版社，2005.

[51] 刘新民，傅晓晖，王垒．机会主义与利己主义：连锁董事网络代理人利益保护问题研究 [J]．现代财经（天津财经大学学报），2018，38（2）：73-90.

[52] 刘媛华．企业集群合作创新涌现的动力模型研究 [J]．科学学研究，

2012，30（9）：1416－1420.

［53］路琳，梁学玲. 知识共享在人际互动与创新之间的中介作用研究［J］. 南开管理评论，2009（1）：118－123.

［54］罗家德，张田，任兵. 基于"布局"理论视角的企业间社会网络结构与复杂适应［J］. 管理学报，2014（9）：1253－1264.

［55］罗劲博，李小荣. 政策不确定性与公司代理成本［J］. 管理评论，2021，33（1）：201－214.

［56］罗珉. 价值星系：理论解释与价值创造机制的构建［J］. 中国工业经济，2006（1）：80－89.

［57］马鸿佳，董保宝，常冠群. 网络能力与创业能力——基于东北地区新创企业的实证研究［J］. 科学学研究，2010（7）：1008－1014.

［58］茅宁. 无形资产在企业价值创造中的作用与机理分析［J］. 外国经济与管理经，2011，23（7）：2－8.

［59］苗东升. 系统科学精要［M］. 北京：中国人民大学出版社，2006.

［60］潘安成，李鹏飞. 从人际交往中产生战略性创业实践：一个企业创业的案例跟踪探究［J］. 管理学报，2015（12）：1754－1763.

［61］彭正银. 网络治理理论探析［J］. 中国软科学，2002（3）：51－55.

［62］彭正银，廖天野. 连锁董事治理效应的实证分析——基于内在机理视角的探讨［J］. 南开管理评论，2008（1）：99－105.

［63］秦佳良，张玉臣. 调节定向、工作旺盛感和个体创新——基于员工参与氛围的跨层次调节作用［J］. 科研管理，2020，41（7）：159－168.

［64］曲亮，任国良. "质"的耕耘还是"量"的拓展？——浙江上市公司连锁董事网络对企业绩效的非线性影响［J］. 浙江工商大学学报，2014（4）：90－103.

［65］任兵，区玉辉，彭维刚. 连锁董事与公司绩效：针对中国的研究［J］. 南开管理评论，2007（1）：8－15.

［66］任胜钢，舒睿. 创业者网络能力与创业机会：网络位置和网络跨度的作用机制［J］. 南开管理评论，2014，17（1）：123－133.

［67］任胜钢，赵天宇，董保宝. 创业导向与结构社会资本交互影响创业企

业绩效的多案例研究 [J]. 科学学与科学技术管理，2016（5）：105 - 118.

[68] 芮正云，庄晋财，罗瑾琏. 社会资本对获取创业知识的驱动过程解构——基于创业者能力视角 [J]. 科学学与科学技术管理，2016，37（1）：60 - 70.

[69] 单凤儒. 论大数据时代企业经营者社会资本培育机制创新——以生活为媒介的"双网"渗透培育机制探究 [J]. 中国软科学，2014（6）：81 - 97.

[70] 施杨. 涌现研究的学科演进及其系统思考 [J]. 系统科学学报，2006，14（2）：58 - 63.

[71] 石晓军，王骜然. 独特公司治理机制对企业创新的影响——来自互联网公司双层股权制的全球证据 [J]. 经济研究，2017（1）：149 - 164.

[72] 孙国强，等. 网络组织理论与治理研究 [M]. 北京：经济科学出版社，2016.

[73] 谭小宏. 个人与组织价值观匹配对员工工作投入、组织支持感的影响 [J]. 心理科学，2012，35（4）：973 - 977.

[74] 谭云清，翟森竞. 关系嵌入、资源获取与中国 OFDI 企业国际化绩效 [J]. 管理评论，2020，32（2）：29 - 39.

[75] 陶建宏，师萍，段伟宇. 高阶理论研究综述——基于跨层次整合视角 [J]. 科研管理，2013（10）：224 - 242.

[76] 万俊毅，敖嘉焯. 企业间交易治理机制研究述评与展望 [J]. 外国经济与管理，2013，35（3）：22 - 27，46.

[77] 汪旭晖，冯文琪. 虚拟品牌社群中社会人际互动和类社会互动对品牌关系质量的影响研究 [J]. 财经论丛，2017（5）：78 - 88.

[78] 王凤彬，陈建勋. 跨层次视角下的组织知识涌现 [J]. 管理学报，2010，7（1）：17 - 23.

[79] 王凤彬，刘松博. 企业社会资本生成问题的跨层次分析 [J]. 浙江社会科学，2007（7）：87 - 132.

[80] 王济川，谢海义，姜宝法. 多层统计分析模型——方法与应用 [M].

北京：高等教育出版社，2008.

[81] 王西华. 社会有机系统的涌现机制与和谐社会的非线性构建 [J]. 系统科学学报，2013，21 (2)：25 – 29.

[82] 王晓文，张玉利，李凯. 新企业生成中社会资本来源及转化路径分析 [J]. 软科学，2009 (3)：6 – 14.

[83] 王新新，张佳佳. 价值涌现：平台生态系统价值创造的新逻辑 [J]. 经济管理，2021 (2)：188 – 208.

[84] 王性玉，邢韵. 高管团队多元化影响企业创新能力的双维分析——基于创业板数据的实证检验 [J]. 管理评论，2020，32 (12)：101 – 111.

[85] 王旭. 从创新厌恶到创新包容——银行债权治理的创新效应研究 [J]. 科研管理，2015，36 (11)：184 – 192.

[86] 王旭. 机构投资者股东积极主义效应的实现——基于代理成本的中介作用 [J]. 东岳论丛，2013，34 (3)：162 – 166.

[87] 王雁飞，朱瑜. 组织社会化与员工行为绩效 [J]. 管理世界，2012 (5)：109 – 124.

[88] 王永贵，刘菲. 创新能力：发包方对接包方的影响机制研究——战略外包情境中合作冲突与长期合作导向的调节效应 [J]. 经济管理，2018，40 (1)：140 – 155.

[89] 王智宁，张姝，叶新凤. 服务型领导对员工创新行为的跨层影响：组织内自我导航和团队反思的作用 [J]. 中国人力资源开发，2020，37 (5)：20 – 32.

[90] 韦影. 企业社会资本的测量研究 [J]. 科学学研究，2007 (6)：518 – 522.

[91] 魏龙，党兴华. 网络闭合、知识基础与创新催化：动态结构洞的调节 [J]. 管理科学，2017，30 (3)：83 – 96.

[92] 魏江，邬爱其，彭雪蓉. 中国战略管理研究：情境问题与理论前沿 [J]. 管理世界，2014 (12)：167 – 171.

[93] 魏江，徐蕾. 知识网络双重嵌入、知识整合与集群企业创新能力 [J]. 管理科学学报，2014，17 (2)：34 – 47.

[94] 魏江，张莉，李拓宇，赵雨菡，孟申思．合法性视角下平台网络知识资产治理 [J]．科学学研究，2019，37（5）：856－865.

[95] 温晓敏，郭丽芳．网络治理机制对网络治理绩效的影响——基于共生理论视角 [J]．技术经济与管理研究，2020（3）：109－113.

[96] 温兴琦，黄起海，David．共生创新系统：结构层次，运行机理与政策启示 [J]．科学学与科学技术管理，2016，37（3）：79－85.

[97] 谢洪涛，赖应良，孙玉梅．科研团队社会资本、个体动机对个体知识共享行为的影响——基于多层线性模型的跨层次分析 [J]．技术经济，2016，35（1）：30－35.

[98] 谢雅萍，黄美娇．社会网络、创业学习与创业能力——基于小微企业创业者的实证研究 [J]．科学学研究，2014（3）：400－409.

[99] 谢雅萍，张金连．创业团队社会资本与新创企业绩效关系 [J]．管理评论，2014（7）：104－114.

[100] 邢小强，仝允桓．网络能力：概念、结构与影响因素分析 [J]．科学学研究，2006，24（12）：558－563.

[101] 徐宁，徐鹏，吴创．技术创新动态能力建构及其价值创造效应——来自中小上市公司的经验证据 [J]．科学学与科学技术管理，2014，35（8）：125－134.

[102] 薛坤坤，王凯．机构持股与公司行为：迎合还是改进？——基于公司盈余管理的经验证据 [J]．中南财经政法大学学报，2021（3）：15－25，158.

[103] 严若森，华小丽，钱晶晶．组织冗余及产权性质调节作用下连锁董事网络对企业创新投入的影响 [J]．管理学报，2018（2）：217－229.

[104] 杨俊，张玉利．国外 PSED 项目研究述评及其对中国创业研究的启示 [J]．外国经济与管理，2007（8）：1－9.

[105] 杨俊，张玉利．社会资本、创业机会与创业初期绩效理论模型的构建与相关命题的提出 [J]．外国经济与管理，2008（10）：17－31.

[106] 杨俊．创业决策研究进展探析与未来研究展望 [J]．外国经济与管理，2014（1）：2－11.

[107] 杨俊. 新时代创新研究的新方向 [J]. 南开管理评论, 2018 (1): 4-5.

[108] 叶航, 汪丁丁, 罗卫东. 作为内生偏好的利他行为及其经济学意义 [J]. 经济研究, 2005 (8): 84-94.

[109] 鄞益奋. 网络治理: 公共管理的新框架 [J]. 管理学报, 2007 (1): 89-96, 126.

[110] 张宝建, 孙国强, 裴梦丹, 齐捧虎. 网络能力、网络结构与创业绩效——基于中国孵化产业的实证研究 [J]. 南开管理评论, 2015 (2): 39-50.

[111] 张皓, 肖邦明. 社会化商务社区关系涌现与维持机制研究——基于动态视角的网络闭包理论 [J]. 南开管理评论, 2020, 23 (3): 39-50.

[112] 张慧玉, 杨俊. 新企业社会网络特征界定与测度问题探讨——基于效率和效果的视角 [J]. 外国经济与管理, 2011 (11): 11-20.

[113] 张翼, 樊耘, 邵芳, 纪晓鹏. 论人与组织匹配的内涵、类型与改进 [J]. 管理学报, 2009 (10): 1377-1383.

[114] 张玉利, 郝喜玲, 杨俊, 刘依冉. 创业过程中高成本事件失败学习的内在机制研究 [J]. 管理学报, 2015 (7): 1021-1027.

[115] 张玉利, 杨俊, 戴燕丽. 中国情境下创业研究现状探析与未来发展建议 [J]. 外国经济与管理, 2012 (1): 1-9.

[116] 张志学. 组织心理学研究的情境化及多层次理论 [J]. 心理学报, 2010, 42 (1): 10-21.

[117] 张振刚, 余传鹏, 李云健. 主动性人格、知识分享与员工创新行为关系研究 [J]. 管理评论, 2016, 28 (4): 123-133.

[118] 赵晶, 张书博, 祝丽敏, 王明. 个人社会资本与企业社会资本的契合度对企业实际控制权的影响——基于国美电器和雷士照明的对比 [J]. 中国工业经济, 2014 (3): 121-133.

[119] 赵延东, 罗家德. 如何测量社会资本: 一个经验研究综述 [J]. 国外社会科学, 2005 (2): 18-24.

[120] 赵彦志, 周守亮. 多元嵌入视角下科研组织的网络治理与创新绩效关系 [J]. 经济管理, 2016, 38 (12): 170-182.

[121] 郑方. 连锁董事网络嵌入机理与优化研究 [M]. 北京: 经济科学出版

社，2016.

[122] 郑方. 治理与战略的双重嵌入性——基于连锁董事网络的研究 [J]. 中国工业经济，2011 (9)：108 - 118.

[123] 郑方，彭正银. 基于关系传递的结构嵌入演化与技术创新优势——一个典型案例的探索性研究 [J]. 科学学与科学技术管理，2017 (1)：120 - 133.

[124] 周小虎，陈传明. 企业社会资本与持续竞争力 [J]. 中国工业经济，2004 (5)：90 - 96.

[125] 周愉凡，张建卫，张晨宇，李海红，滑卫军. 主动性人格对研发人员创新行为的作用机理——基于特质激活与资源保存理论整合性视角 [J]. 软科学，2020，34 (7)：33 - 37.

[126] 朱宏淼，张生太，闫辛. 微信群中隐性知识传播模型研究 [J]. 科研管理，2019，40 (2)：106 - 115.

[127] 朱仁宏，曾楚宏，李孔岳. 创业研究不同观点的剖析与发展趋势的把握 [J]. 外国经济与管理，2008 (5)：22 - 27.

[128] 朱苏丽，贺伟，王忠军. 超越工具性交换：中国企业员工 - 组织类亲情交换的理论建构与实证检验 [J]. 管理世界，2015 (11)：119 - 134.

[129] 朱秀梅，李明芳. 创业网络特征对资源获取的动态影响——基于中国转型经济的证据 [J]. 管理世界，2011 (6)：105 - 115.

[130] 庄玉梅. 多层次视角的组织社会资本研究回顾与拓展 [J]. 科研管理，2015 (1)：97 - 102.

[131] 庄玉梅. 组织社会资本的跨层次衍生研究 [J]. 山东大学学报，2014 (5)：123 - 131.

英文部分

[1] Acton, B. P., Foti, R. J., Lord, R. G., Gladfelter, J. A. Putting Emergence Back in Leadership Emergence: A Dynamic, Multilevel, Process-oriented Framework [J]. The Leadership Quarterly, 2019, 30 (1)：145 - 164.

[2] Adler, P. S., Kwon, S. W. Social Capital: Prospects for a New Concept

[J]. Academy of Management Review, 2002, 27 (1): 17 – 40.

[3] Akram, M. U. , Ghosh, K. , Joseph, R. P. External Knowledge Sourcing and Innovation in Family Firms: How and Why Absorptive Capacity and Family Social Capital Matter [J]. The Journal of Information & Knowledge Management Systems, 2021, 51 (3): 438 – 460.

[4] Aldrich, H. E. , Zimmer, C. Entrepreneurship through Social Networks [A]. Sexton, D. L. , Smilor, R. W. The Art and Science of Entrepreneurship [C]. Cambridge, MA: Ballinger Publishing Company, 1986: 3 – 32.

[5] Alexy, O. T. , Block, J. H. , Sandner, P. , Ter Wal, A. L. J. Social Capital of Venture Capitalists and Start-up Funding [J]. Small Business Economics, 2012, 39 (4): 835 – 851.

[6] Andrews, R. Exploring the Impact of Community and Organizational Social Capital on Government Performance: Evidence from England [J]. Political Research Quarterly, 2011, 64 (4): 938 – 949.

[7] Ans, D. V. , Dirk, B. , René, S. Psychological Contract Development during Organizational Socialization: Adaptation to Reality and the Role of Reciprocity [J]. Journal of Organizational Behavior, 2003, 24 (5): 537 – 559.

[8] Atuahene-Gima, K. , Murray, J. Y. Exploratory and Exploitative Learning in New Product Development: A Social Capital Perspective on New Technology Ventures in China [J]. Journal of International Marketing, 2007, 15 (2): 1 – 29.

[9] Baker, E. , Onyx, J. , Edward, M. Emergence, Social Capital and Entrepreneurship: Understanding Networks from the Inside [J]. Emergence: Complexity and Organization, 2011, 13 (3): 21 – 39.

[10] Baker, W. Market Networks and Corporate Behavior [J]. American Journal of Sociology, 1990, 96 (3): 589 – 625.

[11] Barney, J. B. Firm Resources and Sustained Competitive Advantage [J]. Journal of Management, 1991, 17 (1): 99 – 120.

[12] Bartol, K. M., Srivastava, A. Encouraging Knowledge Sharing: The Role of Organizational Reward Systems [J]. Journal of Leadership & Organizational Studies, 2002, 9 (1): 64 –76.

[13] Bena, J., Li, K. Corporate Innovations and Mergers and Acquisitions [J]. The Journal of Finance, 2014, 69 (5): 1923 –1960.

[14] Beugelsdijk, S. A Multilevel Approach to Social Capital [J]. International Studies of Management and Organization, 2009, 39 (2): 65 –89.

[15] Blau, G. J. Using A Person-environment Fit Model to Predict Job Involvement and Organizational Commitment [J]. Journal of Vocational Behavior, 1987, 30 (3): 240 –257.

[16] Bourdieu, P., Wacquant, L. J. D. An Invitation to Reflexive Sociology [M]. Chicago: University of Chicago Press, 1992.

[17] Brehm, J., Rahn, W. Individual-level Evidence for the Causes and Consequence of Social Capital [J]. American Journal of Political Science, 1997, 41 (3): 999 –1023.

[18] Brown, T. F. Theoretical Perspectives on Social Capital [J]. Working paper, University of Wisconsin, 1997.

[19] Buckley, P. J., Jeremy, C., Tan, H. Reform and Restructuring in Chinese State-owned Enterprises: Sinotrans in the 1990s [J]. Management International Reviews, 2005, 45 (2): 147 –172.

[20] Burt, R. S. Brokerage and Closure: An Introduction to Social Capital [M]. Oxford: Oxford University Press, 2005.

[21] Burt, R. S. Structural Holes: The Social Structure of Competition [M]. Cambridge, MA: Harvard University Press, 1992.

[22] Cable, D. M., DeRue, D. S. The Convergent and Discriminant Validity of Subjective Fit Perceptions [J]. Journal of Applied Psychology, 2002, 87 (5): 875 –884.

[23] Campbell, A. Signaling in Social Network and Social Capital Formation [J]. Econ Theory, 2014, 57: 303 –337.

［24］ Carpenter, M. , Westphal, J. D. The Strategic Context of External Network Ties: Examining Impact of Director Appointments on Board Involvement in Strategic Decision Making ［J］. Academy of Management Journal, 2001, 44 (4): 639 – 660.

［25］ Chan, H. , Lee, Y. H. , Chen, H. H. The Effect of Internal Locus of Control on Entrepreneurship: The Mediating Mechanisms of Social Capital and Human Capital ［J］. International Journal Human Resource Management, 2016, 27 (11): 1158 – 1172.

［26］ Chatman, J. A. Improving Interactional Organizational Research: A Model of Person-organization Fit ［J］. The Academy of Management Journal, 1989, 14 (3): 333 – 349.

［27］ Cheng, C. C. F. , Chen, F. Breakthrough Innovation: The Roles of Dynamic Innovation Capabilities and Open Innovation Activities ［J］. Journal of Business & Industrial Marketing, 2013, 28 (5): 444 – 454.

［28］ Chiu, C. M. , Hsu, M. H. , Wang, E. T. G. Understanding Knowledge Sharing in Virtual Communities: An Integration of Social Capital and Social Cognitive Theories ［J］. Decision Support Systems, 2006 (3): 1872 – 1888.

［29］ Chuang, C. H. , Chen, S. , Chuang, C. W. Human Resource Management Practices and Organizational Social Capital: The Role of Industrial Characteristics ［J］. Journal of Business Research, 2013, 66 (5): 678 – 687.

［30］ Chuluunbaatar, E. , Ottavia, D. B. L. , Kuang, S. F. The Entrepreneurial Start-up Process: The Role of Social Capital and the Social Economic Condition ［J］. Asian Academy of Management Journal, 2011, 16 (1): 43 – 71.

［31］ Clercq, D. D. , Dimov, D. , Thongpapanl, N. Organizational Social Capital, Formalization, and Internal Knowledge Sharing in Entrepreneurial Orientation Formation ［J］. Entrepreneurship Theory and Practice, 2013, 37 (3): 505 – 537.

［32］ Coleman, J. Foundations of Social Theory ［M］. Cambridge, MA: Harvard

University Press, 1990.

[33] Coleman, J. S. Social Capital in the Creation of Human Capital [J]. American Journal of Sociology, 1988, 94: 95 – 120.

[34] Cooke, P., Uranga, M. G., Etxebarria, G. Regional Innovation Systems: Institutional and Organizational Dimensions [J]. Research Policy, 1997 (26): 475 – 491.

[35] Cope, J. Entrepreneurial Learning from Failure: An Interpretative Phenomenological Analysis [J]. Journal of Business Venturing, 2011, 26 (6): 604 – 623.

[36] Crossan, M. M., Lane, H. W., White, R. R. An Organizational Learning Framework: From Intuition to Institution [J]. Academy of Management Review, 1999, 24 (3): 522 – 537.

[37] Davidsson, P., Honig, B. The Role of Social and Human Capital among Nascent Entrepreneurs [J]. Journal of Business Venturing, 2003, 18 (3): 301 – 331.

[38] DeShon, R. P., Kozlowski, S. W., Schmidt, A. M., Milner, K. R., Wiechmann, D. A Multiple-goal, Multilevel Model of Feedback Effects on the Regulation of Individual and Team Performance [J]. Journal of Applied Psychology, 2004, 89 (6): 1035 – 1056.

[39] De Dreu, C. K. W., West, M. A. Minority Dissent and Team Innovation: The Importance of Participation in Decision Making [J]. Journal of Applied Psychology, 2001, 86 (6): 1191 – 1201.

[40] Dougherty, D., Hardy, C. Sustained Production Innovation in Large, Mature Organizations: Overcoming Innovation-to-organization Problems [J]. Academy of Management Journal, 1996, 39 (5): 1120 – 1153.

[41] Dyer, W. G., Nenque, E., Hill, E. J. Toward a Theory of Family Capital and Entrepreneurship: Antecedents and Outcomes [J]. Journal of Small Business Management, 2014, 52 (2): 266 – 285.

[42] Eisenhardt, K. M. Building Theories from Case Study Research [J]. Acade-

my of Management Review, 1989, 14 (4): 532 –550.

[43] Eisenhardt, K. M., Graebner, M. E. Theory Building from Cases: Opportunities and Challenges [J]. Academy of Management Journal, 2007, 50 (1): 25 –32.

[44] Eisenhardt, K. M., Martin, J. A. Dynamic Capabilities: What are They? [J]. Strategic Management Journal, 2000, 21 (10): 1105 –1121.

[45] Estrin, S., Mickiewicz, T., Stephan, U. Entrepreneurship, Social Capital, and Institutions: Social and Commercial Entrepreneurship across Nations [J]. Entrepreneurship Theory and Practice, 2013, 37 (3): 479 – 504.

[46] Fang, E., Palmatier, R. W., Evans, K. R. Influence of Customer Participation on Creating and Sharing of New Product Value [J]. Journal of the Academy of Marketing Science, 2008, 36 (3): 322 –336.

[47] Farh, C. I. C., Lanaj, K., Ilies, R. Resource-based Contingencies of When Team-member Exchange Helps Member Performance in Teams [J]. Academy of Management Journal, 2017, 60 (3): 1117 –1137.

[48] Freeman, L. C. Centrality in Social Networks Conceptual Clarifications [J]. Social Networks, 1979 (1): 215 –239.

[49] Gao, J. L., Wang, J., Yu, D. L, Dai, J. M., Zhu, Y. K., Fu, H. Associations between Psychosocial Work Environments and Social Capital: A Multilevel Analysis Study in a Chinese Context [J]. BMC Public Health, 2018, 18 (1): 976.

[50] Gedajlovic, E., Honig, B., Moore, C. B., Payne, G. T., Wright, M. Social Capital and Entrepreneurship: A Schema and Research Agenda [J]. Entrepreneurship Theory and Practice, 2013, 37 (3): 455 –478.

[51] Granovetter, M. Economic Action and Social Structure: The Problem of Embeddedness [J]. American Journal of Sociology, 1985, 91 (3): 481 –510.

[52] Guo, C., Miller, J. K. Guanxi Dynamics and Entrepreneurial Firm Creation and Development in China [J]. Management and Organization Review,

2010, 6 (2): 267 –291.

[53] Håkansson, H., Ford, D. How Should Companies Interact in Business Net-works? [J]. Journal of Business Research, 2002, 55 (2): 133 –139.

[54] Hardin, E. E., Donaldson, J. R. Predicting Job Satisfaction: A New Per-spective on Person-environment Fit [J]. Journal of Counseling Psychology, 2014, 61 (4): 634 –640.

[55] Haro, S. D. Towards a Theory of Emergence for the Physical Sciences [J]. European Journal for Philosophy of Science, 2019, 9 (3): 1 –52.

[56] Hite, J. Evolutionary Processes and Paths of Relationally Embedded Network Ties in Emerging Entrepreneurial Firm [J]. Entrepreneurship Theory and Practice, 2005, 29 (1): 113 –144.

[57] Hite, J., Hesterly, W. The Evolution of Firm Networks: From Emergence to Early Growth of the Firm [J]. Strategic Management Journal, 2001, 22 (3): 275 –286.

[58] Hoang, H., Young, N. Social Embeddedness and Entrepreneurial Opportu-nity Recognition: Evidence of Embeddedness [A]. Frontiers of Entrepre-neurship Research [C]. Wellesley, MA: Babson College, 2000.

[59] Hofmann, D. A., Morgeson, F. P., Gerras, S. J. Climate as a Moderator of the Relationship between Leader-member Exchange and Content Specific Citizenship: Safety Climate as an Exemplar [J]. Journal of Applied Psychol-ogy, 2003, 88 (1): 170 –178.

[60] Holcomb, T. R. Ireland, R. D., Holmes, R. M. Architecture of Entrepre-neurial Learning: Exploring the Link among Heuristics, Knowledge, and Action [J]. Entrepreneurship Theory and Practice, 2009, 33 (1): 167 –192.

[61] Hollenbeck, J. R., Jamieson, B. B. Human Capital, Social Capital, and Social Networks Analysis: Implications for Strategic Human Resource Manage-ment [J]. Academy of Management Perspective, 2015, 29 (3): 370 –385.

[62] Hom, P. W., Tsui, A. S., Wu, J. B. Why Do Chinese Managers Stay?

Explaining Employment Relationships with Social Exchange and Job Embeddedness [J]. Journal of Applied Psychology, 2009, 94 (2): 277 –297.

[63] Huang, H. C., Lai, M. C., Lin, L. H., Chen, C. T. Overcoming Organizational Inertia to Strengthen Business Model Innovation: An Open Innovation Perspective [J]. Journal of Organizational Change Management, 2013, 26 (6): 977 –1002.

[64] Huang, Z. R., Zhang, Z. Y. The Relationships among Characteristics of Interlocking Directorate Network, Technological Diversity and Innovation Performance: Evidence from Taiwan's Electronics Industry [J]. NTU Management Review, 2020, 30 (3): 145 –182.

[65] Inkpen, A. C., Tsang, E. W. K. Social Capital Networks, and Knowledge Transfer [J]. Academy of Management Review, 2005, 30 (1): 146 – 165.

[66] Jia, L. D., Shaw, J. D., Tsui, A. S., Park, T. A Social-structural Perspective on Employee-organization Relationships and Team Creativity [J]. Academy of Management Journal, 2014, 57 (3): 869 –891.

[67] Johannisson, B., Alexanderson, O., Nowicki, K., Senneseth, K. Beyond Anarchy and Organization: Entrepreneurs in Contextual Networks [J]. Entrepreneurship & Regional Development, 1994, 6 (4): 329 –356.

[68] Johns, G. The Essential Impact of Context on Organizational Behavior [J]. Academy of Management Journal, 2006, 31 (2): 386 –408.

[69] Jonsson, S., Lindbergh, J. The Development of Social Capital and Financing of Entrepreneurial Firms: From Financial Bootstrapping to Bank Funding [J]. Entrepreneurship Theory and Practice, 2013, 37 (4): 661 – 686.

[70] Kaasa, A. Effects of Different Dimensions of Social Capital on Innovative Activity: Evidence from Europe at the Regional Level [J]. Technovation, 2009, 29 (3): 218 –233.

[71] Kale, P., Singh, H., Perlmutter, H. Leaning and Protection of Proprieta-

ry Assets in Strategic Alliances: Building Relational Capital [J]. Strategic Management Journal, 2000, 21 (3): 217 – 237.

[72] Kammeyer-Mueller, J. D. , Livingston, B. A. , Liao, H. Perceived Similarity, Proactive Adjustment, and Organizational Socialization [J]. Journal of Vocational Behavior, 2011, 78 (2): 225 – 237.

[73] Karlsson, T. , Wigren, C. Start-ups among University Employees: The Influence of Legitimacy, Human Capital and Social Capital [J]. The Journal of Technology Transfer, 2012, 37 (3): 297 – 312.

[74] Kempster, S. , Cope, J. Learning to Lead in the Entrepreneurial Context [J]. International Journal of Entrepreneurial Behaviour & Research, 2010, 16 (1): 5 – 34.

[75] Kilduff, M. , Tsai, W. Social Networks and Organizations [M]. Thousand Oaks, CA: Sage, 2003.

[76] Kim, P. , Aldrich, H. Social Capital and Entrepreneurship [M]. Boston: Now Publisher Inc. , 2005.

[77] Kim, T. Y. , Aryee, S. , Loi, R. , Kim, S. P. Person-organization Fit and Employee Outcomes: Test of a Social Exchange Model [J]. International Journal of Human Resource Management, 2013, 24 (19): 3719 – 3737.

[78] Klein, K. J. , Dansereau, F. , Hall, R. J. Levels Issues in Theory Development, Data Collection, and Analysis [J]. Academy of Management Review, 1994, 19 (2): 195 – 229.

[79] Klein, K. J. , Kozlowski, A. W. Multilevel Theory, Research, and Methods in Organizations: Foundations, Extensions, and New Directions [M]. SanFrancisco: Josssy-Boss, 2000.

[80] Kogut, B. , Zander, U. Knowledge of the Firm, Combinative Capabilities, and the Replication of Technology [J] . Organization science, 1992, 3 (3): 383 – 397.

[81] Koka, B. R. , Prescott, J. E. Strategic Alliances as Social Capital: A Mul-

tidimensional View ［J］. Strategic Management Journal, 2002, 23 (9):
795 – 816.

［82］ Kostova, T. , Roth, K. Social Capital in Multinational Corporations and a
Micro-macro Model of its Formation ［J］. Academy of Management Review,
2003, 28 (2): 297 – 317.

［83］ Krackhardt, D. The Strength of Strong Ties: The Importance of Philos in Or-
ganizations ［J］. Networks and Organizations: Structure, Form and Action,
1992: 216 – 239.

［84］ Krishna, A. Creating and Harnessing Social Capital ［J］. Dasgupta, P. ,
Serageldin, I. Social Capital: A Multifaceted Perspective ［M］. Washington
DC: The World Bank, 2000.

［85］ Krishna, A. Creating and Harnessing Social Capital ［J］. Social Capital: A
Multifaceted Perspective ［M］. Dasgupta, P. , Serageldin, I. The Interna-
tional Bank for Reconstruction and Development. The World Bank, 2000:
71 – 93.

［86］ Kwon, S. W. , Adler, P. S. Social Capital: Maturation of A Field of Re-
search ［J］. Academy of Management Review, 2014, 39 (4): 412 – 422.

［87］ Larcker, D. F. , C. So. Eric, C. Y. Wang. Boardroom Centrality and Firm Per-
formance ［J］. Journal of Accounting and Economics, 2013, 55 (2 – 3):
225 – 250.

［88］ Larson, A. , Starr, J. A Network Model of Organization Formation ［J］.
Entrepreneurship Theory and Practice, 1993, 17 (2): 5 – 15.

［89］ Lauver, K. J. , Kristof-Brown, A. Distinguishing between Employees' Per-
ceptions of Person-job and Person-organization Fit ［J］. Journal of Vocational
Behavior, 2001, 59 (3): 454 – 470.

［90］ Leana, C. R. , Van Buren, H. J. Organizational Social Capital and Em-
ployment Practices ［J］. Academy of Management Review, 1999, 24
(3): 538 – 555.

［91］ Lee, T. W. Using Qualitative Methods in Organizational Research ［M］. Sage

Publications, 1999.

[92] Leitch, C. M. , McMullan, C. , Harrison, R. T. The Development of Entrepreneurial Leadership: The Role of Human, Social and Institutional Capital [J]. British Journal of Management, 2013, 24 (3): 347 – 366.

[93] Leonard-Barton, D. A Dual Methodology for Case Studies: Synergistic Use of a Longitudinal Single Site with Replicated Multiple Sites [J]. Organization Science, 1990, 1 (3): 248 – 266.

[94] Lewis, K. V. Enacting Entrepreneurship and Leadership: A Longitudinal Exploration Gendered Identity Work [J]. Journal of Small Business Management, 2015, 53 (3): 662 – 682.

[95] Li, H. Y. , Y. Zhang. The Role of Managers' Political Networking and Functional Experience in New Venture Performance: Evidence from China's Transition Economy [J]. Strategic Management Journal, 2007, 28 (8): 791 – 804.

[96] Li, Y. , Chen, H. , Liu, Y. , Peng, M. W. Managerial Ties, Organizational Learning, and Opportunity Capture: A Social Capital Perspective [J]. Asia Pacific Journal of Management, 2014, 31 (1): 271 – 291.

[97] Lichtenthaler, U. , Muethel, M. Retracted: The Impact of Family Involvement on Dynamic Innovation Capabilities: Evidence From German Manufacturing Firms [J]. Entrepreneurship Theory & Practice, 2012, 36 (6): 1235 – 1253.

[98] Light, I. , Dana, L. Boundaries of Social Capital in Entrepreneurship [J]. Entrepreneurship Theory and Practice, 2013, 37 (3): 603 – 624.

[99] Liu, H. , Chu, H. , Huang, Q. , Chen, X. Enhancing the Flow Experience of Consumers in China through Interpersonal Interaction in Social Commerce [J]. Computers in Human Behavior, 2016, 58: 306 – 314.

[100] Lu, L. , Leung, K. , Koch, P. T. Managerial Knowledge Sharing: The Interplay of Individual, Interpersonal and Organizational Factors [J]. Management and Organization Review, 2006 (2): 15 – 41.

[101] Luo, Y. , Chen, M. Does Guanxi Influence Firm Performance? [J]. Asia Pacific Journal of Management, 1997, 14: 1 – 16.

[102] Mahoney, J. T. , Pandian, J. R. The Resource-based View within the Conversation of Strategic Management [J]. Strategic Management Journal, 1992, 13 (5): 363 – 380.

[103] Maitlis, S. , Christianson, M. Sensemaking in Organizations: Taking Stock and Moving Forward [J]. Academy of Management Annals, 2014, 8 (1): 57 – 125.

[104] Major, B. C. , Le Nguyen, K. D. , Lundberg, K. B. , Fredrickson, B. L. Well-being Correlates of Perceived Positivity Resonance: Evidence from Trait and Episode-level Assessments [J]. Personality & Social Psychology Bulletin, 2018, 44 (12), 1631 – 1647.

[105] Martin, G. , Gzubuyuk, R. , Becerra, M. Interlock and Firm Performance: The Role of Uncertainty in the Directorate Interlock-Performance Relationship [J]. Strategic Management Journal, 2015, 36 (1): 235 – 253.

[106] Maurer, I. , Ebers, M. The Dynamics of Social Capital and their Performance Implications: Lessons from Biotechnology Start-ups [J]. Administrative Science Quarterly, 2006, 51 (2): 262 – 292.

[107] Maas, C. J. M. , Hox, J. J. Sufficient Sample Sizes for Multilevel Modeling [J]. Methodology European Journal of Research Methods for the Behavioral & Social Sciences, 2005, 1 (3): 86 – 92.

[108] McDougall, P. P. , Robinson, R. B. New Venture Strategies: An Empirical Identification of Eight "Archetypes" of Competitive Strategies of Entry [J]. Strategic Management Journal, 2010, 11 (6): 447 – 467.

[109] McKeever, E. , Anderson, A. , Jack, S. Entrepreneurship and Mutuality: Social Capital in Processes and Practices [J]. Entrepreneurship and Regional Development, 2014, 26 (5 – 6): 453 – 477.

[110] Meuer, J. , Rupietta, C. , Backes-Gellner, U. Layers of Co-existing In-

novation Systems [J]. Research Policy, 2015 (44): 888 – 910.

[111] Meyer, J. P. , Allen, N. J. A Three Component Conceptualization of Organizational Commitment [J]. Human Resource Management Review, 1991, 1 (1): 61 – 89.

[112] Mintzberg, H. Developing Theory about the Development of Theory [A]. Smith, K. G. , Michael, A. Great Minds in Management: The Process of Theory Development [C]. NewYork: Oxford University Press, 2005.

[113] Mizruchi, M. S. What Do Interlocks Do? An Analysis, Critique, and Assessment of Research on Interlocking Directorates [J]. Annual Review Sociology, 1996 (22): 271 – 298.

[114] Moller, K. K. , Halinen, A. Business Relationships and Networks: Managerial Challenge of Network of Network Era [J]. Industrial Marketing Management, 1999, 28 (5): 413 – 427.

[115] Mowday, R. T. , Steers, R. M. , Porter, L. W. The Measurement of Organizational Commitment [J]. Journal of Vocational Behavior, 1979, 14 (2): 224 – 247.

[116] Murphy, G. , Trailer, J. , Hill, R. Measuring Performance in Entrepreneurship Research [J]. Journal of Business Research, 1996, 36 (1): 15 – 23.

[117] Nahapiet, J. , Ghoshal, S. Social Capital, Intellectual Capital, and the Organizational Advantage [J]. Academy of Management Review, 1998, 23 (2): 242 – 266.

[118] Newbert, S. L. , Tornikoski, E. T. , Quigley, N. R. Exploring the Evolution of Supporter Networks in the Creation of New Organizations [J]. Journal of Business Venturing, 2013, 28 (2): 281 – 298.

[119] Nieto, M. , González-álvarez, N. Social Capital Effects on the Discovery and Exploitation of Entrepreneurial Opportunities [J]. International Entrepreneurship and Management Journal, 2016, 12 (2): 507 – 530.

[120] O'Sullivan, M. The Innovation Enterprise and Corporate Governance [J].

Cambridge Journal of Economics, 2000, 24 (4): 393 –416.

[121] Oh, H., Labianca, G., Chung, M. A Multilevel Model of Group Social Capital [J]. Academy of Management Review, 2006, 31 (3): 569 – 582.

[122] O'Reilly, C. A., Chatman, J. A., Caldwell, D. People and Organizational Culture: A Profile Comparison Approach to Assessing Person-organization Fit [J]. Academy of Management Journal, 1991, 34 (3): 487 – 516.

[123] Park, S. H., Luo, Y. Guanxi and Organizational Dynamics: Organizational Networking in Chinese Firms [J]. Strategic Management Journal, 2001, 22 (5): 455 –477.

[124] Payne, G. T., Moore, C. B., Griffis, S. E., Autry, C. W. Multilevel Challenges and Opportunities in Social Capital Research [J]. Journal of Management, 2011, 37 (2): 491 –520.

[125] Peng, M. W. Institutional Transitions and Strategic Choices [J]. Academy of Management Review, 2003, 28 (2): 275 –296.

[126] Ployhart, R. E., Moliterno, T. P. Emergence of the Human Capital Resource: A Multilevel Model [J]. Academy of Management Review, 2011, 36 (1): 127 –150.

[127] Politis, D. The Process of Entrepreneurial Learning: A Conceptual Framework [J]. Entrepreneurship Theory and Practice, 2005, 29 (4): 399 – 424.

[128] Portes, A. Social Capital: Its Origins and Applications in Modern Sociology [J]. Annual Review of Sociology, 1998, 24: 1 –24.

[129] Prahalad, C. K., Hamel, G. The Core Competence of the Corporation [J]. Harvard Business Review, 1990, 68 (3): 275 –292.

[130] Putnam, R. D. Bowling Alone: The Collapse and Revival of American Community [M]. New York: Touchstone, 2000.

[131] Putnam, R. D. The Prosperous Community: Social Capital and Public Life

［J］. The American Prospect, 1993, 13：35 – 42.

［132］ Rai, A., Ghosh, P., Chauhan, R., Singh, R. Improving In-role and Extra-role Performances with Rewards and Recognition ［J］. Management Research Review, 2018, 41（8）, 902 – 919.

［133］ Raluca, B. N. Social Capital Framework and Its Influence on the Entrepreneurial Activity ［J］. Annals of the University of Oradea Economic Science, 2013, 22（1）：581 – 589.

［134］ Reynolds, P. D., Miller, B. New Firm Gestation：Conception, Birth and Implications for Research ［J］. Journal of Business Venturing, 1992, 7 （5）：405 – 417.

［135］ Schenkel, M. T., D'Souza, R. R., Matthews, C. H. Entrepreneurial Capital：Examining Linkages in Human and Social Capital of New Ventures ［J］. Journal of Developmental Entrepreneurship, 2012, 17（2）：1 – 25.

［136］ Schnurbein, G. V. Managing Organizational Social Capital through Value Configurations ［J］. Nonprofit Management and Leadership, 2014, 24 （3）：357 – 376.

［137］ Scott, J. Social Network Analysis：A Handbook ［M］. Newbury Park, CA：Sage, 2000.

［138］ Settoon, R. P., Bennett, N., Liden, R. C. Social Exchange in Organizations：Perceived Organizational Support, Leadermember Exchange, and Employee Reciprocity ［J］. Journal of Applied Psychology, 1996, 81 （3）：219 – 227.

［139］ Sheng, S. B., Zhou, K. Z., Li, J. J. The Effects of Business and Political Ties on Firm Performance：Evidence from China ［J］. Journal of Marketing, 2011, 75（10）：1 – 15.

［140］ Shi, W., Markòczy, L., Ciprian, V. S. The Continuing Importance of Political Ties in China ［J］. The Academy of Management Perspective, 2014, 28（1）：57 – 75.

［141］ Shin, S. J., Yuan, F., Zhou, J. When Perceived Innovation Job Requirement Increases Employee Innovative Behavior: A Sensemaking Perspective [J]. Journal of Organizational Behavior, 2017, 38 (1): 68 – 86.

[142] Shipilov, A. , Gulati, R. , Kilduff, M. , Li, S. , Tsai, W. Relational Pluralism Within and Between Organizations [J]. Academy of Management Journal, 2014, 57 (2): 449 – 459.

[143] Shore, L. M. , Coyle-Shapiro, J. A. – M. New Developments in Employee-organization Relationship [J]. Journal of Organizational Behavior, 2003, 24 (5): 443 – 450.

[144] Slotte-Kock, S. , Coviello, N. Entrepreneurship Research on Network Processes: A Review and Ways Forward [J]. Entrepreneurship Theory and Practice, 2010, 34 (1): 31 – 57.

[145] Smith, C. , Smith, J. B. , Shaw, E. Embracing Digital Networks: Entrepreneurs' Social Capital Online [J]. Journal of Business Venturing, 2017, 32 (1): 18 – 34.

[146] Song, Y. From Offline Social Network to Online Social Network: Changes in Entrepreneurship [J]. Informatica Economica, 2015, 19 (2): 120 – 133.

[147] Sozen, H. C. , Varoglu, D. , Yeloglu, H. O. , Basim, H. N. Human or Social Resources Management: Which Conditions Force HR Departments to Select the Right Employees for Organizational Social Capital? [J]. European Management Review, 2016, 13 (1): 3 – 18.

[148] Tan, J. , Zhang, H. , Wang, L. Network Closure or Structural Hole? The Conditioning Effects of Network-level Social Capital on Innovation Performance [J]. Entrepreneurship Theory and Practice, 2014, 39 (5): 1189 – 1212.

[149] Tantardini, M. , Kroll, A. The Role of Organizational Social Capital in Performance Management [J]. Public Performance and Management Review, 2015, 39 (1): 83 – 99.

[150] Teece, D. J. , Pisano, G. , Shuen, A. Dynamic Capabilities and Strategic

Management [J]. Strategic Management Journal, 1997, 18 (7): 509 –
533.

[151] Tsai, W. , Ghoshal, S. Social Capital and Value Creation: The Role of
Intrafirm Networks [J]. Academy of Management Journal, 1998, 41
(4): 464 – 476.

[152] Tsui, A. S. , Farh, J. L. L. Where Guanxi Matters Relational Demography
and Guanxi in the Chinese Context [J]. Work and Occupations, 1997, 24
(1): 56 – 79.

[153] Tsui, A. S. , Pearce, J. L. , Porter, L. W. Alternative Approach to the
Employee-organization Relationship: Does Investment in Employees Pay
Off? [J]. Academy of Management Journal, 1997, 40 (5): 1089 – 1121.

[154] Tung, Y. C. Lin, Y. P. Cross-Level Effects of Deep-level Diversity on Per-
son-group Fit [J]. Journal of Business Studies Quarterly, 2015, 7 (2):
109 – 126.

[155] Verquer, M. L. , Beehr, T. A. , Wagner, S. H. A Meta-analysis of Rela-
tions between Person-organization Fit and Work Attitudes [J]. Journal of
Vocational Behavior, 2003, 63 (3): 473 – 489.

[156] Woolcock, M. Social Capital and Economic Development: Toward a Theo-
retical Synthesis and Policy Framework [J]. Theory and Society, 1998,
27 (2): 151 – 208.

[157] Woolcock, M. , Narayan, D. Social Capital: Implications for Develop-
ment Theory, Research and Policy [J]. World Bank Research Observer,
2000, 15 (2): 225 – 250.

[158] Yang, X. Entrepreneurial Social Capital, Cognitive Orientation and New
Venture Innovation [J]. Management Research Review, 2016, 39 (5):
498 – 520.

[159] Yin, R. K. Case Study Research: Design and Methods [M]. Beverly
Hills: Sage, 1984.

[160] Yoo, Y. , Henfridsson, O. , Lyytinen, K. Research Commentary—The

New Organizing Logic of Digital Innovation: An Agenda for Information Systems Research [J]. Information Systems Research, 2010, 21 (4): 724 – 735.

[161] Yuan, Y. C. , Monge, P. R. , Fulk, J. Social Capital and Transactive Memory Systems in Work Groups: A Multilevel Approach [R]. Academy of Management Best Conference Paper, 2005 (1): 1 – 6.

[162] Zaheer, A. , Bell, G. G. Benefiting from Network Position: Firm Capabilities, Structural Holes, and Performance [J]. Strategic Management Journal, 2005, 26 (9): 809 – 825.

[163] Zaheer, S. , Albert, S. , Zaheer, A. Time Scales and Organizational Theory [J]. Academy of Management Review, 1999, 24 (4): 725 – 741.

[164] Zahra, S. A. Contextualizing Theory Building in Entrepreneurship Research [J]. Journal of Business Venturing, 2007, 22 (3): 443 – 452.

[165] Zahra, S. A. Business Strategy, Technology Policy and Firm Performance [J]. Strategic Management Journal, 1993, 14 (6): 451 – 478.